优化学习

信息技术与小学语文教学
深度融合的实践探索

马益彬·著

中国出版集团
现代出版社

图书在版编目（ＣＩＰ）数据

优化学习：信息技术与小学语文教学深度融合的实践探索 / 马益彬著. -- 北京：现代出版社，2021.3
ISBN 978-7-5143-9041-4

Ⅰ. ①优… Ⅱ. ①马… Ⅲ. ①小学语文课－教学研究 Ⅳ. ①G623.202

中国版本图书馆CIP数据核字（2021）第041407号

作　　者：马益彬
责任编辑：张桂玲
出版发行：现代出版社
通讯地址：北京市安定门外安华里504号
邮政编码：100011
电　　话：010-64267325　64245264（传真）
网　　址：www.xdcbs.com
电子邮箱：xiandai@cnpitc.com.cn
印　　刷：杭州万星印务有限公司
开　　本：710mm×1000mm　1/16
字　　数：305千字
印　　张：20.5
版　　次：2021年3月第1版　　2021年3月第1次印刷
书　　号：978-7-5143-9041-4
定　　价：48.00元

目 录

Contents

第一章

时代挑战：信息技术与小学语文教学深度融合

信息技术是当前科学技术中表现最活跃、发展最迅速、影响最广泛的领域，它不仅影响着人们的工作和生活方式，也正在改变着教育和学习方式，它使教育的时空界限不断扩宽，成为教育改革和发展的强大动力。

教育现代化是当代教育发展的一个基本追求，信息技术与课程整合是社会发展的必然趋势。信息技术优化语文教学，将带来新的教学策略和理念，促进语文课程内容的革新，扩大语文课程资源和改善课程评价方式，最主要的是带来学习方式的变革，学习者从传统的接受式学习转变为主动学习、探究学习和研究性学习。同时，信息技术优化语文教学，本身就要变革教师传统的课程观、教育观、教学观及学习观。

信息技术优化语文教学的核心在于，把技术自然而然地融入教师的意识中，运用到课堂中，运用到学生的学习中，通过教师的教学体现出来，这就对每一位教师实施新课程提出了新的要求，创造性地运用信息技术成为教师实施新课程的重要素养之一。通信技术和互联网的发展，新技术、新设备的出现，使得教学方式和教学环境发生了巨大变化，但教育并没有因此优化，关键在于需进一步推进信息技术和语文教学融合与优化，建立智能化教学环境，提供优质数字教育资源和软件工具，利用信息技术开展启发式、探究式、讨论式、参与式教学，鼓励发展性评价，探索建立以学习者为中心的新模式，提高信息化教学水平。

第 一 节

时代发展呼唤信息技术走进小学语文教学

一、紧随时代发展，教育方针的要求

20世纪90年代以来，以多媒体和国际互联网为代表的现代技术，以惊人的速度改变着人们的生存方式和学习方式，产生了学习革命。美国普林斯顿大学教授罗伯特·达恩顿在《阅读的未来》一书中说："信息传播从文字出现到手抄本，经历了4300年；从手抄本到活字印刷术，经历了1150年；从活字印刷术到互联网，经历了524年；从互联网到搜索引擎，经历了17年；从搜索引擎到谷歌的相关性排名算法，经历了7年。技术变革的加速过程将我们一下子甩进了一个新时代。我们面对的不是内容固定不变的文献，而是多样化、易变的文本。"信息技术也悄然在教育中掀起变革的浪潮，信息技术引发阅读方式有了变革；引发教学方式有了革新；引发沟通交流有了突破。2020年的疫情，更是加快了教育的变革，迫使教师转战线上教育，利用信息技术来提升教育教学，已然成为当下教师教育教学的必要能力。作为母语教育的语文学科，是学生学好其他课程的基础，它的优劣直接影响着学生信息能力的高度，因此把信息技术整合到语文教学中是新形势下对教育的要求，亦是时代的要求。

课程标准是教育方针的具体体现，是国家对学校教育教学课程做出的规范要求。课程标准是编写教材、组织教学、评估效果的依据。语文新课程标准中就提出："采用多媒体教学辅助手段，帮助学生感受和理解作品……""学会

用现代信息技术辅助交流……""要利用计算机和多媒体教学软件,探索新的教学模式,促进学生的个性化学习……""鼓励学生使用计算机……教师在必要时给予适当的指导""提倡实现信息技术与课程内容的有机整合……提倡利用信息技术来呈现以往难以呈现的课程内容"……诸如此类言论,就是要利用信息技术培养和提高学生收集、处理信息的能力,于语文学科而言,则是希冀语文教师能改变传统的教育、教学观念和方式,优化语文教学的过程,这也是信息时代下对语文教师的迫切要求。

二、实施素质教育,人才培养的要求

当今世界,科学技术突飞猛进。世界各领域的竞争,说到底还是人才的竞争,各国国民素质决定了该国的综合国力和发展能力,教育的基础地位和重要作用越来越凸显。中华民族正走在实现伟大复兴的路上,正需要能适应现代化发展需要的一代新人,必须大力改变教育观念,改革教育体制,调整教育结构,要改变人才培养方式,改进教育内容和教学方法,就要深化教育改革,力推素质教育。

人的素质包括两个方面:一是与生俱来的健康身体和聪慧的大脑等物质基础;二是通过后天教育的学习与训练所获得的知识技能、智力水平、人格心理等基本要求。推进素质教育要以促进学生全面提高为根本目标,要面向全体学生,注重全面提升学生知识水平和能力水平,开发学生的智力,挖掘潜能,促进学生德智体美劳全方面科学发展。信息素养是一种对信息社会的适应能力,亦是素质教育中不可或缺的教育。

三、依循教育理论,深化教育的要求

深化教育改革必须改变教育方式,信息化条件下的教育活动有了更为灵活的方式选择。传统的"一本书、一张嘴、一支粉笔、一块黑板"的教学方式是建立在较为古老的信息手段基础上的典型。在这种以书本为载体、以教师讲解和学生听讲为主要活动方式的教学模式中,作为知识信息传递媒介的书主要以抽象文字符号为信息载体,它有培养学生运用抽象符号获取和处理信息能力的一面;同时也有接受和理解抽象符号难度较大的一面。文字和语言都属于串行信息,用这样的长信息链来描述复杂事物,特别是动态事物,从信息结构来说就比较脆弱,在大脑中建构比较困难。尽管这种模式中教师通过口头语言直接向学生系统连贯地传授知识,融入了教师自身的学识、修养、情感,体现了教师的智能优势,但近年来,许多国家的教育心理学家通过实验和统计分析,一致认为单纯依靠语言进行讲授是教学效率最低的方法。

瑞士著名心理学家皮亚杰在他的《发生认知论》一书中指出,人类对于知识的掌握总是从感性过渡到知性。借助信息技术,可以化抽象为具体,变理性为感性,有效弥补传统教学中的一些不足,让学生通过视听等直观功能,形象地把握教学内容。一些以往需大量言语描述分析,被视为教学难点的内容,可用直观、形象、动态等感性的方式展示在学生面前,降低教学难度。对于理解能力相对较弱的小学生而言,信息技术在语文教学中的优势就愈加明显。

四、依据信息技术,整合资源的要求

语文是最重要的交际工具,是人类文化的重要组成部分。语文学科是一门基础学科,它具有基础性、综合性的特点。它不仅具有自身的学科体系,同时还是一个将其他学科基础知识、观点和方法相互融合而形成的具有综合性、系统性的交叉学科。大数据时代的信息技术给教师提供了解决问题的坚实平台。过去找寻不到的可以检索到,过去交流不了的当下容易交流,甚至许多过去想不到的东西能轻易实现。如此丰富的资源和方法可以使用与借鉴,使教学活动变得有趣而简单。

信息技术使学习材料呈现形声化,表现手法多样化,学生既能听到又能看到,再通过讨论、交流,用自己的言语表达,知识的保持就大大优于传统教学的效果。借助先进的现代信息技术,利用丰富的教育资源,不仅可优化语文教学过程,提高教学质量,而且对推动语文教学信息化有着重要意义。

多媒体技术给学生提供直观的图像信息、事物实际的运动变化过程,突破了学习时间和空间的障碍。教师可以利用"逼真原型"的重复、慢放、定格等技术手段把学生无法直接观察到的教学内容形象化;通过视听并举,学生及时观

察感知、发现问题、讨论辨析、由浅入深地学习,从而进行强化教育;可以为学生创设各种生动、丰富的情境,让学生如身临其境,增强体验与感受。因此,在语文学科教学中,适时、适宜地运用信息技术不仅是时代发展的需要,也是语文学科教学的需要;不仅是适应学生心理发展的需要,更是提高教学效率的有效手段。

此外,信息技术为师生提供一个广阔、丰盈、形象的学习资源,交互性的特性又为学生的语文学习提供相对宽松的学习环境,同时也大幅度提高教师的教学效率。与此同时,教师还可根据学生的智力状况及思维特点,各教学班的认知结构水平、学习能力,通过信息技术来分层、个性地设计并实施教学,以实现学习个体化,因材施教,体现教育的公平、民主和全体发展的思想。

信息技术能优化教学过程,能促进教学内容的呈现方式、学生的学习方式、教师的教学方式和师生互动方式的变革,能为学生的学习与发展提供丰富多彩的教育环境和有力的学习工具,有效地提高语文教学的效率。

第 二 节

信息技术优化小学语文教学的主要制约因素

本书所探讨的"信息技术优化语文教学",重点在于"优化"上。在此之前,"信息技术与语文教学的整合"的概念已经得到广泛的认同和研究,提出整合之上的"优化",自有超越以往"整合"和"融合"的深刻含义。其所强调和突出的,从教育层面来讲,是要通过实现教育信息化进而实现教育现代化;从教学层面来讲,是要提高语文课堂教学质量从而提高人才培养的质量。"优化教学"的提出,既是对以往信息技术运用于语文教学的进一步优化和发展,也是对原有运用中的不足之处和貌合神离的整合方式所进行的质疑与批判。

传统教学环境下的学习方式是以教师、课堂和课本为中心的,学习过程中主要是教师讲授,学生自主参与的机会不多,独立思考的机会也不是很多,很少体现学生学习的主动性和独立性,这是传统教学环境下学生学习方式的不足。而在信息技术环境下,学习方式在自主、探究和合作三个维度的表现具有明显的优势,能够做到以学生为中心、以学生为主体,让学生通过多样化的方式来获得知识、增强技能。当然,这需将信息技术更深入地应用于优化语文课堂教学,而非浅层次地使用。信息技术在语文教学中若没有发挥出预期的良好效果,其影响因素当然很多,但从核心因素上来讲,问题最有可能是出在信息技术软硬件、教师或者学生身上。

一、教育资源不均衡因素对信息技术优化语文教学的影响

教育资源是指在教学过程中，以教学目的为核心，利于发挥教育功能的一切资源。通常来说，教育资源分为四个方面，分别是物质资源、人力资源、信息资源和社会文化资源。这四种因素相互影响，共同构成教育资源。泱泱华夏，大到东西部教育资源不平衡，小到一个城市不同区县的教育资源不平衡，是教育部乃至全中国最关心的教育问题，这不单纯是教育领域的问题，更是牵涉社会、经济、政治、文化等问题的综合反映，这也导致在教育信息化的进程中，各地区、各类学校的发展程度及发展模式不一样。要实现信息技术优化语文教学，需要加强信息技术自身与语文教学有关的，如教学观念、教学模式、教学设计、教学方法、教学资源等方面的进一步发展，才有可能探索出优化语文教学的原理、机制、方法。当然，优质教育资源、新兴信息技术设备、先进的教学理念和教学方法等由于现实存在的不均衡等因素，从一定程度上阻止了信息技术优化语文教学的进程，需要各级教育行政部门、教育工作管理者、学校、教学工作者、学生家长集思广益、群策群力，更深入地探索教学规律和信息技术应用于教学的规律，以可获得的技术、可行的教学模式、高效的教学方法来弥补教育资源不均衡所造成的影响。

与此同时，信息化时代的到来，人工智能的发展，教学中运用高科技手段反而能改变教育资源不均衡这一现状。教育信息化，一方面是把提升信息素养纳入培养目标；另一方面是把信息技术手段有效应用于教学与科研，注重教育信息资源的开发和利用。例如利用远程教育教学，可解决教育师资不均衡的问题。在学生端，可以提供丰富的课程资源；在教师端，可以提供海量的教研内容；在学校端，可以全局把控教学管理。现代化的教育技术将成为教育资源不均衡问题在教学方面有效解决的途径。

二、信息技术软硬件因素对信息技术优化语文教学的影响

"工欲善其事，必先利其器。"信息技术软硬件设备是信息技术优化语文教学的物质基础，在缺少信息技术软硬件的情况下谈论信息技术优化语文教学

无异于空谈。从教育传播的角度讲，信息技术设备和工具属于教育媒体的范畴。当具备了必要的信息技术设备及相关软件后，信息技术优化语文教学主要考虑的是如何选择合适的信息技术工具，应用怎样的教学策略来最大化地发挥信息技术的效益，如何评价信息技术的价值和作用。

根据信息技术在语文教学中应用的方式及作用，可将信息技术在教学中的应用分为工具、方法和思想三个层次。

工具层次	笔记本电脑、计算机、互联网、无线网络、智能手机、平板电脑……
方法层次	云计算、蓝牙技术、大数据技术、教学平台、Moodle……
思想层次	泛在学习、翻转课堂、移动学习、混合式学习……

对于具体从事教学的一线教师而言，应用包括信息技术在内的各种教育媒体和技术手段，主要工作是将各种工具、设备应用于教学工作中，而不是去研发设计这些信息技术工具或设备。我们相信以计算机、多媒体、互联网技术为主要代表的新的信息技术硬件和软件技术将不断产生且被应用于语文教学的各个方面，并因此引发基于新的硬件和软件的教学模式与教学方法。因为技术日新月异，每一次的技术革新，必然会引发相应的期盼和赞赏，但与此同时，对新技术可能对教育与个人成长所发挥的作用的怀疑和批评也从未停息。归根结底，信息技术与各种教育媒体的使用是为了解决教学中存在的问题，是为了提高教学信息传递的效果，提高教学效率并取得更好的教学效果。技术是以人为本，更是无法穷尽的。教育与技术相较，教育是本，技术是末，人的发展是根本。因此在技术的应用上，教师主要会考虑技术是否具有可获得性、易用性、低成本等因素，毕竟技术是为人服务的。

三、教师因素对信息技术优化语文教学的影响

若要满足学生对于使用新技术的渴望，应用信息技术改善教与学的方式，其间的关键性因素在于教师的信息技术水平和运用新技术解决教学难题的意识。可以说，教师对于教学的成败具有决定性作用，教师的素质和能力高低与教学效果优劣密切相关，教师是否具有应用信息技术的意愿、能力、环境等是

实施信息化教学的必要条件。教育信息化深入推进和实现的关键应该说在于教师对于信息技术的应用能力。只有通过教师在各自的教学中充分应用信息技术,教育信息化才有可能实现。如果说数字原住民是指在网络时代成长起来的一代人,那么当下的教师则是数字移民,需要重新学习这些新的技术。我们越来越发现:人一旦熟悉了一样东西,如果要改变它其实是很难的,对于数字移民——教师来说,更难改变的是习惯和观念。故而,信息技术应用在广大基层教师的职后继续教育中是一项重要内容。

要实现信息技术优化语文教学,在很多情况下,要求教师去学习新知识、新技能,对已有的教学习惯和教学模式进行反思,并进而对个人的教学做出改革。这样的教学准备及实施过程增加了教师的工作量,并加大了教学实施的难度,而这也往往成为教师在教学中对新技术应用反应不积极的重要因素。很多关于教育信息化的研究及建议都指出,在充分应用信息技术的条件下,教师需要掌握更多的技能,扮演更多的角色,承担更多的任务,而教学效果却未必自然而然地得到提升。与此同时,一线教师整日还要处理各种繁杂琐碎的事务,很难静心去学习一门新技术,更无精力去将新技术很好地运用于教学之中。正是基于这样的现状,教师将信息技术应用于个人教学中的主观意愿并不主动积极,有时甚至出现抵触情绪。诸如此类现象,相信也是容易理解的。

此外,在教学实践领域方面,教育一线的教师往往将注意力主要集中于技术应用的具体形式上,因为这样直观并且容易看到效果。然而,教育并不是表演,更不是作秀,换言之,如果技术的应用不是以人的发展作为根本出发点,那么这样的技术应用无疑是失败的。信息技术功能强大,但并不是天然地带有某种"魔力",可以自然而然地促进学生的发展和成长。信息技术真正能够发挥其优势,关键在于教师创造性、智慧性地使用,只有如此,才能让信息技术真正优化语文教学。

四、学生因素对信息技术优化语文教学的影响

学生能力和素质的提升程度是评价教学价值高低的直接指标。教学环境、教学媒体、教师等因素都是影响学习的外在因素,只有学习者自己的学习

动机、学习习惯、学习风格等才是影响学习的内在因素。内在因素是促使事物发生变化的根本因素。因此，即便是教学场所中具备了丰富的信息技术设备和工具，教师具备了高超的信息技术能力和教学能力，但是如果学生没有学习的意愿，不积极投入学习活动中，那么通过信息技术的应用获得良好的教学效果仍然只是一句空话。

现在的学生浸润在信息时代中，可以说是数字原住民，非常喜爱新的技术，有时热衷到着迷的程度。学生已经适应了信息化、现代化，甚至是智能化给他们带来的学习与生活方式的改变。传统的教学模式、刻板的铅印教材、封闭的教学环境已经激不起他们过多的学习热情，远远满足不了他们在学习方式上寻求改变的需要。现实生活中，笔记本电脑、智能手机、iPad等信息技术工具，对于中等发达地区以上的学生而言，这些设备都是最常见的物件，只可惜绝大部分学生将其作为通信、娱乐的工具，很少将其作为学习工具。在小学教学环境中，更是不可能让学生将移动设备带入校园，毕竟孩子的自控能力相对较弱，保管、携带、使用等方面存在着诸多现实的问题，于是学校也只能采取限制携带的措施，以免干扰了正常的课堂教学秩序或引发冲突的情况。

从信息技术对学生的影响来看，课堂上学生的成长并没有因为包括信息技术在内的各种技术的引入而发生根本的变化。要达到信息技术优化语文教学的目标，学生除了需要具备使用信息技术工具的基本技能外，还需要具备在各种类型的学习活动中都应该具有的学习动机、自主学习能力、学习习惯。这些学生学习素养的形成，也不是依赖于信息技术层面，更多的是在于社会环境、文化特点、家庭教育方式、已养成的学习习惯等诸多因素潜移默化的影响。信息技术的使用，很多时候会改变学生的学习习惯，例如让学生回家自主观看微课，并通过学习菜单，自主完成相关练习等内容，这样的学习方式并不是适合每一名学生，有些时候还需要借助家长的力量来一同配合。可以说，如果只指出学生应该加强学习的自主性，而不根据实际情况给出具体的解决方案和策略，那么教师的教学、学生的学习都很难发生大的变化。

第 三 节

基于信息技术重构的小学语文优化学习形态

从教育媒体发展的历史来看,已有的技术手段在教学中尚未得到充分的应用,新的技术和方法又以令人应接不暇的速度不断产生。马云曾言:"很多人输就输在,对于新兴事物,第一看不见,第二看不起,第三看不懂,第四来不及。"对于新颖的教育技术,不同层面的教师会有不同的看法,这里请教师不要故步自封,要用心倾听技术时代变革的声音。当然,新技术往往具有新颖的功能并意味着带来更大的信息量,但这些新颖的功能是否是教学需要的却不一定。笔者认为,对于新出现的技术较先进、功能较强的信息技术要一分为二地看待,既要看技术所带来的功能革新,对照原技术发现两者间的不同与差距,更要看新技术是否真正可以为语文教学服务,而并不是一味追崇技术步伐,从而忽视语文教学的本真。

在探讨信息技术优化语文教学时,需要首先明确信息技术与语文教学之间的关系。前文已经指出,教学是本,信息技术是末,信息技术主要发挥的仍然是工具功能。正如赵勇在《传统与创新——教育与技术关系漫谈》一书中探讨"教育"与"技术"之间的关系时所指出的:"教育应当始终是出发点,技术是作为参与教育的重要因素来考虑的。如何利用技术更好地达到教育目标,如何通过技术参与来提高学校运作效率,如何利用技术来辅助学习,如何使技术在教师培训中起到恰当的作用……对所有这些问题的探索都是以对教育问题的关注为主导的,而不是以技术的更新换代为基点的。只有把教育和技术放在恰当的位置上，才能真正地使技术有效地参与到教育中来……"

语文教师在开展教学活设计时就要有意识地思考信息技术在语文教学中的功能和作用，不断追问自身为何要用信息技术，应该用何种技术，要通过怎样的策略使用，从而基于信息技术重构小学语文优化学习形态。

一、盘活·情境·提活力：全景呈现的语文课程内容革新

信息技术最大的优势在于扩大了教学中信息资源的来源及形式。从提升学生的信息素养的角度出发，获得信息仅仅是开始，对信息的分析、加工、存储、发布等才更为关键，这些环节才是提升学生能力和素质的重要内容。对于语文教学而言，资源的获取更为便捷，丰富的教学资源并未对学生习得知识和技能起到积极作用，有时甚至会适得其反、本末倒置。信息技术的优化并不仅仅在于资源的优化选择，更侧重于适恰的技术来盘活资源、创设情境、提升课堂活力，从而优化教学的过程，使学生的习得更为高效。

技术的革新，虽然期初会以新颖的功能吸引眼球，然而具有变革意义的技术必将引发应用对象——我们的课堂的深刻裂变，技术虽然还是技术，但终将形成新的课堂文化形态。信息技术的优化在于课堂的交互，形成丰富的信息流。在语文课堂教学中，不可能只存在信息的单向流动，交互式师生双方有效收集信息，进而不断调整教与学的策略，维持教学活动的基本形式之一。信息技术的优化在于情境的创设，课堂孕育和谐情感场。语文课堂教学中要积极营造教学情境，从而诱发、驱动并支持学习者思考、探索与解决问题的活动。信息技术的优化在于盘活资源，课堂创生卓越学习力。利用信息技术能多途径获得资源、多形式处理资源、多层面利用资源，从而使语文课堂表现出充分开发和利用资源的教学特征。信息技术的优化在于整合集成，全景呈现语文课程。集成不仅在技术层面，在教学组织层面上也能积极推动集成。教学组织上，就是要通过教育技术的集成支持，保障或加速各教学要素之间的协调一致和信息交流，优化教学进程，从而提高教学效果。具体可参阅第二章"信息技术联通多点，建构适应性学习环境"。

二、灵巧·个性·促生成:多元对话的语文课程组织革新

现代信息技术以其独特的优势打破了传统的语文教学模式,它使语文教学的内容、手段和方法发生了根本性的变革。教育信息化的实现已经成为提升小语教学效果的重要举措。要让信息技术在语文课程中真正发挥作用,优化教学,那就必须关注到应用信息技术的方法和策略。将信息技术真正融入语文教学过程的各个环节,针对语文教学中的重点和难点问题,充分发挥信息技术所具有的信息量大、交互性强、可拓展性高等特点,使信息技术的使用有计划、有策略、有章法,才不会割裂信息技术与语文教学间的关系。确实做到信息技术的功能是符合语文教学实际需求的,使用技术的时机是恰当的,使用的技术是课堂上容易获得并能被教师和学生轻易操控的。

从学生发展和成长的角度来看,教育的最终结果体现为学生素质的提高。然而,素质不能直接教授和传递,它是以知识和能力作为基础的,其中知识又是能力的基础,信息包含知识,但不等于知识。换言之,教育教学追求的素质目标,只能以学生知识和能力作为载体表现出来。信息技术优化语文教学,如果只是停留在为语文教学带来大量信息的层次上,那么这样的优化是浅层次的;相反,信息技术在语文教学的知识、能力甚至素质层次上发挥了作用,这样的优化就是有深度的。事实上,信息技术应用于学生发展和成长的每一个层次,都可以起到优化的作用。不能将信息技术优化语文教学简单地理解为只有直接提升学生素质的教学才是优质的。针对语文教学需要传递的知识,通过信息技术的应用来进行全方位的展现也是优化融合的一种体现。

课堂教学中,将信息技术介入其中,从原本的教师、学生、教材、编者间的对话,又增加一层人机之间的对话。利用微课、电子书包、微信等信息技术,创生更为灵巧、个性化的教学辅助手段,从而更好地为学生学习语文知识提供量身定制的教学服务。教师可以利用信息技术改变传统的课堂教学结构和组织形式,提高学生的学习兴趣与自学能力。具体可参阅第三章"信息技术化整为零,整合系统性学科知识"。

三、线上·线下·多平台:智慧众筹的语文课程形式革新

混合式学习在近年来得到广泛关注,在一定程度上也是因为单纯用某一种模式并不能充分发挥技术的作用,也不能轻易地得到教学的预期效果。"线上线下多平台"指借助信息技术,依据不同的教学任务,针对不同的受众群体而搭建的多样化学习平台。其一,有线下搭建的学习平台,此平台通过课堂教学、成果展示等方式进行线下学习活动的开展。其二,有线上搭建的虚拟平台,教师通过不同网络媒介,积极开展线上学习活动,可采用录播、直播等方式进行线上教学。

对于基础教育而言,新冠疫情的出现是一个分水岭,此后,世界基础教育将分为"前疫情时代的基础教育"和"后疫情时代的基础教育"。人类将全面进入"双线教学"的时代,深度进入"线上与线下教学混融共生",即"双线混融教学"的新时代。教师唯有与时俱进,突破传统,打破边界,积极搭建"双线式·多平台"的教学新样式。2020年新冠疫情的特殊时期,让教育不得不快速转型优化,让在家学生也能享受到优质的在线教育。在线教学并非替代线下教学的所谓教学变革。应该说,线下线上整合才能解决各自的短处和发挥各自的长处。教师需要避免用替代式的思维方式去看待线上教学,教师使用技术,不是用来取代现有的教学方法,而是改造并优化现有的教学方法,使之更加高效。

教学的本质是师生之间教育信息的流动,为了促进学生对所学内容的理解,获取更多关于学习内容的信息是必要的,学生掌握的关于学习内容的信息的数量及类型对于更好地掌握事物和现象的特征很有帮助。教学现实令人不满意的状况和信息技术与语文教育教学不能优化融合,主要是缘于教师仅仅通过信息技术获取信息,并利用信息技术将信息进行呈现,很多信息尚未转化为学生的知识。信息技术在语文教学中的优化,利用不同的学习平台,采用智慧众筹的学习组织形式,从而使学生面对现实问题或者不同于学习情境的复杂问题时,就可以对获得的信息不仅进行事实性、知识性判断,还能够进行价值判断。具体可参阅第四章"信息技术有效支持,助推灵巧

性学习方式"。

四、精准·评价·高效益:以学定教的语文课程教学革新

梁文鑫认为,大数据技术能够对学生的整个学习过程(包括教材和学习活动)进行数字化处理,"大数据时代教学问题的解决,将不再依赖于教师头脑中的模糊经验,而是基于对海量教学问题及其解决方案的描述和分析。教师完全有可能对每个学生的学习数据加以分析,进而实现真正的因材施教"。舍恩伯格等认为,大数据时代的教育可以打破"一个尺寸适合所有人"的同质性,即通过对知识传递进行的个性化处理,使之更好地适应特定的学习环境、学生能力和学习偏好。

首先,借用信息技术,用数据量化和记录学生的学习情况,挖掘学生的学习习惯、学习兴趣和学习偏好,教师通过数据真正认识每一个学习者,根据个人特点提供准确的、有针对性的教学;其次,基于大数据分析结果建立的自适应学习系统,可为学生推荐与其学习计划最匹配的课程或教材及有助于其达到最佳学习效果的学习顺序等;最后,大数据凭借其数据跨界整合、跨界流动和跨界挖掘的优势,可以对零散的教学资源进行有效整合,改善传统落后的教学关系,实现更具个性化的交互。

传统教学方式方法的使用往往是简单的经验模仿,教师仅凭自身有限的理解、假想和推测进行决断,所采用的调研方法也掺杂了更多的人为干预,缺乏对客观教育现实的全面把握。基于信息技术采集的数据信息,可以说是从"经验主义"迈向"数据主义",是依据学生的全面调查的反馈,能够更加客观而全面地反映学生的学习实情,故而教师能够采取更加有效的教学策略来应对学生学习的需求。换言之,教师将不再仅凭传统意义上的经验获取,而是从大量数据的归纳与分析中寻找依据和参考方向,让教师的教育教学工作能在数据量化基础上,从而推进教学策略有针对性地实施。

杨现民将大数据技术和思维比喻为构建智慧教育系统的"智慧支柱",将推动教学从数字化走向智慧化。如若将教学目标比作山峰,教学起点为山脚,教学路径则是从山脚到山峰的路途。原有的语文教学往往凭借教师的主观意愿行进在路上,不清楚学生在山脚何处,不知道路途上哪些险阻需要教师提点,哪些是学生自行可走的。借助信息技术采集的数据,能够优化教学过程,因为数据挖掘与学习分析是连接大数据和智慧教育的桥梁。有了学生数据的依托,教师在教学内容的取舍上能更加心中有底,有的放矢地展开教学。

第四节

信息技术优化小学语文教学所产生的变化

信息技术作为一种媒体,是人体器官的延伸,应用于教学,能够弥补人类口耳相传的某些缺陷与不足,表现出其特有的功能特性,如改变教学的时空、改变教学信息的传播方式。在教学中运用信息技术有利于优化教育教学,使教育教学力求做到高效能、低消耗,以最小的代价得到最大的收获,进而达到提高语文教学效率、提高教学质量、提升学生素养的目的。

一、利用信息技术优化教学时空

现代意义上的学校教育始于17世纪后期,与印刷技术的广泛应用有密切关系,其满足并适应了工业化发展的需要,并在20世纪发展到顶峰,形成了标准化、制度化的教育体系。在这种教育体系下,教学活动的开展选择在一个特定的场所——学校,由特定教师向特定的人群(学生)传授特定教学内容,这种教学活动是在一种封闭状态下进行的。之后,随着信息技术的发展,教学时空产生了很大的变化。

其一,拓展了教学的空间。传统教育由于受特定时空的限制,面临社会对人才的需求与它所能提供的学习机会之间的矛盾。信息技术的发展,延伸和拓展了教学时空,人们可以利用互联网络技术、远程通信传输技术等将处于不同地区的学校、学生联结起来,改变学校教育生存的内外环境。例如语文教学中,不再受限于课堂内,利用信息技术中的微课、微信、翻转课堂、各款学习

App等软件,可突破校园的"围墙",不再受地域空间和对象的限制,能将学校的教学资源有效地向校园外延伸,学习地点可以是教室,可以是工作场所,也可以是家庭。从未来发展趋势来看,现代信息技术促使课堂教学资源具有独特的跨时空共享特征,将会出现许多虚拟学校、大规模开放性在线教育等新的教学形态。现阶段,现代信息技术将与传统教育形成有益的共存与互补。

其二,改变了时间上的限制。时间与空间总是密切相连的,现代信息技术改变了信息的传播方式,在打破教学空间限制的同时,也打破了教学实践的限制。学生的学习时间将不再是固定和规定的,而会更加灵活、多样和随机。正如比尔·盖茨在《未来之路》一书中所指出的:"教育的最终目标会改变,不是为了一纸文凭,而是为了终身受到教育。"正是由于这种时间上的变化,学习者可以随时随地接受在线教育和个别化教育,接受方便、高效的教育。

二、利用信息技术优化教学方式

信息技术改变了教学信息存在的基础。信息技术作为一种新的教学手段被引入教学,将会改变原有教学信息存在的基础。传统的教学手段,如口头语言、书面语言,其教学信息存在的方式是以"原子"(atom)为基础,有一定的质量;而以信息技术为代表的现代教学手段,其教学信息存在的基础是"比特"(bite)。比特是没有颜色、尺寸或重量的,能以光速传播,是信息的最小单位。又由于原子具有一定重量与质量,因此用传统的教学手段传播教学信息具有静态特征,缺乏教学直观生动性,而且这种信息往往不能让学习者随意"操作",成为一种"死"的信息,由此制约了使用这种教学手段对学生学习的吸引力。而比特是一种没有重量与质量的二进制符号,因而赋予了基于该技术手段下教学信息具有动态特征。也就是说,操作者可以对教学信息进行技术性处理与操作,如进行信息的移动、放大、旋转等处理,甚至可以根据学习需要而使教学信息呈现出大小、远近、虚实活动的变化,从而能更加生动、灵活、多样地呈现教学信息,是一种"活"的教学信息。

基于比特存在的教学信息,与时间、空间的相关性较低,不存在使用场域,既可在同时空中进行教学,也可在异时空中进行教学。特别是在教育规模较

大、场地间隔较远等情况下,以信息技术为基础的现代教学手段的时空适应性的优势就会更加凸显。教学信息对时空要求的突破,使得利用现代信息技术为中介实施教学成为可能,由此导致"教师—网络—学生"的"人—机"教学系统的出现,导致师生教与学方式的革命。在这种新的教学系统中,教师由传统课堂教学中处于"在场"支配、主讲的角色转变为"缺场",在幕后设计开发数字化教学资源,指导学生学习,提供学习咨询。学生由"台下"的静听者、接受者转变为主动者、自动者和操作者,能够自主地根据自己的学习情况选择学习内容,采用合适的学习方法,有计划地安排学习进度与难度,真正成为学习的主人。因此,信息技术作为一种新的教学手段进入教学,改变了千百年来教学中一直传承的"同时空"教师教、学生学的"传授—接受"式教学,使师生"异时空"的"指导—自主"式教学成为可能。

三、利用信息技术优化教学主体

信息技术进入原有的教学系统,改写了原有教学手段的内涵,产生了新的教学方式、新的教学系统,这就引发人们的思考:教师与学生到底谁是教学的主体? 在教师教、学生学的教学活动中,回答这个问题确属难题。经过几年的论争,主要形成了教师主体说、学生主体说、双主体说、教师主导学生主体说等。

在传统的教学系统和基于信息技术的教学系统中,教学信息的传播方式具有很大差异。使用传统教学手段开展教学,需要教学在同一时空,教学信息的传播模式是:播者——教师主动"推给"受者——学生。这种教学信息的传播模式由教师把持着,决定信息的传播内容、传播容量、传播方式、传播对象、传播节奏与难易度等,具有绝对的"主导权"甚至是"霸权"。因此,不存在学生对教学信息的选择权,也就无所谓学生的主体性可言。但在使用现代信息技术教学手段时,教学信息的传播模式是:受者——学生主动"提取",供者——教师提供教学信息资源库。在这种教学信息的传播模式中,开放性的网络教学信息是师生共有的,由此破除了教师对教学信息的"霸权"地位,实现教学信息的师生共享。而且,对教学信息的内容选择及其容量、教学信息的呈现方式与速度、节奏与难易度等，可由学生自主选择决定。因此，对于运用教学信息而言，学生必须保持学习的主体性并呼唤学生主体性的发挥。

学生使用现代信息技术进行学习，对教学信息的应用必须保持一定的主动性，同时需要有一定的自律和主动精神。例如，利用网络教学信息进行学习，不像传统的学校课堂教学，总是有人督促学习。学生一旦学会利用网络进行学习，就不再是被动的学习者。因此，将需要学生比历史上任何时候更具有主体性，而且也在这种主体性运用中发展着学生的主体性。

总之，信息技术手段运用于教学，将会出现无中心与多中心、无主体与多主体的特点，解决了以教师为中心、学生边缘化的问题，形成了师生间权利对等分配，师生都是教学的中心，或者都是"去中心"后的主体，教师的地位、作用将会发生变化，由"教"向"导"转换，学生由"生徒"变为主体的人，教学不再是向"容器"灌输而是学生的主动学习，从"要我学"转向"我要学"。

四、利用信息技术优化教学形式

信息技术发展改变了人类的生存状态，将我们生活的世界分为现实世界和虚拟世界，人类可以在两种世界上生产生活。体现在教育上，学校的课堂也就分为现实课堂和虚拟课堂两种，教师可以利用虚拟课堂开展教学实践活动。我们将虚拟课堂引入传统教学，是将网络作为传统教学的工具和手段，在尽可能保持传统教学固有优势的前提下，传统教学（现实课堂）的优势和数字化教学（虚拟课堂）的优势得到充分发挥，实现两者的优势互补，获得更佳的教学效果，这就是混合式教学。当然，信息技术作为一种媒体，利用它进行语文教学也有一定的使用范围，不是什么内容都可采用，应当选择一些具有开放性的、适合于信息化教学的教学内容来进行。

五、利用信息技术优化教学内容

信息技术快速发展，信息技术中的网络技术、虚拟技术能有效地解决知识信息的有限时效与快速更新之间的矛盾，使学校的教育内容不仅仅局限于书本、教材上的知识，并逐步扩大到虚拟无限的互联网络空间。面对纷繁复杂、

瞬息万变的世界,社会的发展对人才提出更多新的需求,学校封闭的教育体系将被打破,与社会联系更加紧密,走向开放,既包括对学生"现实世界"的开放,也包括向学生"可能世界"的开放。在课堂教学中,完全可以运用现代信息技术手段,把丰富多彩的社会资源引入课堂教学。例如,让学生可以看到万里长城、南极冰川、秦始皇兵马俑等壮丽景象,也可以将周期性长的事件短时间内呈现给学生。这些信息化手段的利用不仅能扩大教学的信息资源,而且能丰富教学内容,具有传统教学手段无法比拟的优势。另外,突破教科书的局限。信息技术的发展,使教材的形式发生了根本性的变化。教材的形态可以是文字、音像,还可以是以信息技术为载体的各种各样的教学软件,如专题学习网站、网络辅助教学课程、语文学习 App 等。

信息技术联通多点，建构适应性学习环境

第 一 节

PPT演示文稿：操作简易，化静为动

随着多媒体技术的快速发展，课堂上的教学模式也随之发生了变化。多媒体教学手段的应用早已日常化、普及化。在当前的教学实践中，广大教育工作者已然把PPT演示文稿作为辅助教学不可或缺的教学工具，这种辅助教学手段不但可以满足课堂的不同形式需求，实现了大容量课堂的理想化教学，同时，画面通过多媒体呈现出来，其独特的视听效果，为学生带来了与众不同的感觉。

演示文稿（Microsoft Office PowerPoint，PPT）是美国微软公司出品的办公软件系列重要组件之一（还有Excel、Word等）。用户不仅可以在投影仪或者计算机上进行演示，也可以将演示文稿打印出来，制作成胶片，以便应用到更广泛的领域中。PPT是一种图形程序，是功能强大的制作软件。可协助用户独自或联机创建永恒的视觉效果。它增强了多媒体支持功能，利用演示文稿制作的文稿，可以通过不同的方式播放，也可以将演示文稿打印成一页一页的幻灯片，使用幻灯片机或投影仪播放，可以将演示文稿保存到光盘中进行分发，并可以在幻灯片放映过程中播放音频流或视频流。

演示文稿软件除了PPT外，WPS演示是金山研发的WPS Office套件中的一部分。WPS演示功能强大，并兼容Microsoft Office PowerPoint的PPT格式，同时也有自己的dpt和dps格式。两者功能相似，后者丰富的模板更得到用户的青睐。苹果公司推出的演示文稿叫作Keynote。Keynote诞生于2003年，是

由苹果公司推出的运行于 Mac OS X 操作系统下的演示幻灯片应用软件。Keynote 不仅支持几乎所有的图片字体,还可以使界面和设计更图形化,借助 Mac OS X 内置的 Quartz 等图形技术,制作的幻灯片也更容易夺人眼球。随着苹果公司 iOS 系列产品的发展,Keynote 也推出了 iOS 版本,以便在移动设备上编辑及查阅文档,并可以通过 iCloud 在 Mac、iPhone、iPad、iPod Touch 以及电脑之间共享。作为一线教师,普及率最高的还属 PPT,无须考虑兼容问题,几乎可在任何教室的电教设备上予以播放展示。

一、PPT在语文课堂教学中的优势与使用建议

PPT 能够把静态的图片和音乐结合起来,通过立体的、具象的活动影像将课堂所学的知识表达出来,是一种理想的教学环境。其技术上的优点是:制作 PPT 课件简单易学;在 Windows 环境下,PPT 是创建演示文稿最方便的工具软件,并且支持视频和声音,可在演示文稿的幻灯片中插入表格、图像、声音、文本文件等多媒体信息;同时,制作课件所需花费的时间较少,且在课堂教学应用中,用 PPT 制作的课件操作简便、修改方便,课件的共享性强;此外,PPT 通过超级链接实现交互,具有一定的交互性,适合制作对动画要求不高的演示课件。基于上述特性,决定了 PPT 在语文课堂教学中所占据的优势。具体在语文教学中的功能优势如下。

(一)音画合一,化抽象为具象

具有丰富的图像音乐结合功能和模拟示范功能。PPT 可以把教学中生硬、死板的内容用图像和音乐结合的方式表现出来,这种化抽象为具体的教学方法可以帮助学生建立起直观的思维空间,从而对书本中的抽象的文本信息进行具体而真切的感知体悟。

例如六年级上册中的《月光曲》,在品读盲姑娘和皮鞋匠聆听贝多芬即兴弹奏《月光曲》的段落,作家采用联想和写实的方式对曲子进行描绘,这里就可采用 PPT 的"音画"功能,一边聆听贝多芬的《月光曲》,一边课件呈现三幅"月亮升起,微波粼粼""月亮升高,穿过微云""卷起巨浪,涌向岸边"的图片,在聆听音乐、赏析画面、品读文字三者中逐级感悟提升,品读出《月光曲》的高妙,盲

姑娘和皮鞋匠听得如痴如醉，也在反复诵读中发觉言语表达的奥妙。

(二)超级链接，化单线为多线

　　课堂以学生为主体，教师则以引领为主。课堂教学设计虽然是课前预设的，但是超级链接功能则能让学生更富有学习的主动权与主导权，将原本单线设计的教学路径，因为超级链接而变得丰富，课堂也能顺学生学习之"势"而为，而不被教师一味牵引。例如笔者在教学四年级《"诺曼底"号遇难记》时，该课以"在英伦海峡上，为何没有任何一个海员能与他相提并论?"为主问题贯穿始终，学生在独自寻找、小组合作分享，随后全班交流汇报时，所讲述的段落句子，不可能与教师预设的顺序完全一致，这里就很好地借用超级链接，点击相关按键，跳转至所需演示的页面，依学生的实情而定。

　　再者，PPT可采用控件工具箱(视图—工具栏—控件工具箱)的"文本框"功能，把师生课堂生成的内容直接输入文本框中，及时将思维的火花予以记录。这样的人机交互方法可以更好地激发学生的主观能动性，让学生在与课件、教师、同学四者进行互动的对话过程中，激发学生的学习欲望，活跃课堂气氛，同时把原本口语化的表述即刻转化成文本的形式，加深思维的印迹。例如在教学《最后一头战象》时，用小标题的方式概括文章。最终希冀的答案是"英雄垂暮""重披战甲""凭吊战场""庄严归去"，而在教学过程中，不是只在意最终的结果，而是更关注过程的展开、思维的碰撞。这里就可以让学生把各自的答案汇报呈现，教师在PPT上直接输入，而后进行同类比照，在斟酌比较中择优入选。在这样一番概括小标题的讨论过程中，借助PPT随即文字输入的方法，让讨论有所凭借、有所生成、有所提升，这无疑是让学生在课堂上发挥主体作用，思维并处于活跃状态。

(三)加深记忆，化单一为多元

　　PPT的演示是对多种感官的同时刺激，可以加深学习记忆。心理学研究发现，人的记忆力会随着时间的推移将学过的知识逐渐淡忘。但对于同样的知识内容，若单纯采用听觉方法，那么3个小时可以记忆70%，3天后降为10%；采用视觉方法学习，3个小时可以记忆72%，3天后降为65%。PPT课件将听觉和视觉相结合，可以有效地帮助学生加深对知识的记忆。

如在教学文言文《伯牙绝弦》时,如何让学生能够快速地记忆文章,这里就采用PPT逐词递减的方式,从一开始缺漏几个关键性词语到接着缺失重点语句,随后到只剩下引领性的几个字词,再到最后全文遮盖。通过这样一次次跟随演示灯片逐级背诵,背诵难度降低,让教学的每一步都能紧扣学生的"最近发展区",不是"一步到位",而是"步步为营"。再如第二学段的《富饶的西沙群岛》,在学习段落"鱼成群结队地在珊瑚丛中穿来穿去,好看极了。有的全身布满彩色的条纹;有的头上长着一簇红缨;有的周身像插着好些扇子,游动的时候飘飘摇摇;有的眼睛圆溜溜的,身上长满了刺,鼓起气来像皮球一样圆。各种各样的鱼多得数不清。正像人们说的那样,西沙群岛的海里一半是水,一半是鱼"时,找取符合这些文字所描写鱼的相关图片,在赏析的同时,发现作家写作时抓住鱼的特征而写。随后拓展图片,让学生也依据鱼的特征来写一条鱼。最后再次利用这些图片进行文字记忆。文字与图片的反复呈现,皆为教学所用,丰富学生认知的同时,也加深了对文本的理解。

(四)拓展知识,化单一为多元

拓展知识面,解决只教"一本书"的不足。PPT可以将材料中有限的知识内容进行扩展,实现高容量的知识储备,既可以应用于语文阅读习作教学,也可以应用于语文综合实践活动课中,甚至可以作为管理或分享学习成果的一种手段。

新的信息有时代性,更能捕捉到当下热点,学生也会关注。这样做,课内与课外自然就对接在一起,学生也不会把目光仅仅停留在书本上,而是用"黑夜给予他的黑色的眼睛"去寻找"光明"。例如六年级下册习作教学"假文盲"漫画作文,如若仅仅局限于这张漫画,而不结合现实生活中的那些"假文盲"事例,那么学生的思维就很难打开,而加入现实生活中一些典型事例的图片和文字信息,教师可趁此机会让学生各抒己见,对周遭生活中的不文明行为进行观点碰撞。这不失为对学生进行思想教育的一个很好机会,也提高了学生分析问题的能力。这样的习作课还愁学生文思枯竭、文笔干涩吗?如果在学每篇文章时都能由课内向课外或由课外向课内做适当的延伸与拓展,增加一定的新信息,这样的课定会受学生欢迎。

一件好的新事物，倘若不加节制地一味追求，则会走到事物的另一面，PPT广泛应用于语文课堂教学中，理应注意使用的尺度。

建议一：不要过分依赖，为技术而技术

个别教师过分依赖于计算机教学，过分强调以计算机为中心，就会使传统的教学模式失去意义。多媒体技术的广泛应用能从更多的角度来调动学生的积极性，提高学生的学习效率，因此，部分教师就对多媒体技术教学情有独钟，从而达到没有PPT无法教学的地步，但这样的画面模式却让学生失去了自主学习的过程。

在PPT课件制作设计的时候，结合教学内容，增加一些背景材料、视频资料或歌曲等，这是一个值得提倡的设计方案，可以拓展学生的知识面，同时也能让学生身心愉悦。但是，若背景材料文字、图片内容过多，视频资料过长，就会偏离课堂教学的主题。课堂的容量是恒定的，为了追求效果，音频视频、文字画面，无疑占据了课堂教学的时间。笔者认为，PPT上所呈现的东西应该是本堂课上最为重要的知识，是教师精心设计并有所取舍之后的呈现，而非"拿来主义"的简单堆积。PPT的使用要把握好度和力，才能达到理想效果。

建议二：不要舍本逐末，为效果而效果

对PPT的认识不充分，熟练使用PPT进行教学只是一个技术问题，却忽略了对教育的问题。这样使得多媒体的教学又进入了传统教学的模式，而PPT只是传统教学模式中的一个辅助工具，这样就使多媒体教学在课堂教学中失去了原有的实际意义。

有些教师在PPT课件设计的时候喜欢在模板、配色、动画、音效等方面做足文章，认为这样可以让PPT课件更醒目、更吸引人。恰当地使用这些技术是能够为课堂教学效果加分的，可过分追求，甚至有着花里胡哨的样式，那么教学效果定会大打折扣。学生的注意力偏离了本该注意的文字，全都被各种图案、音效、过渡方式所吸引。一个PPT课件，完全不用搞得那么复杂，选取一两个符合教学内容的模板，配色方案让学生感觉轻松为宜，动画设计简洁，音效偶尔用用就足矣。教学设计最核心的内容不是课件，而是教学目标和教学路径，只有将最本真、最重要的教学任务明晰，才能借用技术手段来更好地服务教学,从而达到预期的教学成效。

建议三:不要简单操作,为课件而课件

很多教师认为PPT的制作只是一个简单的复制过程,在制作课件时,只是单纯地把网上的知识点复制粘贴到PPT课件上。这样不负责的行为无法使学生找到学习重点,所展示的教学内容也不具备参考性。PPT上只有满满的文字,这样的课件与教材没有区别,无法达到PPT教学的目的。

当下各门户网站,下载课件是一件异常容易的事情。无论是网络下载的所谓的精品PPT课件还是优质课的PPT,似乎都在寻求以大而全的方式展示给大家。于是,一堂课里教师就扮演着一个讲解PPT课件的角色,疲于奔命似的把一张又一张幻灯片处理完。教师完全被自己制作设计的PPT课件牵着走,没有一点自由发挥的空间和余地。至于学生,恐怕连幻灯片里所包含的内容都没时间全部浏览,也不用说理解消化了,更不必说以课堂主体的身份参与其中了。如此这般,一节课怎能实现好的效果? 这样的PPT课件对课堂教学所起的作用只会适得其反。

PPT课件只是一种教学辅助工具而已,在制作设计时一定要想到它不是每分钟都要用的,该让学生回归课本的时候还得回归课本,该老师自己板书的时候还是要板书,该让学生主动参与的时候就去主动参与,各种手段相互结合,让课堂效率得以提高才是目的所在。

二、PPT在语文课堂教学中的应用策略

(一)图文并茂,创设情境激趣

建构主义认为,知识的学习必须具备两个条件,其中之一就是在有意义的情境中学习。情境的创设有效地吸引学生的注意力,使之产生兴趣、产生联想、产生疑问,唤起学生原有的认知和情感,促使学生产生弄清未知事物的求知欲,诱发探究行为,它使教学任务、教学内容都能具体化。PPT演示文稿最强大的功能就是通过图片、视频、声音等多种媒体,构建情景交融的教学情境,活跃课堂气氛,把要强制学生有意注意接受的知识变为无意注意而轻松获得。在这一环节可以利用形象的展示唤起学生相关的经验、表象和认识;或创

设接近真实的问题情境，激发学生探索的欲望。

统编版教材二年级上册识字单元《田家四季歌》，是一首融儿童情趣与科普知识为一体的时序歌，以通俗的语言描绘了四幅田园风景画，对农民一年四季的农事活动进行了描写，表达对种田人辛勤劳动的赞美。对于当下大部分儿童而言，农事活动知之甚少，与他们生活的关联度不大，为了更好地理解"采了蚕桑又插秧""谷像黄金粒粒香"等词句，"采桑、插秧、稻谷成熟"等画面一呈现，学生立即知晓这些词语背后隐匿的形象，与此同时，播放相关农事图片，进一步理解"农事忙"，从而感知农民耕作的辛劳。这样情境化的创建，吸引学生注意力，激起学生学习兴趣，使学生产生较强的学习动机，为接下来的教学做好铺垫。

(二)凸显信息，突破教学难点

小学语文课堂教学的内容整体而言是通俗易懂的，但对一些学习内容，学生缺乏相应的感性认识，不能较快或较好地理解，因而难以开展抽象思维活动；一些综合性较强、时空跨度较大、变化较为复杂的内容，学生一时难以接受和理解；还有一些以学生现有的经历难以认识、体会的情感等。这些基本上都是学生学习的难点。

对于这些难点，在常规教学状态下，教师通常采用板书或加重语气反复强调来突出。PPT演示文稿就很容易地化抽象为形象、化复杂为简单、变生疏为熟悉。比如，可以采用不同颜色的字体，设置一定的动画效果，制作简易的动作演示过程，模拟真实情境等多种随带的功能帮助学习突破难点，提高课堂效率，实现教学的最优化。

例如，统编版教材三年级下册《燕子》一课的重、难点就是感知燕子的可爱，正因为燕子的加盟，让春天更富盎然之色。三年级的学生还处于思维、理解能力的培养阶段，对这些概括性强的知识理解并不深刻，对燕子的形态、动作并不了解。在教学中，若仅仅靠语言的理解既枯燥又难懂，用PPT进行教学则可轻易地突破这些难点。如在学习燕子外形的段落："一身乌黑光亮的羽毛，一对俊俏轻快的翅膀，加上剪刀似的尾巴，凑成了活泼可爱的小燕子。"这些语句很美，可是如何让学生真正感知其中的美妙呢？第一次呈现"燕子图"，让学生先观察图片,七嘴八舌描绘燕子。第二次出现作家的文字,你又看到了一只怎样的燕子? 哪些和你看到的一样? 哪些又是你没有想到的? 第三次对比呈现两段文字,一段做了删减,一段仍是原文,在比照中学生发现作家用了很多修饰的定语,正因为这些精准的词汇,让这只燕子跃然纸上。最后则是填空积累文句。一步步地操作下来,既让学生感受到了小燕子的外形特点,更感悟到言语描摹的魅力。

(三)迁移拓展,资源引入课堂

叶圣陶先生说过:"语文教材无非是个例子,凭着这个例子要使学生能够举一反三,触类旁通,练就阅读和写作的熟练技巧……"作为语文学习用的文本,教材上所有的材料与信息都可以是师生延伸概念、共同建构学习经验的起点。丰富有效的学习主要依赖于学生对学习材料迁移的数量和质量,而来自拓展阅读、讨论、探究、体验、实验等不同途径的经验才能促成学生丰富而有效的学习。

传统教学状态下的迁移拓展受到许多客观条件的限制,PPT在促进学习迁移方面具有独特的优势。通过插入多媒体素材(图片、音乐、视频、网页超链接等资源)创设不同类型的学习情境,提供丰富的迁移拓展的学习资源,引导学生去寻找不同的知识之间的相同要素,指导学生对呈现的情境、阅读习作资料思考并进行知识的重构,形成灵活运用所学知识解决类似问题的能力和方法。

如四年级习作教学"导游词",要求学生学习介绍家乡的一处景色。如若仅仅靠言语的告知,学生没有情境化的创设与演绎,很难激起习作的动机。这里借助PPT,对描写《颐和园》万寿山的文段与导游词介绍万寿山的两个文段予以比照,继而发现导游词更富有互动性、移步换景,还加入趣闻逸事的特点。了解写作技巧,接着牛刀小试,选择一处喜欢的家乡景点。用Keynote为学生提供"杭州十景"的演示文稿,小组合作观察、情境创建之后,再动笔习作。这样的学习迁移,既从文本入手,在比照中发现写作技巧,而后在自主选择、主动习作中,为学生拓展迁移提供真实情境,使学习更富有成效。

(四)以学定教,取舍都有依据

教学有法,教和学是有一定规则的,教学要有方向和目标,不可偏离。教学无定,教的时候又没有什么必须遵守的方法,只要能达到教的目标和学的目的,可以采用一切合法的、合理的方法。贵在得法,针对不同的对象采用不同的方法。对象不同,方法不同,结果肯定不同,达到最好效果的方法才是最好的方法,找到最好的方法才是得法。语文教学的对象是学生,就依循学情来定教,来设计教学。

PPT演示文稿是依据教学的"魂"而设计制作的,没有固定的模式可套用,需要根据教材内容、学生情况对教学环节进行取舍。如"整体感知全文"的阅读教学环节中,按照阅读规律,应该先对文本有一个整体了解,而后产生问题,并在讲解过程中利用PPT突出重点、突破难点。一般情况下,整体阅读之前不会播放视频画面,但有的情况下,学生对文本所涉及的知识并不熟悉,没有相应的知识储备,没有办法去整体感知文本,或整体感知起来难度较大,此时在"整体感知全文"前可增加"体验情境"的环节。比如统编版教材三年级上册《手术台就是阵地》,该文讲述白求恩大夫在战场上把抢救伤员看成和战士打仗一样重要,他要像战士坚守阵地一样坚守手术台的感人故事。学生对战争和白求恩并不熟知,在初读之后,品读描写战争句子的时候,就可采用"取"的方式,将战争背景以及白求恩大夫的简介告知学生,更能体会到战场的残酷,感受白求恩大夫大无畏的国际主义精神。如若该班学生理解力较弱,则可直接从电影《白求恩》片段入手,观看了短片之后,有了直观认识后再走进文本,从文中的描写中可以感受到白求恩大夫的伟大之处。

教学技术是为教服务的,教师也从以往"只见教材,不见学生"的备课模式中转变过来,不但要备"教案",更要备"学案",关注学生的学情差异,了解学生的实际所需,预设学生学习过程中可能出现的情况,采取有利于学生进行合作探究学习活动的有效策略。那么,在设计制作PPT的过程中,就要顺应学生的发展需求,符合学生的成长规律。例如最为常见的识字教学,中高年段无须每个字词用力均等地逐一教学,而是要依据学情有所侧重地展开教学。最好的举措则是依循预学单进行备课设计,同时也预设好教师认为需要着重强调的字词。充分的预设只为课堂能更精彩地生成。

(五)适宜适时,适恰使用原则

PPT演示文稿主要为语文课堂教学提供呈现型的作用:创设情境,营造接近真实的语文学习环境;提供直观感性的材料,丰富智力背景,提高认知深度,降低学习难度,引导迁移运用;模拟动态过程,突破知识难点,培养思维的灵活性。作用是强大的,但不可喧宾夺主,减弱了课堂的语文味,但凡技术,最好在运用中适宜出现、适时运用。

利用PPT创设情境是课堂教学中运用最广的一种手段。PPT强大的呈现能力,可模拟或创设各类情境,化抽象为形象,化静态为动态,化不可见为可见,化复杂为简明。正是因为PPT可提供丰富的图像和声音信息,这在创设和教学内容相一致的、有利于激发学生学习兴趣的教育情境,丰富学生的阅读背景上有着得天独厚的优势。例如教学统编版二年级上册课文《日月潭》时,学习文段"日月潭很深,湖水碧绿。湖中央有个美丽的小岛把湖水分成两半,北边像圆圆的太阳,叫'日潭';南边像弯弯的月亮,叫'月潭'",在阅读该段文字时,若平面读,无论怎么细读文本,读出的无非就是一个小岛将湖水分成两半,两个湖形状不一。此时,如果为学生提供日月潭的卫星遥感地图,从空中俯瞰,小岛正好将整个湖分成两半,学生自主观察,是否如文中所言,一边像月亮,一边像太阳。虽仅用一张图片,却让文字一下子立体起来,学生的脑海中也立即建构起了日月潭的样貌,这就是恰到好处。可是若再依据"日月潭很深,湖水碧绿"这句话做展开,添加各色湖水图片并配以音效,课堂看似热闹,其实这样的语句无须过多渲染、拓展。

对于PPT的运用,当下绝大部分教师都是得心应手的,课堂上使用亦是常态。PPT在语文课堂上的运用无疑是两个层面:一是基于"辅助"的理念,PPT演示就是一种技术,作为教学媒体、手段和方法来帮助教师或学生解决教或学中的问题。二是基于"整合"的理念,让PPT演示技术作为构建自主、探究学习环境的要素来支持学习。

三、PPT在语文课堂教学中的制作诀窍

PPT演示文稿对于教育教学而言是一种辅助——作为教学媒体、手段和方法来帮助师生解决教或学中的问题，亦是一种整合——为构建自主、探究学习环境的重要要素来支持学习。语文课堂教学上的PPT，它的核心是什么？是将教材内容内化之后的外显，并用讲故事的方式来吸引你我进入故事营造的学习场。PPT也是一面镜子，这些学习故事也反射出了你对教学的态度。

PPT课件的应用为学生学习新知识打开了一扇新的窗口，也是现代化教育思想、教育手段的有机结合。立足于语文课堂教学的改革，在教学手段的运用上，更充分地发挥多媒体教学的综合优势。恰到好处地运用PPT课件，能为学生提供逼真的教学情境、丰富的教学资源，为学生营造一个色彩缤纷、声像同步、动静结合的学习情境，使学生的多种感觉接受刺激，从而促进学生思维能力的发展。与此同时，将学生由信息的被动接受者变成主动寻求者，充分调动学生的非智力因素。一个好的教学课件有如此大的功效，那么在设计制作上自然得下功夫，摸清其中的门道。

（一）构思整体：让PPT有主题、有风格

要点一："站在学生的鞋里"想问题

英文中有这样一句话"be in others' shoes"，直译为"站在别人的鞋里"，引申到我们的课堂教学中，那就得站在学生的角度想问题，因为学生才是我们课堂的主人。

正如一个简单的游戏，若你和朋友面对面坐好，用两只手给坐在你对面的朋友搭一个"人"字。如果从你的方向看是个"入"字，那么可以肯定你是一个细心的、会站在对方角度考虑问题的人，因为只有你看到的是"入"字，坐在你对面的朋友看到的才是"人"字。从对方的角度想问题，不仅是一种态度，更是一种习惯。

制作PPT时就应该站在学生的角度，低年段学生可采用颜色鲜亮、造型活泼、字号偏大的风格，单页不可过多文字，一年级还需标注拼音；中高年段学生则可选用简单、质朴的风格，字号可略偏小，但字体均为楷体。正因为是语文

课堂,就应从学生角度出发,思考这样的课件样式是否符合该年龄段的需求。

要点二:要为课堂量身定制

在打开PPT软件之前,作为教师首先要做的并不是寻找一个漂亮的模板,而是静下心来,搞明白这堂课的教学目标、教学路径以及PPT的需求,思考清楚之后,才能避免"枉费工夫、从头再来"的情况。

关于模板,得一分为二地看,它能直接从网站上下载,自然是高效省力的,而且图片精美、动画效果佳等优点颇受老师欢喜;另一面则是缺乏个性,并不能与课文主旨相吻合。笔者会做如下两点:其一,用上学校的Logo,可将学校的Logo进行整体包装,甚至可以请信息技术老师或美工人士专门为学校特制几套PPT模板,既省力又体面。其二,真正为课堂量身定制相应的模板。例如在教学《一夜的工作》时,整体采用黑白灰三色,内容页面上则在左上方镶嵌"一夜的工作"字样,右下角放置一盏老式台灯,暗示着一夜的灯火。素朴清淡的风格中又隐隐透露着一夜工作的辛劳。再如《小桥流水人家》一课,是一篇文字意境兼美的散文,每每读这三个词语就能联想到江南水乡的美好。于是笔者就将文字艺术处理,变成图2-1一般,学生一旦朗读课题,就

图2-1 《小桥流水人家》课题的插图设计

能在脑海中构想出一幅江南水乡的好风光。

总之,整体构思好之后,选择一个符合课堂教学气质的PPT样式,显得那般重要,它可以使教学锦上添花、独树一帜。

(二)设计结构:让PPT有逻辑、有条理

PPT有了主题样式以后,就要构建PPT的逻辑。可能你会问:语文课堂教学中的课件还需要逻辑?笔者认为自然是需要的。如果把主题、模板当作外衣,那么PPT结构就是支撑外衣的骨架,而这骨架又取决于我们的教学设计,也就是PPT的内核——"魂"。PPT的逻辑主要有三大类:总分结构、递进结构

和问题驱动。这三种逻辑可以单独使用，也可以灵活套用。

要点一：PPT骨灰级结构——总分结构

PPT中最实用的结构就是总分结构——概述、分述、总结。开始要开门见山地告诉学生学习的任务，或本堂课要共同解决的某个主问题；接下来要从文本中逐步去进行品读、感悟、解答；最后结课，回顾课堂所学，并提出下一步学习计划。

"总"是概述，很多老师喜欢把教学目标呈现给学生，明确学习任务。笔者认为，小学阶段不太适宜将教学目标告知学生，因为学生并不理解相关术语。另外，这是教师的直接施令，并未站在学生的角度去思考问题。目标应该镌刻在教师心中，而不是誊写在PPT上。那么"总"上面可以呈现什么？一方面可以是本堂课的核心问题，另一方面可以是文本解读后的结构呈现。例如在《老人与海鸥》一课中，从关键词"老人""海鸥"入手，老人与海鸥之间发生了哪些事情，对文本整体把握，随后依据学生学习的需求，可先学习老人对海鸥的关爱，亦可学习海鸥对老人的不舍，依循学生的兴趣所向，深入文本学习。若选择学习老人对海鸥的关心，让学生先自主学习，圈画文中细节并做批注。随后交流汇报，教师则点击课件中所设置的超链接，跳转至相应页面。交流对话之后，再次返回主页面。这便是总分结构，让学生知晓其围绕的核心问题，对文本也会有整体的概知（见图2-2）。

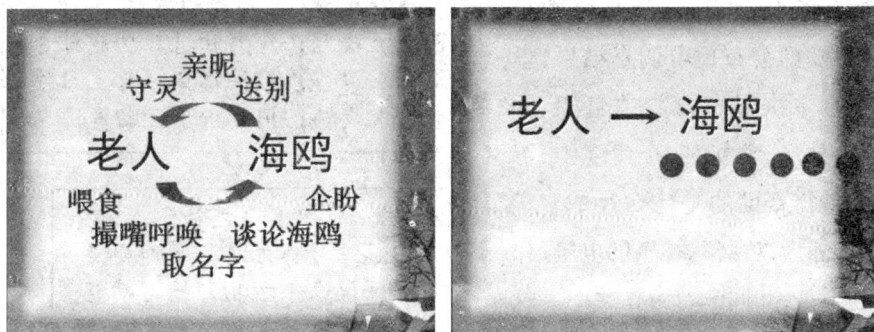

图2-2　《老人与海鸥》课件设计图例

至于"尾",最后一个"总"——总结。很多时候教师会选择作业告知,而后就以学生练习结课。个人觉得"尾"还是需要收一收的,俗话说"编筐编篓,全在收口",一堂近40分钟的课,一张张PPT的放映、一次次的课堂对话、一段段的文本阅读……课堂上的内容是丰富而多彩的,若这样匆匆结束,学生可能遗忘了先前的内容,只记得结尾那些信息。这一点像心理学的近因效应,可见最后的总结还是很有必要的。那么具体可做什么?简要回顾学习内容,回答先前的疑问,讲述下一课的学习安排,质疑文本,拓展阅读,再一次点燃学习期待。虽然总结位于PPT的末尾,时间也是最为仓促的,但总结是承前启后的一个过程。总结永远是面向未来而不是过去的。每一堂课的教学都是下一次学习的开始。如果前面的内容让学生趣味盎然,那么在结束的时候,希冀他们意犹未尽。

要点二:PPT渐入佳境式——递进结构

在递进关系的PPT中,教学设计就是要引领着学生渐入佳境,各个教学环节都是为了共同的教学目标而逐级推进。递进式的结构看似平淡,却环环相扣,大有步步为营、水到渠成之妙。

如在三年级下册习作教学"未来的……"一课中,从激发习作兴趣入手,交流预学作业中的各种绘画制作,并进行分类呈现,随即公布预习调查结果,学生在本次习作中,在"名称、原因、外形、功能"四个角度中,习作最需帮助的是什么?基于学情,随后以视频《神奇的电脑》作为引子,共同学习习作之法。这个过程中采用提供锦囊、结合单元课文写法、借用评价单互助评

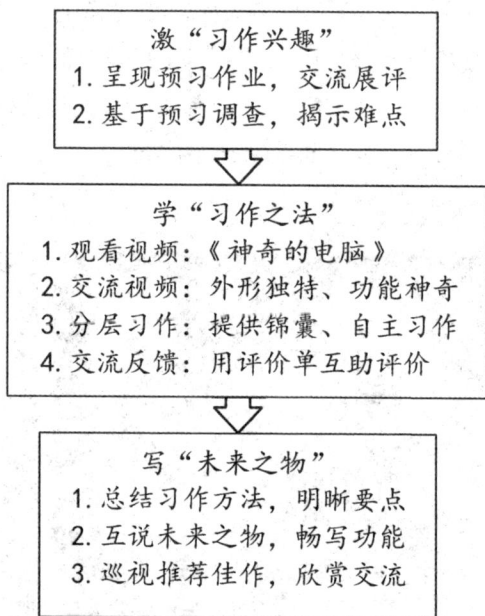

激"习作兴趣"
1. 呈现预习作业,交流展评
2. 基于预习调查,揭示难点

学"习作之法"
1. 观看视频:《神奇的电脑》
2. 交流视频:外形独特、功能神奇
3. 分层习作:提供锦囊、自主习作
4. 交流反馈:用评价单互助评价

写"未来之物"
1. 总结习作方法,明晰要点
2. 互说未来之物,畅写功能
3. 巡视推荐佳作,欣赏交流

图2-3 "未来的……"教学流程

价等方式,让学生攻破难点,习得要领。最后结合自身的设计,将其中一个要点进行展开创写。具体流程如图2-3所示,从中不难发现,递进式的结构前一步为后一步埋下伏笔,前一步与后一步恰好是一个个台阶,最终的目的是携领着学生一同登上学习目标的高梯。

要点三:PPT有问有答式——问题驱动

问题驱动式的结构,顾名思义,分"提出问题—分析问题—解决问题"三步走。我们在语文教学的过程中,应当多加关注学生的问题,即学生的起点在哪里、学生学习的需求在哪里,找准了这些问题点,方可对症下药。

中国语文教育学理论的奠基者朱绍禹先生说过:"在语文课堂教学中,使问题贯穿于语文课堂教学的始终,是'学生是学习和发展的主体'的基本保证,是'尊重学生在学习过程中的独特体验'的必要条件。"正因为如此,在教学设计上就得基于学生的问题入手,PPT的设计亦是如此。这里可用学生的一个大问题作为主线,贯穿始终;可将学生的问题零散地嵌入教学的流程里,在总分、递进的模式中,加入学生的问题;可将学生问题与课后问题予以比照、统整,而后从最重要的问题入手,逐一解决。例如三年级《荷花》一课,基于学生的预学单,统计出班上有15人提出"为什么把一池荷花比作一幅'活的画'",有12人提出"为什么我忽然觉得自己就是一朵荷花",这两个问题又与课后的"为什么说这一池的荷花是'一幅活的画'呢? 我们一起讨论讨论"不谋而合,教师就可以借助这样的共性资源,以此切入课堂教学。

注意事项:PPT上那些容易忽视的细节

其一,采用"简单完整句"

PPT上指令性的语句,请采用"简单完整句"。这里"简单完整句"就是句子结构完整,能够表达简单明了的意思。句子结构完整是指这个句子有谓语动词;而能够表达简单的意思,是说句子中要有形容词和副词,或者有简单的说明,让句子的观点明确。总而言之,简单意味着通俗易懂、句子短,能一行表述清楚的,决不两行表达;而完整意味着没有歧义,观点明确。比如,"请大声朗读课文,并思考课后第一题。"这就是一个完整句,而"请大声有感情地朗读课文,难读的句子多读几遍,注意生字新词,读完思考课后第一题",这样的表述固然没错,但把"老母亲"的特质展露无遗。再者,小组合作,教师往往会把各种要求通通呈现在PPT上,学生乍一眼看到满屏的步骤和注意事项就有些慌乱。例如教学《那片绿绿的爬山虎》时,要求学生进行小组合作,具体要求如图2-4所示。每一行表达一个意思,句子完整、意思明确,把最为关

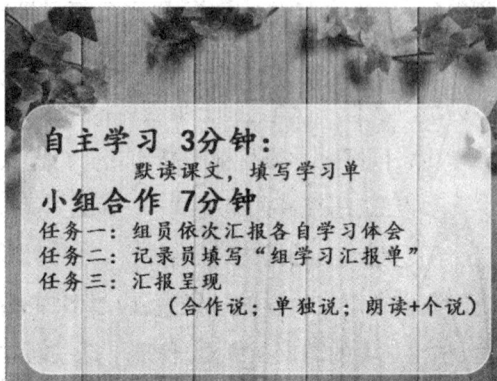

自主学习 3分钟：
默读课文,填写学习单
小组合作 7分钟
任务一：组员依次汇报各自学习体会
任务二：记录员填写"组学习汇报单"
任务三：汇报呈现
（合作说；单独说；朗读+个说）

图2-4 《那片绿绿的爬山虎》小组合作设计图例

键的信息呈现在PPT上即可,切不可面面俱到。很多老师总是这个担心、那个顾虑,生怕学生弄不清楚,非要都写上才安心。可事实却是,学习能力强的学生不看也知道,而那些学习后进的学生看到如此多的文字,可能没看什么就打退堂鼓。此外,类似于小组合作这样的学习环节,并不是一蹴而就的,贵在平日练习和常规落实。总之,简单完整句能够让教师的指令更突出,提高课堂效率。

其二,署名、日期及Logo等

首先是署名,不要光写一个执教者姓名,应该把工作单位一并写上,表明自己是有组织的,这堂课的背后也倾注着学校团队的力量。倘若是公开教学,还应该把来上课学生的学校、班级也写上,因为课堂是需要师生相互配合的,课堂上不仅仅展示教师本身,同时也展现该学校学生的风采,这更是一种对学生的尊重。人人都渴望被重视,心理学家指出,有些孩子之所以淘气,就是因为觉得大人不够关注他,非要惹点事让别人意识到他的存在。借班上课,彼此都不熟悉,倘若教师主动去了解这个班级,在PPT上出现班级,甚至在PPT某些元素上还能借用该班的资料,那么这堂课上,师生之间的距离感立马拉近,学生也会对这位老师颇有好感。最后是修改日期和添加学校Logo。如若在PPT上加了日期,那么每次公开教学的时候勿忘修改,不然会让人觉得你重走昨日的路。至于加上学校Logo,正如前面加上学校名称一样,这是对学校单位

的一种认可与热爱。

其三,注意知识产权

教师在课堂教学中使用的PPT是最容易被其他老师拷贝分享的。自然好东西要学会分享,好的经验也应该相互学习,可是若这样直接拿取别人的劳动成果,对于执教设计者而言,这可能是其几个晚上甚至几周的劳动果实。故此,在向对方拷贝PPT的时候,请首先征得对方的同意。作为PPT的制作者而言,应该在PPT的最后注明:"请勿在网上或其他公开教学中使用该PPT,该PPT的版权归作者所有。谢谢您的理解和支持。"或者保存为PDF等格式。其实再多的方法都是防君子不防小人。以诚待人,建立彼此之间的尊重和信任才是最重要的。同时,老师应该有保护知识产权意识。

(三)丰满内容:让PPT既有血,更有肉

PPT有了宏观构思和整体结构,接下来的任务便是让这个课件"有血有肉"。我们在利用PPT制作课件的过程中,不难发现有另一种声音在呼吁:回归本真课堂,简简单单教语文,扎扎实实学语文,这才是语文应该追寻的道路。笔者对这句话非常赞赏,的确某些教学课件让人觉得不是在助力课堂,而是在干扰甚至摧毁课堂教学。满屏的各色图案,密集的文字段落,让人有一种被灌输的感觉。倘若再加上PPT里面每一句话、每一幅画都采用动画形式"飞"出来,再配上各种音效,这样的PPT不被反感、不被反对才怪! 其实,若将PPT与教学设计有效配合,自然是有着积极意义的。PPT界一直膜拜一个单词——kiss,它在这里可不是"亲吻"的意思,而是keep it simple and stupid(保持简单,并且一目了然)。其实PPT与语文课堂所追求的目标是一致的——回归朴素自然。

要点一:文字表达要有节奏感

PPT上的文字表述也要有节奏感,那么,这节奏的具体拍点是什么? 可简单概括为对齐、对比、统一和呼应。作为语文老师,一般都感性优于理性,对美的追求更是孜孜不倦。PPT上字体、字号以及是否对整齐,这些小细节自然不会疏忽。这里特别强调"对比"。这种更换颜色的方法在语文课堂教学中很是常见,能够引起学生的注意,潜藏的信息也更能被学生捕捉。例如《"凤辣子"

初见林黛玉》一课中,对王熙凤外貌的描写,如若整段呈现,只会觉得穿着华丽,可若将文字进行对齐排列,并将动词和方位词用不同颜色标注,学生立马就能觉察出曹雪芹不仅写出了穿着的华贵,更在遣词造句上独具匠心,字数工整,按序描写,文段中潜藏着的文字之美,就在这样的"对齐、对比"中展露无遗。再如,后面学习要求的告知:"画出有关语句,圈出让你有特别感受的词句,写下你的点滴感受。"将"画出""圈出""写下"标注红色,学生从这些行为动词中,明晰接下来的学习动作(见图2-5)。

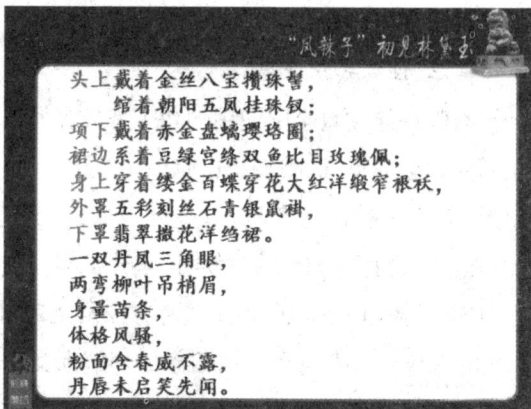

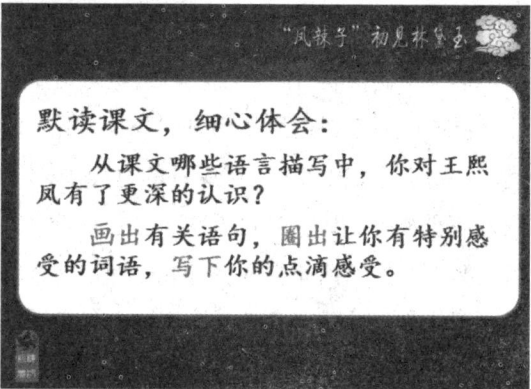

图2-5 《"凤辣子"初见林黛玉》课件图例

关于文字,这里特别要再一次强调"三不要":不要"盖文字墙",不要写结构复杂的长句子,不要写错别字。第一个不要"盖文字墙",自然是不要大段截取文字,密密麻麻整面屏幕的文字,看了都有些让人后怕,更何况是学习中的孩子。如果真的要给学生提供大段的甚至是整篇的文章,建议不要使用PPT的呈现功能,请直接打印成纸质的,这样方便学生阅读,毕竟每个学生的阅读速度不一,同时纸质方便圈画,书写个人批注。第二个不要写结构复杂的长句子,这点在前面写"简单完整句"中已做了详细说明,这里不再赘述。第三个不要写错别字,当然语文老师这方面定会严格要求自己,这方面的错误会尽力杜绝。这里说的不一定是错别字,很多时候是在引用课本上的语段时,PPT上的与课本中的有所出入,这样上课常会发生尴尬,比如学生提出:"老师,你错了,这里不是这样的。"然后你只得停下来查看、对照课本,而后退出、修正,花费不少工夫。这里也不能全怪老师,每年教材都会重新编审,偶有个别字词稍做修正,很难觉察,而老师常常沿用上一届老师留存的课件,不再做仔细校对,于是就会出现上述失误。平日若做不到次次校对,那么公开课前,还是很有必要仔仔细细再核对一下,免得犯这样低级的失误。

要点二:图画选用要有震撼感

图片是一个奇妙的东西,它最直观、最真实,但也容易被大家诟病,究其原因,无外乎如下三点:第一,图片选择的像素不高,上面还有很多无关课堂教学的水印或文字。找图请不要到百度图片中去海选,其实很多门户网站都有精美的高清图片可以下载。这里推荐"千库网""千图网"这样的网站注册登录,若下载量大,趁着搞活动时,可以低价购买年套餐,十分划算。第二,选择的图片不够典型性。图片是为教学服务的,当学生对新概念、新知识没有相应的生活经验和知识储备,老师更是无法用言语说清时,选择一张典型图片就是课堂教学的"及时雨"。例如课文《赵州桥》中,在教学语段"桥面两侧有石栏,栏板上雕刻着精美的图案:有的刻着两条相互缠绕的龙,嘴里吐出美丽的水花;有的刻着两条飞龙,前爪相互抵着,各自回首遥望;还有的刻着双龙戏珠。所有的龙似乎都在游动,真像活的一样",为了让学生对这段文字有直观认识,那就得找到相应的"相互缠绕,吐出美丽的水花"图、"前爪相互抵着,各自回首遥望"图、"双龙戏珠"图。当然这些之外,若再补充三两张,借助新的图片纹样,让学生学着课文的写法,进行"有的……有的……还有的……"片段写话练习。第三,找寻的图片过多,整个PPT中添加了过多的同类图片。记得有一回,问二年级的老师最想选用哪篇课文来上公开课,结果好多老师选择《北京亮起来了》,问其原因,居然是图片好找。其实图片不在于多,而在于精。例如教学《彩色的非洲》一课时,文章写了赤道骄阳、各色植物、五彩蝴蝶、日常生活等多个方面的色彩。在讲到看图配乐朗读语段时,选择最为经典的图片作为该语段的背景图,配以文字,师生合作朗读。图片能给学生以直观感受,同时教师也要借助这样的情境,将文本紧密结合,毕竟我们的课堂姓"语",不姓"图"。

要点三：动画选择要有层次感

PPT上的动画效果最怕两个极端：一个是每一页PPT中的每一行字都有动画，恨不得每一个字都能像孙悟空一样翻着跟头进来，搞得学生眼花缭乱，注意力分散。另一个是干脆不用任何动画。这种因噎废食的做法同样不可取，缺少了动画，就像砍断了PPT的一只翅膀，有些内容一股脑儿出现不妥，也会使学生觉得枯燥无味。作为一种多媒体表现艺术，动画用好了，PPT的表现力会大大提升。具体可从如下几个方面着手。

其一，用动画使演示过程流程化

动画可以用来展示过程，这种过程用语言讲述有时显得有些苍白，而用简单的动画可以把抽象的过程形象化，把复杂的内容简明化，学生也易于用生动形象的方式来接受新知。比如在教学《詹天佑》一课时，当学生无法理解"人字形"铁路设计原理时，采用简单的动画，两个火车头，一条人字形铁路，通过动画路径线路的设置，立即就将"人字形"线路的原理清晰地告知。小学语文课堂上，利用这样的动画来呈现一些科普原理的知识点还是不少的，例如《两个铁球同时落地》《蜜蜂引路》等课文，都可采用这样简单的动画路径制作。

其二，用动画使书写笔画清晰化

笔顺笔画是学生学习写字的开始时期，对写字的兴趣也是由此萌发的。当下识字教学中，极其容易被忽视的便是"笔画顺序"的教学，很多时候教师在范写时，虽然已经让学生跟随书写，可是转眼学生又遗忘了书写顺序。同时教师也无暇将每个字都进行范写，这里就可以采用GIF动画，利用生字描红的方法，在PPT上不断滚动播放。学生一旦遗忘笔顺，抬头看看屏幕上的生字书写演示，就知晓笔画的书写顺序了。这样简单的操作方法，可以让笔画教学更清晰、更简便。

其三，用动画使重点内容强调化

在动画类型的选择上，炫技不是目的，真实地展现内容才是目的。对于基本的文字和图片，我们只需使用出现和消失的动画效果，翻着跟头进来、"绕梁三日"才消失是完全没有必要的，不但会打乱上课的节奏，更会分散学生的注意力。特别需要强调的字词句，可以通过换色、加粗、变大等形式来强调。

这里特别推荐在PPT里使用"触发器",因为课堂上需要强调的字词,虽然可以事先预设,可是哪个字词最先被学生说到,老师是很难预测到的。如果纯粹用PPT的动画模式,它是按照原先设定的顺序逐一呈现,无法调转到下一个甚至是下下一个。这时候就应该使用"触发器",对预设的文字进行设定,只要鼠标一点该文字,该文字便会做相应的动画改变。这样的处理就更符合真实课堂,便于及时生成。

其四,用动画使教学情节趣味化

PPT的动画效果有灵活的时间组合,主要有单击鼠标时显示、与前一个动画一起显示、在前一个动画完成后显示等。还可添加时间间隔,比如前一个动画完成10秒后,后一个动画才开始。这样的灵活组合为教师提供了很大便利,在某些情境的创设中,能发挥意想不到的好效果。例如拼音教学中,让学生学习三拼音节,这里就可以将"j""i""a"三个字母进行设定,老师一单击,三个字母就一同往中间靠拢,等靠到一起时,动画设置中再自动呈现"jiā"的拼音。等到拼读两遍,下方又自动呈现"jiā jiá jiǎ jià"四声,这样的操作设置便于老师教学,不必一直站在电脑前总是操作鼠标。再如游戏闯关,学拼拼音。让卡通小青蛙不断在荷叶上跳跃,跳到哪个荷叶上,学生就大声拼读这片荷叶上的拼音。这些动画都可事先预设好,同时也激发了第一学段学生的兴趣,让课堂更富趣味。

制作PPT动画,一半是思维,一半是技巧。技巧是很容易学的,关键还是要养成思考的习惯。"动"可以表示强调、过程、顺序和变化。只有"动"与PPT教学课件的内涵相得益彰的时候,方是好动画,不然就是画蛇添足。

【信息技术小百科1:PPT中的触发器】

如果幻灯片已经设置动画效果,请执行以下步骤为其插入触发器功能,这里列举"语文"二字,要改变其颜色。

第一步:在PPT中选中"语文"二字,并右击鼠标,单

扫码学习更清晰

击"自定义动画"。

第二步:在"添加效果"中选择"强调"栏目中的"更改字体颜色",确认之后再在"字体颜色"中选择喜欢的颜色。

第三步:在任务窗格中单击右侧箭头以显示下拉菜单,再单击"计时"。

第四步:在打开的对话框中单击左下方的"触发器",并选取"单击下列对象时启动效果",紧接着会看到选择对象,选取要触发的对象,在此例中该文件为"标题4",单击"确定"。

教学课例一

秋天(第一课时)教学设计

【教材分析】

《秋天》是部编版教材语文一年级上册第四单元的第一篇课文。文章短小精悍,3个自然段共4句话,从整体入手,抓住天气、落叶、天空、大雁等事物的特点,描绘了一幅秋天的美景,表达了作者对秋天的喜爱之情。

这是一年级孩子入学后接触的第一篇课文,语言形式区别于前面识字、拼音单元,不再是朗朗上口的儿歌、韵文,因此能够正确、流畅地朗读课文是本文的难点。同时,写字也是本课的重、难点,横撇的书写对于入学不久的孩子还是不容易掌握的。

在教学中,要始终把握第一学段语文的教学重点:指导学生识字写字,正确、流利地朗读课文。教学设计中,引导学生通过归类、创设语境、想象、追根溯源等多种识字方法认字,从而激发学生认字的兴趣。通过把握课文中重点的词句,引导学生有感情地朗读课文,从字里行间感受秋天的魅力。

【教学目标】

1.引导学生运用加一加、追根溯源等方法,认识"秋""气""了""树""叶"

"片"6个生字,认识"禾木旁""木字旁""口字旁"3个偏旁,初步了解左中右结构和左右结构,认识新笔画"横撇",会写"了""子"两个汉字。

2.学会分自然段的方法,能正确朗读课文,注意朗读"了""子"的轻声,通过对"一片"和"一片片"的比较,感受汉语言文字的魅力。

3.通过第1自然段的学习,初步了解秋天的特征,感受秋天落叶的美。

【教学过程】

一、谈话导入,揭题识字

1.课前谈话,寻找秋天,揭示课题。

这几天,气温下降了,老师穿上了毛衣,我感觉到秋天来了。小朋友们,你们从哪里感觉到秋天真的来啦?

今天就让我们一起学习本册第一篇课文《秋天》。

2.认识"秋"字,引导学生用加一加的方法认识新字,发现"禾"做偏旁时,一捺变成点。(板书、贴字卡)想一想:为什么"秋"字是禾木旁?

3.读好课题。指名读,齐读。

二、整体感知,学习分自然段

1.初步了解分自然段的方法。

(1)比较儿歌和课文的区别,引导学生发现:儿歌短,有节奏;课文长,由几个自然段组成。

小朋友们,你们读得这么好听,把秋姑娘唤来了。她为你们送来了一篇很美的课文。

请仔细看,这篇课文跟我们以往学的儿歌有什么不同?

在儿歌和课文的左边同时呈现虚线,使学生发现课文的句子长长短短,有的地方前面空两格。

像这样前面空出两格的一部分就叫一个自然段。今天老师教大家的第一个本领就是标自然段。

(2)示范标注第1自然段段号,引导学生尝试标注其他自然段。

这个地方空出两格,我先标上1,这就是第1自然段,那么第2自然段标在哪里?请一名学生上来指出,并问他为什么标在这里;那么第3自然段呢?再请一位学生上来标一标,这次询问台下同学为什么标在此处。

哦,原来这篇课文一共有3个自然段。小朋友们,瞧,刚才的序号不见了,你还会标自然段的序号吗?请打开书本,翻到第54页,在课文中标一标。(投影一位学生的课本进行校对,请有错的学生修改)

2.明确朗读要求,整体感知课文大意。

自然段标好了,我们要来朗读课文啦!

(1)明确朗读要求:大声、独立朗读课文,把字音读正确,把课文读通顺。

(2)指名读,检查是否已明确自然段的概念。随机纠正"一会儿"等字音。

(3)请小朋友根据朗读要求来点评3位小朋友的朗读。

三、随文识字,学习第1自然段

1.引导出示第1自然段。

刚才3位小朋友读得这么棒,你们是不是也想来读一读?那我们一起读第1自然段吧。

(1)生字显红:气、树、叶、片。

小朋友们读得不错。这短短一段话里还藏着许多生字呢,它们是"气""树""叶""片"。你们真的认识它们吗?

(2)通过观察"气"字的演变,感受中国文字的源远流长。给它找找朋友,组一组词。

(3)学习"树""叶"。

出示"树"和"叶",引导学生再次运用加一加的方法记住生字,学习左中右结构和左右结构。引导学生发现"木"做偏旁时,捺要改成点。认识"口字旁"。

(4)课中操《秋天》,复现已学生字,先读通儿歌,再配乐做动作。

2.学习"片"字,拓展说话练习。

(1)学习"片"字:古代的"片"字就像劈开的木片,用它来形容平而薄的东西。谁能给"片"字组词找朋友?

(2)分别出示"一片树叶"和"一片片树叶",比较有什么不同。出示图片,感受汉语的奇妙,重叠了一个字,数量就完全不一样了。跟老师一起读读,感受一下。哪位小朋友能读好"一片片",读出很多很多落叶?我们都是小落叶了,一起来读读。哇,我仿佛看见很多落叶慢慢飘落下来,铺满了大地。

3.引导美美地读一读第1自然段。

(1)通过观察图片,感受落叶的美,尝试读好第1自然段。

你们想不想看看叶子落下来的样子?看动画图,请小朋友说说,叶子落下来是什么样的?

谁想来读一读第1自然段,把这么美的画面送给大家?

(2)提示"了"和"子",它们在词句中都要读得轻一点,读好带生字的词组。

我发现这位小朋友在朗读这段时注意到了两个轻声,读得轻轻的,特别好听。("了"和"子"显红)谁还能像他这样读?看词卡开小火车练读。

(3)通过朗读来体现秋天的美和对秋天的喜爱。

现在,谁能把这一段读得更好?男女生轮读,师生合作读。

四、学写新字,总结延伸

1.学习"了"和"子"的写法。

(1)比较"了"和"子"的不同:"子"比"了"多一横,但读音就不同,意思也不一样。

(2)请学生说说有几笔,认识新笔画——横撇。

(3)老师边范写边提示,学生跟着书写。

(4)学生练习,反馈评价:展示优秀书写;出示问题范例,纠正;学生再练习。

```
课文1.秋天
小练习:把小诗补充完整
   天气凉□,
   树叶黄□,
   一片片叶□,
   从树上落下来。
   啊! 秋天来□!
```

2.小练习:把小诗补充完整,学习应用"了"和"子"。

天气凉( ),树叶黄( ),一片片叶( ),从树上落下来。啊! 秋天来( )!

3.一起读读填写好的小诗。

(本课参考杭州市胜利小学汤沸老师区教研课上的教学设计)

【教学反思】

在教学这件事上，一切皆有可能。笔者自认为作为男老师，教学定会在二、三学段，可就在从教第十四个年头时，一下从六年级翻身至一年级，顿生一种茫然无措之感，如同新教师一般紧张。既然学校有安排，那就欣然接受，也许会发现语文教学的一片新大陆。事实也确实如此，当多年的高年段老师一下子接触低年段学生，才觉察到习惯培养的重要性，才洞悉语文学习从字、词、句、段、篇螺旋上升的规律，才能更好地换位思考，理解不同年级老师的不易与辛劳。

承担一年级语文教学任务，固然不可忘记语文课堂教学，该课在好友汤老师的教学设计之上，又做了些许个人的设计调整，使其更符合一名男教师的教学设计，这里就结合该课信息技术的运用，谈谈自己的思考。

1.关注言语的习得，给予思考，给足空间

第一学段的语文课堂并非想象中那般简单，只追求活泼有趣。其实课堂上学生的那些沉静、那些为难，反而是在激发他们的思维，这样的课堂表面略显平淡，可内核却是激烈而有效的。比如刚开始的儿童诗与课文的比较，可能不像平日那样，学生能够立马答出老师的问题，但就是要给予他们思考的空间，要用语文的思考方式去关注文体不同的表现形式。该环节就借用PPT上呈现辅助线，让学生发现诗歌与现代文在样态上的区别，这里还可以将PPT直接导入电子白板中，方便学生直接到屏幕前进行圈画标注。

2.关注字词的教学，随文识字，多样结合

其实一年级的课文教学最怕碎片化，笔者也是觉得不像高年段的课那样，能够大气、大板块地操作。因为这当中需要不断去关注学生的学习状态。但在课的设计上，还是要努力去营造一个情境。这堂课是秋天，让学生不要出境，一直浸润在秋天浓浓的秋味之中。比如，"一片"和"一片片"的区分，在反复朗读中，去感知其中表达的奥妙。再如，课中操的使用，这也是对笔者的极大挑战，要放下身段，该蹦跳的时候还是得跟学生融在一起。毕竟这些学生才刚从幼儿园进入小学，老师心中得有学生，得关注学生的成长需求。

在这些教学中，利用好各种信息资源，象形字、图片、文字几者结合的识字教学，GIF秋叶飘落的动画，用Focuskyd动画演示程序制作的课文演示，无不在积极营造一个场，一个秋天的场，让学生在这样的语境场中去更好地感知文本。

3.关注习惯的养成，立德树人，润物无声

一年级是各种习惯培养的关键期，我们常说这个班的习惯好，后续的学习就水到渠成。这一点，只有真正去一年级教学，才能发现低年段老师的不易。必须在课堂上反复操练，逐渐养成习惯，逐渐辨析何种习惯才是好习惯。比如朗读课文的要求、标注自然段的要求、书写的要求，方方面面都是可以做足文章的地方。

此外，德育也要在教学中无痕地渗透。比如"秋"字的教学，"禾"和"火"两个伙伴在一起的时候，谁比较谦虚呀？是"禾"字把她的一捺收回去了，变成了点，如果两个伙伴你不让我、我不让你，那就相互打架啦。再如"气"字，就得提醒学生常常生气对身体可不好。

整堂课的PPT使用并不花哨，设计制作紧紧围绕课堂教学所需。PPT技术是辅助，是优化教学，让学生学习起来更有兴趣，知识掌握起来更扎实，视野更开阔，头脑更充盈，语文素养也能够得到迅速提升。为学生"减负"的同时，确保教学的"增效"。

《秋天》相关课件、视频等资料已上传，扫描右侧二维码即可下载。提取码：Kvnq。

【信息技术小百科2:希沃教学助手】

这是一款可以让教师远离电脑,更好地走到学生中去的软件。既有PPT翻页笔的功能,还兼有部分键盘和鼠标的功能,这便是功能强大的App——希沃教学助手(Seewolink)。

希沃教学助手是一款基于无线Wi-Fi,实现移动终端与电脑之间的互联互动的移动应用软件。通过运行移动终端的软件,我们可以对电脑进行无线PPT演示、文件传输、实物拍照展示、触摸板控制等操作。

希沃教学助手是一款免费的软件,可直接到希沃官网上,从"服务"栏目的"下载专区"里下载并根据设置向导逐步安装。电脑上安装之后,会出现提示下载移动端App的页面,扫描页面上的二维码,就可以下载移动端的软件。当然可直接在苹果App Store和安卓应用商店搜索下载。只要确保电脑端和移动端所连接的Wi-Fi网络是一致的便可。

通常启动移动端上的希沃教学助手时,软件会自动检测处于同一网络下可连接的电脑。如果没有检测到,可单击右下角的"扫描连接"按钮启动相机,对准电脑上的二维码进行扫描。连接成功后,主页面上陈列可选择的五大功能,即拍照上传、演示课件、桌面同步、文件上传和触摸板。

拍照上传:启动移动端的相机拍摄照片,直接上传到电脑上并显示出来。该功能运用在语文课堂上的习作展评和错题讲解中最为实用,既可告别实物展台,又可迅速上传,无须将学生的作品拿上讲台来展示。

演示课件:对电脑上已经打开的希沃白板课件、PPT课件或WPS课件进行播放。这里要提醒的是必须先在电脑上打开课件,但不用进入播放模式。开始播放课件后,电脑上的课件会全屏显示。在移动端上,侧面还会显示幻灯片的缩略图,通过点击缩略图,可跳转到任何一页幻灯片。

桌面同步:将移动端上的画面和电脑上的画面保持一致。有两种方式:一是将电脑画面同步到移动端上,直接在移动端上操作电脑;二是将手机画面同步到电脑上,在

扫码学习更清晰

电脑上看手机画面。语文课上,笔者使用较多的是将手机画面同步到电脑上,尤其是将一些保存在手机里的资讯直接投射到大屏幕上。有时利用"新华字典""百度查找"等App软件,可将需要的信息直接呈现在大屏幕上,方便快捷。

文件上传:将移动端上的图片、视频等文件上传到电脑上。

触摸板:将移动端作为电脑的触摸板,用来进行各种鼠标操作。移动端会呈现"左键"和"右键"字样,功能等同于鼠标的左右键。

教学课例二

《彩色的非洲》教学设计

【教学目标】

1.正确认读"斑斓""炽热""湛蓝"等词语,感受文中大量的"色彩斑斓的世界""金灿灿的阳光"等"的"字短语独特的表达作用。

2.通过画找总起句、总结句、过渡句,梳理文章的结构,体会文章从几个方面来描绘非洲多姿多彩的自然景观与风土人情的表达方法。

3.研读重点语段,感受非洲独特的风情和作者对非洲的赞美之情。

4.体会作者将景物描写和自己的感受融合的写作手法,梳理有助于景物描写的其他好的写作方法。

【教学重难点】

梳理文章结构;归纳本组课文景物描写的好的写作方法。

【教学流程】

一、说说心中的非洲,唤起非洲初印象

1.请看大屏幕,这是一张世界地图,咱们的祖国位于亚洲板块,谁能点出非洲板块在哪里?

2.非洲,一个熟悉而又陌生的地方,不知同学们是否还记得《卖木雕的少年》这篇课文?

3.能根据课外的阅读和了解,说说你对非洲的印象吗?(用简单的一两个词或句子)

4.让我们随着作者的文字展开一段多姿多彩的非洲之旅。(读课题)

(PPT与白板技术对照:该环节借助媒体的图片信息,采用直接呈现的方式。白板课件中,稍做不同的改变,利用放大镜的功能,让学生拖动"放大镜"滤镜的效果查看非洲版图。整个设计就是勾连学生对非洲原有的认知,在此基础上再认识多彩非洲。)

二、关注丰富的词汇,积累"的"字短语

1.课文很长,难读词语也很多,出示词语,检查预习,自由朗读。

2.这些词语一定让你想到了课本中描绘的非洲特有的景物,如"炽热""炽热的赤道骄阳",你从其他的词语想到了什么?

出示"的"字短语。(自己读读)再找找文中其他"的"字短语。(五彩斑斓的蝴蝶等)

(PPT与白板技术对照:该环节借助媒体的文字呈现功能,将词语归类呈现。该课若放在当下,在该环节上,可将电子课文直接插在课件中,随后借助PPT的第三方软件,希沃教学助手让学生直接在电子课文纸上圈画;白板上则直接在屏幕上圈画。这样的处理方式更还原现实,便于后进学生直接在文本中寻找,也利于学生留下学习的痕迹。)

三、抓住核心的语句,发现篇章结构

1.这些词组已经慢慢在我们面前展开一幅彩色的非洲风情图了。课文中作者用了最热情、最直接的语句来盛赞这个彩色的世界,你找到了吗?

2.就是这两个很直白的句子,作者在这里是别具匠心、巧妙安排的,体会到了吗?(它们是总起、总结,首尾呼应,感叹句)

3.像这个总起句、这个总结句一样在文中至关重要的句子,还有吗?(画找过渡句)

4.找到这几个句子，请你再静下心来默读全文，试着梳理文章的结构，完成练习。默读课文，完成练习。（通过默读和找到中心句，梳理文章结构和脉络）

（PPT与白板技术对照：该环节PPT只能逐一呈现教师所预设的文字信息，当然这些关键语句，学生找寻得也不会跑偏，基本在老师的预设之中。白板技术则会呈现电子课文，让学生直接画找关键语句，在文本的具体事例中，发现句子间的位置关系，从而更加明晰文章的结构特点。）

四、研读优美的文句，感受非洲彩色美

1.这些总起句、总结句和过渡句虽然有不可替代的作用，但是真正要将一个多姿多彩的非洲呈现在我们面前，还是需要细致的观察、细腻的描写，让我们再次深入字里行间，看看非洲究竟是怎样的色彩斑斓。找到最让你感受到非洲真是色彩丰富的句段，并画下来。（学生默读、画、读、做旁注）

2.自由交流自己的句段，各抒己见。

*赤道骄阳：这样的赤道骄阳，作者说会有怎样的感觉？引导学生读——"你会觉得非洲的蓝天似乎离我们更近些"。

*植物：瞧，芒果树开花了——看，仙人树开花了——还有玉兰树——那花朵比绿叶还多的是——最为独特，连叶子也是彩色的那是一种叫作——这样的树可真没见过，如果你看见，你会有什么感觉？（学生自己说感受）是啊，作者也觉得——引导读"好似含情脉脉的少女，向人们频频点头"。

*动物：看到这些色彩斑斓的动物，特别是置身五彩缤纷的蝴蝶世界，作者又有了这样的联想——"简直如同步入仙境"。

*日常生活：衣、食、住中的彩色，特别是——"置身这座宾馆，仿佛回到了大自然的怀抱，沉醉在一种古朴、悠远的境界之中"。

学着作者边叙述边抒情的写法，给"彩色的服饰"和"彩色的食物"写一句联想与感叹。

3.配乐图片欣赏文中描绘的景象。

出示每一段结尾：作者的联想和感受，再来读一读、赞一赞。

作者就是这样边描绘、边联想、边感受、边赞叹，把一个彩色的非洲方方面面的美景呈现在我们面前,更用自己的感受和联想引起我们的共鸣。

(每一段学生读到的、谈到的,都要最后引导他们关注作者最后的感受和抒情,体会这种边描绘、边联想、边感受、边抒情的写法)

(PPT与白板技术对照:该环节是重点品读相关非洲色彩美的语句,并在图文相结合的模式下,更直观地感触非洲彩色之美。PPT的技术弱点在这里就暴露出来,若要依循学生回答,及时切换到相应的灯片文字,就必须做成超级链接。白板技术可在同一张画面中,隐藏多张图片文字,直接点击、放大相关图片按键即可。与此同时,该环节借助了Medi@show3 图片演示技术,让学生能够在音画的带动下,有感情地品读文本。)

五、归纳精妙的写法,景物联想情真挚

1.读着读着,同学们有没有觉得这种把"所见所闻和联想感受结合起来"的写法似曾相识,我们学过的课文中有没有这样的写法?(一起回顾)

看来,这种把描绘景物和感受联想结合起来的方法是本文的一个写作特色,非常值得学习。

2.你还从这篇课文中发现了哪些值得学习和借鉴的写作手法呢? 请你自己记录下一条。

(联通过往知识,引导学生类比归纳出值得学习的景物描写的方法)

(机动:出示现实版照片,感悟作者发自内心的热爱和赞美才让笔下的非洲更美、更生动)

(PPT与白板技术对照:该环节是呈现相关语段,让学生发现写作的奥妙,采用的技术方式都是图文呈现。这里的教学操作可做进一步的完善,不要仅仅停留在学生读与说的层面,那只牵涉到部分学生的思考。倘若将这些文字打印出来分发给学生,并在作业单上留出思考的横线,让学生将发现的结果写在纸上,随后教师借助手机同屏技术,直接投射学生的学习笔记,相信这样的教学操作更能关注到每个学生,能让每个学生都静下心来思考。)

《彩色的非洲》相关课件、练习纸、幻灯演示等资料已上传,扫描右侧二维码即可下载。提取码:6i6j。

【信息技术小百科3:Medi@show3 演示文稿】

这是一款非常适合老师使用的多媒体制作工具,它不但能制作屏保,还可进行影音编辑,这就是Medi@show3演示文稿。

该软件的下载地址为http://www.cyberlink.com.tw/。它亮丽而极易操作的界面,值得你去学习和使用。该软件还集各种形式的多媒体文件成一份演示文稿,还有丰富的过渡效果、动态文字效果、遮罩效果以及各种音效素材,特别棒的是可直接生成播放的执行文件(.EXE),这一点非常方便老师直接超链接,无须在别的电脑上安装其他软件。

界面介绍:

进入软件界面,界面窗口的中央为图像显示区,将所要制作的图像素材罗列其上,最左面有一个隐藏的系统菜单,在菜单中有:

Import(导入)按钮,单击后会出现一个扩展菜单,分别为导入目录、导入文件、从TWAIN设备导入。

Export(导出)按钮,单击后出现一对话框让你选择导出的文件类型,在此可设置不同的输出文件类型有FLM,FLZ/EXE,SCR,INTRTNET(网页索引或浏览格式),这些都十分有用;这里笔者在课件制作上使用最多的是"FLZ/EXE"格式。

PlaySet(播放设置)按钮,双击后出现对话框。在此可选择播放控制方式手动或自动,还可以选择播放的背景音乐。

最右面菜单为单帧图像编辑菜单,但只有选中一幅图像后才可使用(双击右上角的单帧切换钮,双击后所选中的某帧图像便显示在屏幕中央),单帧图像编辑菜单从上到下分别为帧的变换、加入文字显示、背景音乐变换和图像的滤镜效果。

界面底部为帧显示,界面像电影胶片一样,将制作好的文件分帧罗列,便于选择,在它下面还有一个快速帧查找工具条,将上面的帧缩小后方便快速查找,还有一个带摄像机图标的按钮为文件播放按钮,制作完成后双击便可播放。

制作方法:

接下来要说说Medi@show的使用方法。其实介绍完上面的各项功能,大家心中便有大概的了解。最简单的方法便是使用制作精灵,它在软件一开始便会跳出来,不过取消后进入软件还可以让它跳出来,只要双击系统菜单下的圆形按钮(LAUNCH Medi@show WIZARD启动制作精灵即可),打开制作精灵后,首先选择建立一个文件或者打开

扫码学习更清晰

一个文件,然后设置将建立的文件存放在何处,导入素材(可选择多种图像格式和视频文件)、设置播放类型、加入背景音乐,便可完成了。不过此时存盘的为FLM格式(Medi@show自己的文件格式),要转为其他文件类型,可用上面介绍的导出功能,导出自己所需要的文件格式。接下来就可以慢慢欣赏自己的成果了。

用制作精灵制作出来的多媒体只有简单的变化,如果要做出别具一格的效果,还是要费一番工夫的,这里以制作屏保为例说明一下制作方法:先用制作精灵制作出一个初步的框架,然后再精雕细刻,在每一帧中加入不同的帧与帧之间的切换风格,此时就要用到帧功能菜单,为每一帧加入不同的转换风格,Medi@show提供了几十种的变化风格可供选择,还可以在每一帧上加上文字,更绝的是文字显示的方式也有几十种,如果插入的图像还未做处理,可用滤镜工具进行风格修饰。另外,还可以为不同的图像设置不同的背景音乐。这些功能同样适用于视频素材。在制作的文件中还可以将图片和视频混用,达到更好的视觉效果。

第 二 节

电子白板:功能齐备,化繁为简

电子白板通过应用电磁感应原理,结合了计算机和投影机功能,实现了无纸化办公和教学。电子白板包括复印式电子白板和交互式电子白板两种,绝大多数用于课堂教学的是交互式电子白板。交互式电子白板可以与电脑进行信息通信,将电子白板链接计算机,并利用投影机将计算机上的内容投影到电子白板屏幕上,在专门的应用程序的支持下,可以构造一个大屏幕、交互式的协作会议或教学环境。利用特定的定位笔代替鼠标在白板上进行操作,可以运用任何应用程序,可以对文本进行编辑、注释、保存等在计算机上利用键盘及鼠标可以实现的任何操作。

交互式电子白板有正常黑板的尺寸大小,在计算机的软硬件支持下工作,具有普通的白板和联网的多媒体计算机的所有功能,可以实现多种功能和各种资源的整合,实现了人机多重交互。

交互式电子白板于2004年开始进入我国的中小学课堂,在经历了数年的逐步试验阶段之后,从2009年开始在全国各地全面普及。一块交互式电子白板的主要功能包括以下几个方面。

1.技术集成功能。将数字电子技术、计算机技术、网络技术、多媒体技术和视音频技术等集成在一起,还可以安装在各类学习环境中,以增强教学功能。

2.资源整合功能。交互式电子白板不仅有自己内置的各类资源库,还可

以在教学过程中现场制作或加工各种资源,同时可以实现丰富多样的教学资源的灵活整合。

3.工具箱功能。交互式电子白板有自己附带的各个学科的工具,同时提供屏幕操作功能。通过电子感应笔或手指来实现对屏幕中对象的各种操作(如缩放、旋转、聚焦、拉幕等)。

4.互动功能。利用配套电子笔代替鼠标,通过白板对电脑进行操作与控制(如随时在任何计算机界面、网页上进行标注、画图和讨论等),并在计算机上同步显示和存储,从而实现人与机、人与人以及人与学习内容之间的交互。

交互式电子白板有着强大的功能,但在一线教学使用中却不尽如人意。一方面,交互式电子白板的应用培训大多是由白板销售商安排公司有关人员演示,限于技术的使用方法介绍,不可能涉及和深入学科课程的改革,往往更多地倾向于技术功能的宣传;另一方面,培训过后,很多教师还是惯于使用PPT,将白板束之高阁,或者仅将其作为屏幕使用,造成教育技术资源浪费。

一、电子白板在语文课堂教学中的优势与使用建议

交互式电子白板的到来,又一次改变了我们的课堂,虽然学生还是学生,教师还是教师,但课堂已非昔日的课堂。技术的革新,虽然期初会以新颖的功能吸引眼球,然而具有变革意义的技术必将引发应用对象——我们的课堂的深刻裂变,技术虽然还是技术,但终将形成新的课堂文化形态。电子白板只占据两三个平方米的面积,可小小白板却有着教学的无限可能,一切学习内容都可以融入这块白板之中。

(一)交互,课堂形成丰富信息流

在语文课堂教学中,不可能只存在信息的单向流动,交互是师生双方有效收集信息,进而不断调整教与学的策略,维持教学活动的基本形式之一。倘若没有交互,教师一味地灌输,这样的教学活动是可怕而低效的。交互式电子白板在其名称前冠以交互式之名,想必其最大的突破便在于此,这也确实是交互式电子白板区别于普通电子白板、投影屏幕、黑板的最大差异。因此,交互式电子白板在课堂教学中的合理应用,势必会促进课堂教学交互程度的提升,并且交互

的形式也会有新的表现，从而弥补传统教学以问题为主要交互方式的不足。

交互式电子白板的运用，加强教学过程中的交互性，就意味着我们的课堂在改变，不再只是"一支粉笔、一本书"的说教，也不再是看电视般的观看屏幕，信息流在交互式电子白板的课堂上交织，学生的意识流在交互式电子白板前穿梭。当然，课堂上运用交互式电子白板加强教学的交互性，需要我们在教学实践中进行尝试与探索，以学习效率的提升、学习目标的达成为衡量标准，而不是炫耀白板技术。

正因为是交互式电子白板，在运用过程中也能感触到交互式电子白板的诸多交互因素。交互式电子白板制作的课件不再像PPT文件那样有严格的时间先后顺序和固定的编排程序，所有的对象元素在交互式电子白板上都是自由的，完全可以根据教学现场的需要随意触发，动态调整。在人机交互上，不仅在于师生可方便地通过操作电子白板来操作计算机，操作方式也比单一的鼠标模式人性化得多，每一个细节动作和电子白板的变化都毫无保留地呈现在学生面前。任何一款交互式电子白板还提供了一系列的交互工具，只要使用恰当，就可达到四两拨千斤的教学效果。

（二）情境，课堂孕育和谐情感场

在课堂教学中营造教学情境，能够诱发、驱动并支持学习者思考、探索与解决问题，因此，语文课堂教学在不断深化和丰富教学情境的含义。交互式电子白板的出现，使课堂表现出更具情境性的特点，并且在交互式电子白板的教学应用中又具备了新的内涵。

交互式电子白板所营造的情境是具备交互性的、可人机互动的情境，激发学生的求知欲，让师生更具身临其境的感受。静态的画面所营造的情境，虽然化抽象为具象，让学生展开想象，但总存在一段距离、一层隔膜；动态视频所营造的情境，虽然进一步缩短了人机之间的距离，更完整地感受到了情境的过程，但仍存在一厢情愿的隔阂，因为忽视了观众的需求；而交互式电子白板所营造的情境，让情境与学习变得更紧密了，因为人机互动，投入了学习对象的一份主动。例如教学习作"场面描写"中的点面结合这个知识点时，就利用了运动会期间拍摄学生拔河的视频。这里借助交互式电子白板的抓拍功能，学

生一边看视频,一边喊"停",凡是看到特写镜头"点"就喊"停",老师随机抓拍镜头,方便学生稍后用文字来描写"点"的场景。同理,第二次观看时,但凡看到"面"的,则喊"停"。这样的情境创设不仅是能听到的、看到的,而且是可触摸到的、人机共同创生的。

(三)记录,课堂体现动态生成性

运用交互式电子白板技术,可以把在交互式电子白板上教与学的过程和结果轻松地记录下来并存储在计算机中,一旦教学需要,又能轻易地进行调用与再加工、再利用。可见,运用交互式电子白板开展教学活动所体现出来的记忆课堂是人脑的延伸,但它又超越人脑,可根据需要把教与学的过程和结果原汁原味地记录与呈现,无疑,这可以弥补传统课堂在捕捉与存储教学过程中的关键节点方面的不足。

具体运用中的优势主要在:第一,课堂教学中,任何在白板页面留下的教与学的笔记和课件操作轨迹,都能以独立的页面保存下来。第二,几乎所有的交互式电子白板都具备页面录制功能,在需要完整录制的时候,能够通过相关命令按钮轻松记录在该页面上的所有操作过程,在调用时可详细再现或回放所有的页面操作细节。第三,教师在教学巡视的过程中,借助智能手机等终端,及时拍摄或录制学生在学习过程中的典型瞬间,关注动态的生成性,并发送到交互式电子白板的相关文件夹中,以供后续教学所用。

(四)资源,课堂创生卓越学习力

运用交互式电子白板开展课堂教学活动,加大了信息化资源在课堂上的使用,通过交互式电子白板,依据教学的需要,能够多途径获得资源、多形式处理资源、多层面利用资源,从而使语文课堂表现出充分开发和利用资源的教学特征。

交互式电子白板的出现与完善,在课堂教学与信息化资源之间架起了桥梁。交互式电子白板既融入了信息化教学资源处理的工具,也成了教学过程中信息化教学资源处理加工的平台,从而使我们的课堂因为信息化教学资源的充分运用而表现出资源密集型课堂的特征,学生也在丰富的信息资源处理过程中提升了学习力。

交互式电子白板提供了使用信息化资源的更便捷接口，教师无须掌握专业的素材资源处理软件，便可以方便地把信息化资源运用到课堂中，降低技术难度。例如要将图片进行异形的裁剪，无须其他特殊修图软件，只需自带的不规则拍照工具，勾勒出图片形状，而后单击拍照按钮即可。另外，每个品牌的交互式电子白板都有其专属的应用资源，并且都有各自的特色，以满足学科教学中特殊资源反复应用的需要。交互式电子白板还提供了资源建设的开放接口，教师可以不断自主地依托电子白板进行教学资源建设。这些教学资源是教师在教学实践过程中融入自己的经验和思考所积淀的，具有个性化特点，且与交互式电子白板实现一体化融合。

(五)集成，课堂催生贯通连理枝

集成并非简单组合，而是结构关系的重新匹配与优化，是形成新质整体、提高处理效率、产生增益的过程。交互式电子白板首先是在硬件上的集成，以计算机为中心的后台控制越来越趋向于整体设计、集成装备，并与交互式电子白板等外显设备紧密关联。其他的教育装备或技术手段，也可以通过接口相互通信，功能贯通，成为不可分割的一部分。如交互式电子白板软件不仅可以方便地开放使用其他教学软件，与其他软件一起支持课堂教学活动。再如，手机应用于课堂教学，可以通过无线网络实现功能和资源的共享，使手机成为整个多媒体集成系统的一部分。教育技术的集成使各项技术之间缩短了延迟，性能得到了改善，满足课堂教学活动的更多需求。

不仅在技术层面，在教学组织层面也能积极推动集成。教学组织上，就是要通过教育技术的集成支持，保障或加速各教学要素之间的协调一致和信息交流，优化教学进程，从而提高教学效果。

交互式电子白板在教学中改变了传统的"黑板+粉笔"的教学模式，不少学校淘汰了正在使用的投影仪和幕布，配置了新的交互式电子白板，但其在使用过程中还存在一些问题，这里提出些许操作上的建议。

建议一：交互发挥要充分

不少教师依旧习惯用PPT授课，似乎将其变成了一块更小的播放PPT的"电子幕布"，其功能还不如原来的投影幕布，也就约等于一块白墙。交互式电

子白板的功能并没有得到很好发挥。

交互式电子白板可以用多种媒体形式,如文字、图片、动画、声音和视频等生动形象地演示教学内容,更重要的是电子白板具有高度的交互性,可以实现师生、生生之间的互动。这样的互动可让学生更好地参与到学习之中,激发学生的学习兴趣。可惜,目前教师大多将交互式电子白板作为一种演示教学内容的工具,利用其进行教学互动几乎为零。

建议二:资源利用要高效

交互式电子白板提供了多种学科资源,对于不同的学科都有相应的工具栏与课件资源库供教师和学生上课使用。课件资源库中有很多直观形象、寓教于乐的小课件。例如骰子和抽签工具,有时课堂上气氛较为冷场,这时采用抽签的方式,能够一下子化解课堂僵局。现实情况中,教师的资源使用率并不高,究其原因,首先,教师对电子白板了解不够透彻,不知道电子白板中还蕴藏着方便教学的学科资源;其次,教师对电子白板使用不够娴熟,无法将提供的资源有效整合于教学中。

建议三:教学模式要丰富

大部分教师在课堂中应用交互式电子白板主要以展示性为主,教学模式还是以传统的讲授型为主,比较单一。部分教师认为电子白板支持计算机、投影及幕布的组合,所以直接将其当作展示课件的工具,整节课都是不断地演示PPT,只发挥了电子白板的投影加幕布的功能,使得电子白板的强大功能没有充分发挥出来,没有有效地融合于教学实践中。

建议四:白板技术要兼容

现有的交互式电子白板,如若按照工作原理来区分,有电磁感应式、压力感应式、红外线感应式、超声波感应式、光扫描感应式等。若是依循品牌来区分,那更是五花八门。由于白板技术的统一标准还没有建立,再加上国内外研发交互式电子白板的公司也是竞相发展,以至于同一所学校都会有几种不同品牌的交互式电子白板,而不同品牌的交互式电子白板使用软件之间也存在着明显的差异和个性特点,这些都于无形中增加了一线教师应用交互式电子白板开展教学活动的难度和深入程度,交互式电子白板的优势也不能完全在教学中体现出来。例如，某老师利用本校电子白板软件制作了课件，可去执教展示时突然发现，对方学校采用的是其他品牌的电子白板。虽然利用个人笔记本电脑也能呈现，但对方学校的电子白板只承担了投影的功能，减弱了原本电子白板功效。正因为如此，很多老师为了保险起见，只得采用PPT制作教学课件。

二、电子白板在语文课堂教学中的应用策略

（一）借用图像，让形象超越冥思苦想

具体形象思维是运用事物的具体形象、表象以及对表象联想所进行的思维。小学生学习抽象的语言文字离不开形象思维，甚至诸多抽象的学习活动还得借助于形象思维来完成。交互式电子白板可以更好地以直观的形象激发学生感知的渴望，填补学生生活经验的空白，继而引发想象和思维活动，学习的情感也得以产生，乐趣也得以延伸。

语文教学中，品析词句、咬文嚼字是经常采用的学习方法，借助交互式电子白板，同样可以进行形象化的教学，逾越冥思苦想的障碍。例如教学统编版三年级下册《荷花》（见图2-6），当理解"白荷花在这些大圆盘之间冒出来"中"冒"这个字时，如何让学生感悟到这个字用在这儿，既写出了荷花生长速度快，又感觉到荷花在绿叶中很醒目。

图2-6 《荷花》课例图片

这里就借用电子白板中的隐藏功能，只要在原先设定的地方一点，一朵荷花就在池塘中"冒"出来。言语表达中，有很多只可意会、不可言传的绝妙之处，这需要让学生长期慢慢地品读积累。字斟句酌是学习语文的有效方法之一，在很多情况下，教师就可借助电子白板让学生的语言推敲有所凭借、有形可检、有数可推，超越了面对抽象文字符号的冥思苦想。再如统编版一年级下册《静夜思》，教学"疑是地上霜"一句时，如何让学生理解"疑是"一词？于是先让学生查看图片，了解感知"地上霜"，而后呈现"屋内洒满月光"的图片，两张图片

叠加在一起,而后将上一层的"屋内洒满月光"图通过减轻透明度,将下一层的"地上霜"图呈现,反复几次,教师口中默默念"疑是地上霜"。通过这样动态图片的转换,学生立马领悟到"疑是"就是"好像"的意思。该教学案例就是借助电子白板"透明度"功能,并开发和利用形象的语文学习材料,弥补学生大脑中表象经验积淀的不足,增强抽象思维的学习活动。

多种形象资源可以在弹指间应时而出,借用图像对于当下而言并非难事,但并不是事事都要形象直观、时时都要形象直观,而是应该根据教学的需要,突出学生的发展和语文学习目标的达成,着眼于学习活动的整体考虑,借用形象思维,为进一步学习抽象的语言做铺垫,同时又可在形象思维与抽象思维的反复交错中提升学习质量。

(二)创设语境,让情境逾越条分缕析

在小学阶段的课堂教学中,教师组织课堂的意义更为突出,需随时提醒学生集中注意力关注学习,以避免走神。教师在课堂上的一个很重要的作用,就是要善于调动学生对学习的专注度,让其自然而然地沉浸于学习之中。在语文课堂教学中运用交互式电子白板,借助其多种功能效果,深深地吸引学生的注意力。不管是在什么阶段的教学过程中,当电子白板或屏幕上呈现光怪陆离的内容时,当学生感受着声形具备、图文并茂的信息时,集中学生的注意力是容易做到的,但教学的可贵在于,不仅要关注学生的投入状态,更要关注学生的所有精力是否集中并沉浸在语文学习活动中,是否体现在有效的语文学习中。

这里结合二年级写话课例《神奇的小号》来阐述如何充分发挥交互式电子白板的技术优势创生趣味,让学生沉浸在有效的语文学习之中(见图2-7)。

其一,调动学生内心深处的情感体验,与学习内容迅速建立联系,学生就会不自觉地专注于语文

图2-7 《神奇的小号》课例图片

学习。利用交互式电子白板生动地再现生活场景，能够艺术地展现触动人心的一幕，能够紧紧吸引住学生的注意力，走向另一番新的境地，让学生有多种感官体验，沉浸于学习内容，徜徉于学习收获中。《神奇的小号》在导入部分，直接在屏幕中呈现可爱的小精灵形象，同时抛出能否用上"小精灵真……尤其是……"句式说话，锻炼学生的观察能力。但凡学生夸赞一句，便用电子白板将小精灵放大，越夸越大，而且夸得越好，小精灵变得也越大，学生的学习劲头一下子得到提升。当整个屏幕都被小精灵庞大的身躯所占领时，教师再次引导说："受到过多夸赞，小精灵有点自大啦，咱们还是让它变回原来那般大小，自信可爱的小精灵才会更受大家欢迎。"一个情境的创设，借用电子白板的缩小、放大功能，将学生带入情境，并在对话中训练观察与表达的能力，还将德育知识渗透其间。

其二，语文学习应当关注过程的展开、方法的渗透，而不是肢解分析。教师要通过恰当的手段，特别是通过使用交互式电子白板，为学生营造一个宽松的环境，再现和创造一个特定的、立体化的学习场。在《神奇的小号》中，小精灵一直吹不响自己的小号，这时它的脑海中肯定有很多疑问。这时课件在小精灵脑袋上方出现一个泡泡，上面有一个"问号"，那么小精灵当时会有怎样的疑惑呢？学生们立马抛出各种问题，但凡学生讲述清楚一个问题，老师就在"问号"上一点，立即复制出一个问号。随着回答的增多，小泡泡中都充斥着问号。于是老师补充道："正如小朋友们所说的，此刻，我们的小精灵脑袋里充满了小问号。"心理活动的独白，问号的使用，就在这不着痕迹的点点谈谈中顺利达成。

总之，运用交互式电子白板进行教学，就是要让语文变得趣味盎然，发挥其技术优势，让语文学习变得更加神奇，有效地促进学生把注意力全部集中于语文学习，专注于孜孜探求。

（三）有效运用，让技术教学事半功倍

信息时代的当下，不难发现，信息技术对改革语文课堂的作用是有目共睹的，但总有部分人津津乐道于语文自身内部的改革，对信息技术始终定位为辅助作用，没有认识到信息技术对于重构语文课堂的价值。运用交互式电子白板开展语文教学,就是要以更高的标准辩证地处理语文教学中的关系要素,并通过提高学习效率,丰富学习活动,改进学习方法,同时使多个方面甚至是对立面都能协同相处,各个方面都能得到增强。

虽说交互式电子白板不是万能的,但支撑交互式电子白板运用的一系列资源、工具、平台、互联网等都足以让交互式电子白板变得不一般。不要把争论的焦点放在是否"技术论"上,而要关注技术如何与教学有效整合、巧妙运用,发挥出交互式电子白板的优势。

其一,运用交互式电子白板能够直观而形象地呈现语言文字所表达的内容,但更要注重引导学生从语言文字的理解中感悟文字所包含的精神内容,通过交互式电子白板增强精神内容的感受来促进对语言文字的深入学习。例如教学人教版五年级下册《蒙娜丽莎之约》时,聚焦微笑,领会见闻与联想的表达方式时,先让学生关注语段,在白板上圈画描写微笑的词语,而后追问一个简单的微笑,作者从中解读到这么复杂的情感,他是如何做到的?继而让学生深入浅出地学习语言文字。通过课堂对话交流、赏析评鉴,让学生感触到想象能让平面变得立体,使静止变得鲜活起来,这样的描写不仅让我们感受到了名画的魅力,还能使自己的文章更吸引人。希望同学们今后在写作时也能加以运用。这里技术的痕迹很弱,就是黑白色的主题背景,电子白板的圈画和凸显字体等功能,教学与技术互为一体时方才显得自然、有效(见图2-8)。

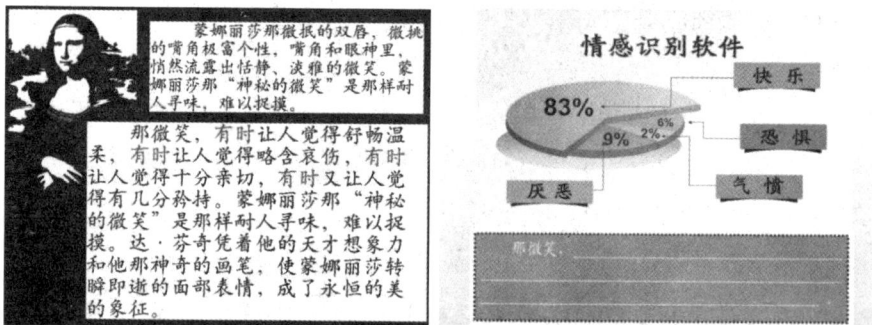

图2-8 《蒙娜丽莎之约》课例图片

其二,充分运用交互式电子白板,在语文教学中唤起学生沉睡的情感,点燃学生智慧的火花,让学生情感更丰富、更高尚,让学生智慧更灵动、更丰厚。交互式电子白板在语文课堂上的运用,不仅支持情感的激发,促进学生智慧的表现与生成,还在交互式电子白板平台上使这两个方面综合交融,互为促进。教学《蒙娜丽莎之约》神秘的微笑时,如何点燃学生与画作的共情,这里借助资料:荷兰阿姆斯特丹大学曾用情感识别软件对蒙娜丽莎的微笑做了分析,发现她的微笑中包含83%的快乐、9%的厌恶、6%的恐惧及2%的气愤。如果是你,面对这样一幅传奇的肖像画,这蒙娜丽莎的笑又是怎样的? 发挥想象选择一两处写一写。在发展语言能力的同时,也要发展思维能力,善于将读与写、说与写有机结合、相互促进,这些都可借助交互式电子白板的资源和工具,根据需要侧重于某一方面的教学支持,这就为语文教学达成多方面的协调与平衡提供了保证。

总之,在语文教学过程中,不能像其他学科一样,以过多的多媒体资源来替代语言文字的表述,因为语文课最为重要的教学目标,就是掌握对语言文字的综合运用,脱离了语言文字的任何学习都是没有教学意义的。不过纯粹进行语言文字的揣摩学习,即使进行一定的语言铺垫,也仍会存在不可逾越的学习障碍。在处理多媒体资源与语言文字之间的关系时,要使多媒体资源恰到好处地促进学生对语言文字的理解与运用,从而达到事半功倍的教学成效。

(四)拓展时空,让学习链接大千世界

交互式电子白板在语文课堂上虽然只占两三平方米的面积,但方寸之间却链接着学生的课外生活,链接着学生目前所经历着的世界万物,甚至可以把学生真实生活中的素材带入语文课堂。

语文学习,不仅仅是单纯的语言学习,语言表达所包含的内容是对生活的提炼与反映,是对真实生活的写照与凝聚。在语文学习的过程中,把语文中所蕴含的生活哲理与学生的日常生活在交互式电子白板平台上相联系,精彩演绎,既能激发出学生那一份真切的生活经验,又能在比较中、在语文学习中有所启迪,引发学生重新构建自己的人生观、生活观、价值观。语文学习并不是大门紧闭的一方净土。

在学习统编版一年级下册《夜色》一课时，课前让学生聊聊，你眼中的夜晚是怎样的。随后在交互式电子白板上依次拖放出海边、星空、城市、校园、小区不同地方的白天和夜晚的对比图，看着这些图片，你发现晚上的景色怎样？夜幕下的色彩有什么特别的？通过对比图，一下子激活学生的思路，勾连起自身对夜幕下景色的记忆。随后教师带趣入题，揭示课题并学习生字"色"。运用交互式电子白板还要创设生活场景，迁移语言学习，学会在生活中生动而灵活地运用语言，体会语言在生活中的实用与灵动。例如《夜色》中，"天一黑就不敢往外瞧"。学习关联词"一……就……"的使用，让学生联系自己的生活，说说什么事情一旦发生，你就会怎样？但凡学生正确使用该关联词，老师就在电子白板的夜空背景中闪出一颗星星，并评价道："小星星一听到这么精彩的发言，就迫不及待地出来与你见面啦！"借助这样富有情境化的评价，反复使用关联词，让生活场景化的学习充盈着课堂的每个环节。

在语文学习过程中，有些内容并不一定在学生的生活中经历过，或者有些虽然有所感受，但并没有关注过。这时就要运用交互式电子白板共享生活经历，丰富学生的生活经验，促进学生的语文学习，从而加深语文学习过程中的生活体验。比如《夜色》中有这样一句："原来花草都像白天一样微笑。"学生知道"微笑"的意思，可是花草又是怎样微笑的呢？倘若用直白的言语，脱离情境，空洞地说，势必无法感知言语的美妙。这里寻找到夜色下花朵的图片，随后用修图软件给花朵加上微笑表情，并叠放在原图的下一层。拖动神奇墨水，在擦除上一层的时候，将底下一层的"微笑"显露出来，并配上教师的引导语："这美丽的花朵，在作者的眼中就如同一张张笑脸，在夜色中甜甜地微笑。"如此贴近儿童，生活化地处理文字，无疑能够触动学生心灵，容易让学生产生情感的涟漪。

（五）因材施教，让活动追求去模式化

一千个读者就有一千个哈姆雷特。每一篇课文的教学都应依据其个性特点、独到的教学价值和语言表达上的特殊性，因势设计出丰富多样的语文教学活动，让学生积极主动地参与到语文学习活动中来，而不是套用抑或搬用其他教师的现成教法。交互式电子白板不仅提供了丰富的资源和强大的功能，也是师生展开互动交流的理想平台，这就为教师设计出充满智慧的语文学习活动提供了支持，也为教师执教语文课提供了精彩生成的无限可能性。

正因为如此，要遵循每一篇文章的特点或所处的特殊位置，设计出具有个性化、着眼于整体的语文教学活动，并借助交互式电子白板展开系列的、活动式的语文教学过程。在语文课堂教学中，往往是以课时为时间单位、以课文为内容单位组织开展教学活动的，这就要求我们要整体设计、系统架构，而不能只见树木、不见森林，这样才能形成某个计算单位内的、整体构成语文教学的特点，环节与环节之间的推进才会表现出递进与和谐。

例如人教版六年级下册选学课文《智慧之花》，该课的教学目标为：快速默读，用关键词提炼故事小标题；回顾缩写文章的要领，选择一个故事进行缩写；区分缩写与主要内容，概括故事内容。基于此，学生默读课文之后，寻找到文中特殊的语段——过渡段。随后学生分别将两个故事进行小标题的概括，老师则借用电子白板的输入功能，让学生比照同伴概括的优劣，再次明晰小标题概括的要求。其后再借助小标题来串讲文章主要内容。在这里，交互式电子白板让教师尽情地呈现学生的学习成果并标注修改，把学习的痕迹充分展现出来（见图2-9）。

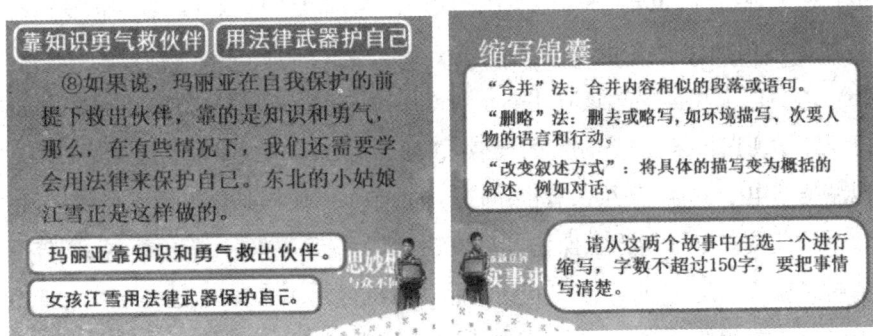

图2-9　《智慧之花》课例图片

语文教学中，比较是一种常用的科学方法，也是非常有效的语文学习方法，交互式电子白板可为自由灵活的比较学习活动提供平台，甚至提供独具匠心的工具。在该课例中，随后便是缩写的训练，提供学习锦囊之后，学生选择其中一则故事进行缩写。教师在学生练习的过程中，选取两名学生的练习资

源，通过拍照，即刻传送到白板课件中，便于随后对比评价，修改完善练习。如果所选的两名学生缩写方面问题较大，可呈现教师事先准备好的样文，通过两者的比较，再次发现需要改进的地方。整堂课的设计就是依据这篇特殊的文体定位，让每个学生在课堂上都能活动起来，在思辨中不断提升语文素养。

交互式电子白板要运用得好，就需要充分熟悉各项功能和特点，才能在钻研语文教材的基础上，机智地设计出丰富多彩的语文学习活动。有时，甚至某个交互式电子白板不起眼的功能，都能恰到好处地发挥出作用，有效地促进整个语文学习活动的顺利完成。当然用好的前提，教师要研读教材，因为任何教学活动的设计都必须根据文本的特点来展开。语文教学活动的设计能力也是一线教师必须掌握的基本能力，只有设计出合适而灵动的教学活动，才能让学生更有兴趣与动力参与到语文学习之中。

三、交互式电子白板在语文课堂教学中的操作指南

不同类型的交互式电子白板，其特点也不相同，当然也就存在各自的优缺点。正是因为不同品牌交互式电子白板的客观现实，彼此之间存在着明显的差异和个性特点，也是一线教师拒绝使用交互式电子白板开展教学活动的重要因素。市面上的主要品牌有巨龙白板、鸿合白板、天士博白板、斯玛特（SMART）白板和普罗米修斯（Promethear）白板。在本章节介绍中，笔者会选取普罗米修斯白板来着重讲解，因其强大的白板软件功能，即便学校安装的是其他品牌的电子白板，甚至没有电子白板，照样可以使用其软件来制作课件，虽然不能直接在电子白板上操作，但是在电脑上打开软件，用鼠标操控，同样有精彩的效果。此外，近年来交互式液晶一体机得到快速发展，这是与交互式电子白板功能相似的产品，用具有触摸功能的液晶屏代替了白板，并集电脑、音箱、投影等于一身。它们之间的工作原理虽然不同，但对于教师而言，其教学应用价值是相同的。

（一）两种模式，教学渐入白板佳境

电子白板软件有两类基本的运行模式：第一类，只需使用电子白板软件中的工具，而且可在使用电脑上的其他软件的同时使用电子白板软件的工具，并

且能同时存在于同一界面（见图
2-10）。这就意味着电子白板软
件的工具和其他软件可协同工
作，既发挥了电子白板软件工具
的特长，又充分利用了原有其他
教学资源，这样的双剑合璧，更

能满足教学的需求。这样的运行模式就称为"工具模
式"。在工具模式下，电子白板笔有两种工作状态：一种是
电子白板笔相当于电脑中的鼠标；另一种是电子白板笔可
书写、圈画的用笔状态，可用于注释。第二类，启动整个电
子白板应用软件，并且软件的活动窗口处于工作状态，不
再与电脑中的其他软件协同工作，所有的操作结果都发生
在电子白板应用软件的工作区域，这样的运行模式称为
"窗口模式"。在窗口模式下运行，活动窗口有两种基本的
工作状态：一种是在白板应用软件的活动窗口中，基本的
栏目全部呈现，教师使用各种工具、命令和资源进行课件
的创作；另一种是电子白板应用软件的活动窗口为全屏显

图 2-10 交互式
电子白板的工具条

示，其他栏目隐藏起来，只显示少数工具或图标，这是为了更好地满足教师上
课时显示整个工作区内容的需要。交互式电子白板不同于PPT，它可随时进
行修改、调整或操作屏幕画面中的对象。换个角度说，电子白板应用软件的制
作环境和上课全屏状态没有根本的区别，只是显示的状态不一样。

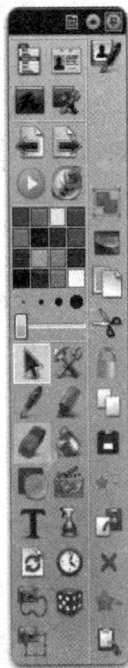

当电子白板软件进入工具模式后，整个电子白板屏幕界面只剩下电子白
板软件工具栏，并且这个工具栏可移动位置、部分隐藏等，我们通常把这样的
工具栏称为浮动工具栏。普罗米修斯电子白板应用软件在工具状态下分别是
"桌面注释"和"桌面工具"图标按钮。长条形的浮动工具栏上的图标按钮自左
至右、自上而下分别是：主菜单、切换配置、桌面注释、桌面工具、前一页、下一
页、活动挂图投票、Express-Poll、颜色、笔宽、选择、工具、笔、荧光笔、橡皮、填
充、形状、连接器、媒体插入、文字、清除、重设页面、时钟等。这里的工具内容

可根据个人需要做调整,在工具设置中添加、删除,选择最常用的工具放置工具栏中。圆盘状浮动工具栏上的图标按钮按顺时针方向分别是页面浏览器、返回挂图、Express-Poll、屏幕记录器、更多工具、照相机、屏幕键盘。每个品牌电子白板的工具栏都有其个性品牌特性的工具,不过基本工具都类同,所以老师不用紧张,更无须为难,只要多熟悉操作界面,每次将鼠标放置在工具上方,都会有文字提示工具名,多加使用便可知晓其用途。

(二)笔下生花,勾画圈点异彩纷呈

在窗口模式下,交互式电子白板提供了更齐全的工具,可实现更神奇的功能。其中笔的工具是普通粉笔无法比拟的。记得曾有一位数学老教师,每节课都使用电子白板笔,正纳闷一位快退休的老师,为何如此钟情于电子白板教学。后来打听才知晓,她冬天用粉笔写字,手总会干裂,而电子白板笔解决了这个困扰她多年的症结,关键是不用擦黑板,板书还能保存下来,故而她坚持每节课使用电子白板教学。

电子白板笔无论是在课件创作状态还是在上课全屏状态,都能够轻松保存所有需要保存的书写内容。除了普通硬笔、书法软笔这些笔外,不同的电子白板软件还配有其他神奇的笔。

手写识别笔:用手写识别笔在显示区自由书写后,对笔迹进行自动识别,并转化成印刷体字母、文字或符号输出至显示区页面。

连接笔:单击选择连接笔后,在电子白板显示区的任意两个已经存在的文字、图片、笔迹等对象之间画上连接线,这两个对象不管怎么移动或变化,两者之间的连接线都会自动调整,始终保持这两个对象之间的连接。

双用户笔:当电脑与电子白板连接后,单击双用户笔,就会显示出两个工具栏,一个为主工具栏,另一个为次工具栏,此时两个人可同时各执一支电子白板笔在电子白板显示区页面操作,既可合作,又可各自独立操作,但操作主工具栏能控制次工具栏和电子笔。

神奇墨水笔:这是一支最为复杂的笔,主要能够起着透视效果,能够将顶层的对象进行擦除,显现出下一层的图像。具体原理就是普罗米修斯电子白板应用软件把所有在显示区页面存放的对象归入四个图层中,通常把笔迹形成的对象默认放入顶层，图形、图片、文字等默认放在中间层，此外，还有底层和背景层。当然，通过"重新排序"命令还可以把对象存放在指定的图层中。例如人教版三年级下册《想别人没想到的》，为了更好理解小徒弟只画了几条弯弯曲曲的线，一峰骆驼从山中走出来，另一峰骆驼只露出脑袋和半截脖子。为何师傅最欣赏他，觉得他画的骆驼最多？这里在师生品读交流之后，老师用神奇墨水擦除图片中的远山，显露出藏在山后面的骆驼队。这样神奇的一擦，既形象又有趣，学生一下子感触到了小徒弟画作的精妙之处（见图2-11）。

图2-11　《想别人没想到的》前后使用神奇墨水笔的区别

　　当然，不同品牌的电子白板有着各具特色的白板笔，笔的功能最为直接，荧光笔、激光笔、纹理笔、形状识别笔、蜡笔、手势笔、魔术笔等，鼠标移至图标按钮上，就会有相应的名称提示，只需多加使用，并配合上颜色、橡皮擦等工具自然会熟能生巧。

　　（三）特色工具，相辅相成终成风景

　　交互式电子白板最大的优势之一就是提供了尽可能多的教与学的工具，浮动工具栏上的工具和窗口模式下的工具可谓相辅相成，各有用武之地。

　　"隐藏"功能：这是教师最为常用的一种设定，电子白板软件不像PPT那样可以设置播放动画，可预先安排好播放先后顺序。电子白板软件得预先设置对象为隐藏，单击时才能显现出来，再次单击，该页面对象又会隐藏。首先，我们需要在显示区页面中添加一个对象，并把该对象设置成自己需要的格式并单击选中。其次，打开浮动面板，单击标签切换到"操作浏览器"窗口，在"所有操作"中找到"隐藏"项单击选中。最后，单击操作属性处的目标按钮，在弹出的对话框中选择需要隐藏的页面对象,可以是刚才选中的页面对象自身,也可以是该页面中的其他对象,单击"确定"后,记得单击最下方的"应用修改"按钮。此时,我们用鼠标单击之前被选中操作设置的页面对象,该隐藏的对象就会消失,再次单击该页面对象,隐藏的对象又会显示出来。

"显露器和聚光灯"功能:在工具栏中直接可以单击"显露器"或者"聚光灯"工具,这两个工具都是为了遮盖讯息或聚焦关键性信息。例如,在语文教学中,为了逐步介绍作家,可通过词条与显露器相配合,逐一呈现,让学生充满期待。在生字教学中,采用聚光灯,可单个聚焦某个生字,集聚学生注意力。工具可在属性浏览器中设置相关要求,并可"编辑配置文件"里的设置,设定相关工具的数据,如颜色、大小等要求。

"照相机"功能:该工具对屏幕页面进行拍摄,"区域拍摄"选择所要拍摄的区域之间单击,就可形成单独图片。在学生例题讲解方面特别实用,可将学生的错题直接区域拍照,而后用电子白板笔进行圈画讲解。"点到点快照"则是方便教师进行抠图,有些图片只需部分不规则的图像,这时就可利用点到点的方式进行拍摄。"全屏幕快照、窗口快照"就是对页面进行抓拍,方便教师将电子白板上的笔记等信息以图片的形式予以保存。"从 ActiView 捕获"是白板特有的外接视频装置,可进行镜头的抓拍。

"屏幕记录器"功能:这项功能在语文教学中有着不小的用武之地(见图2-12)。单击工具选择区域,接着选择"全屏幕记录器"或"区域屏幕记录器",如若选择"区域屏幕记录器"则需选择记录的

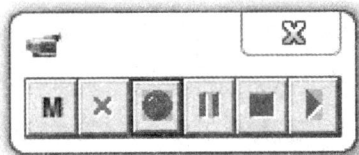

图2-12 交互式电子白板"屏幕记录器"

区域,然后再选择"启动记录器"。紧接着单击录屏工具框中的红色圆点开始记录,并选择保存文件的路径和文件名,录制好之后单击"停止记录"键,软件会自动保存。此时就可单击播放键,查看所录制的视频。该功能主要用于微课的制作中。在语文课堂教学中,例如生字的范写,可采用录屏,而后循环播放教师刚才的范写,让学生注意笔顺规律。

"时钟、数学工具、纸条"等功能:软件中包含了很多自带小工具,例如"时

钟"工具，可在语文教学中设定时间，让学生在小组活动、自主学习的过程中有时间观念。"数学工具"虽与语文教学没有多大关系，但其中的"骰子旋转器"可用来抽签。例如不知选谁来展示习作时，这时就来抽签，活跃一下氛围，也显得公平公开。"纸条"工具，就是在纸条对话框中键入纸条消息。例如习作课上，教师可输入"请注意本次作文为'快速习作'，不会写的字请先跳过！"这句话就可无声地在屏幕上方滚动呈现，不断提示学生要注意习作速度，不要打断彼此的写作思路。

每种品牌的电子白板软件都有其专属的特色工具，教师不要有畏难情绪，技术是为人服务的，因此在操作上，只需多加使用便可得心应手。

（四）图文影音，结合教学锦上添花

在语文教学中，还需要文字陈述和图片呈现，而这在电子白板软件中也是极为方便的。我们将由文字、符号等组成的书面语言表现形式称为文本。文本可以像 Word 文档中一样进行编辑与设置格式。在电子白板软件的工具栏上，一般找到"T"或"A"字母的文本编辑图标按钮，单击它鼠标箭头就会变形，然后再把鼠标移到显示区页面需要添加文本处闪动，此时便可输入文本内容。当然也可直接从其他软件中复制、粘贴过来。文本需要编辑，可单击文本格式工具栏或工具栏上的文本设置图标按钮来设置所选文本的格式。

在介绍关于电子白板中插入图片的操作之前，学会区分图片、图像和图形三个概念。图片是由像素点组合而成的，色彩丰富，过渡自然，分辨率越高，图片越清晰，文件也就越大，由像素点阵构成位图。图像一般占用空间较大，放大后清晰度降低，可看到不光滑的边缘和明显的颗粒状。很多老师喜欢把 PPT 直接导入电子白板软件中，如若选择导入为图像，那 PPT 上的文字和图片信息都变成图像，像素变低，而且不能更改变动；如若选择导入为对象，那 PPT 上的信息可移动，但像素变低。图形是由线条和颜色填充构成，放大图形后，其线条依然保持良好的光滑度和清晰度，一般称为矢量图。例如普罗米修斯电子白板在工具栏提供了形状图标按钮，选择某个图形后，在显示区页面上按住左键拖拉，就可快速显示相应的图形，后续还可以进行编辑。

因为图像占用的空间相对来说较大，所以电子白板软件的资源库中提供的大多是矢量图,像素图不多。如要添加图像到显示区页面,首先要收集相应的图像存放在电脑硬盘的某个目录中。接着就可通过电子白板软件中的"插入"菜单的"插入媒体"命令,这时会弹出选择文件的对话框,选择已准备好的图像文件的位置,找到所需添加图像文件双击,该图像就会添加到显示页面。这里还可单击"编辑"菜单的"页面背景"命令,在弹出的"设置背景"页面中,选择"填充、图像、桌面快照、桌面覆盖"中的其中一项,来设置好课件背景。插入图像的另一种途径,直接在PPT等其他软件中复制、粘贴过来即可。当然类似于GIF动画类的图片,就不能直接复制、粘贴,那样只会显示一帧,成为图像。若要让GIF动画图片继续保持动态,需在电子白板中通过菜单命令的方式添加图片才行。图片插入之后,自然可依据电子白板自带工具进行移动、缩放、旋转、组合、前移、后移、透明度调节、弹出快捷选单、复制、锁定等功能。

在电子白板中添加影视动画,最常用的方法是使用选单命令来插入,与其图片的选单命令插入方式相似。在普罗米修斯电子白板中,插入影视动画后,就会呈现媒体播放条。上面的按键分别为播放、暂停、播放进度条、音量调节、视频抓拍(见图2-13)。特别要提醒两点:视频抓拍技术,特别适合写作教学中,可将画面即刻抓拍,成为习作的素材;视频动画保存时,直接将音频、视频保存在课件中,不必担忧拷贝的时候这些素材会丢失。

图2-13 交互式电子白板"媒体播放条"

(五)浮动面板,个性定制运筹帷幄

创作电子白板课件是以页面为单位进行集成的,虽然我们应该非常重视每个页面的具体布局和精心设计,但如果缺少对全局的掌握,缺少对整个页面的整体考虑,这样的课件创作显然是有所欠缺的。

普罗米修斯电子白板对浮动面板的开发很全面,跟页面直接有关的浏览器就提供了7个,分别是页面浏览器、资源浏览器、对象浏览器、注释浏览器、属性浏览器、操作浏览器和投票浏览器,浮动面板上相应的浏览器图标(见图2-14)。当单击页面浏览器图标时,下方的浏览器窗口就会显示该电子白板文件中所有页面缩略图。

图2-14　交互式电子白板"页面浏览器"

　　对象浏览器窗口显示的是所在页面的所有对象的名称以及对象所在的图层。普罗米修斯电子白板的图层分为顶层、中间层、底层、背景层，从而便于用户清楚地了解页面中的所有对象位于哪一个图层。对象浏览器与其他浏览器合作，总会创生出很多新奇的效果。这里举一个语文课堂上最常用的"神奇墨水"效果。在一年级的识字六中，为了引出土壤中的蚯蚓，老师采用放大镜的情境，具体用到神奇墨水的工具，将神奇墨水与放大镜图片组合成一个对象，并放在"顶层"，背景图放在"放大镜"图层的下方即可，而"蚯蚓"的图片放置在底层。这样设置好之后，放大镜移动到蚯蚓的图片上方时，就会通过背景图呈现出下方的图片文字（见图2-15）。

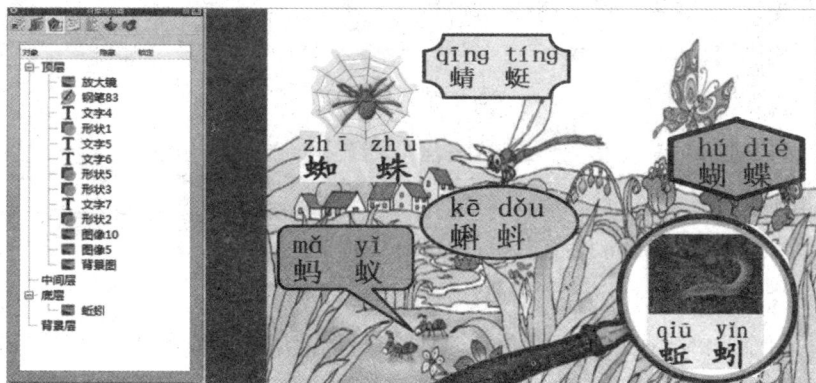

图2-15　《识字义》课例图片

　　资源浏览器是电子白板软件提供的素材库，亦可自行建设个人资源库。在共享资源中，包括"声音""备课工具""活动与模板""网格""背景"五大项，教师可以根据个人需求选择所需要的素材。

注释浏览器是方便教师备课的,可以对每个页面的设计用文字进行说明和提醒。

属性浏览器是其他品牌电子白板所无法比拟的,其提供的设置信息足够详细。具体包括识别、页号、工具、网格四个大项。这里强调两点:其一,在"页号"选单列的"翻页效果",教师可以根据教学需要设置该页的翻页效果;其二,在"工具"菜单列的"页面工具",教师可选择是否使用"聚光灯模式""显示器模式""跟以前一样"或是"工具关闭"。

操作浏览器集结了电子白板的所有工具,具体在操作时,可先在创作区域选中想要操作的对象,而后再在操作浏览器中选择相应的指令。例如要让图片点击后,能够立即复制出相同图片。那就先在创作区域选择所需复制的图片,接着在操作浏览器中选中"重复"指令,然后在下方的"目标"右侧,弹出对话框,选择对象,最后在"应用修改"单击确认,这样设置之后,但凡在创作区域,单击该图片,就能立即在一侧复制出相同图片(见图2-16)。

投票浏览器是交互式电子白板最亮眼的设计,可以进行时时交互。不过这个操作,需要插入相应的硬件设备"投票器接发器"。软件一旦识别 Activ Expression 设备之后,便可具体操作投票设备。

图2-16 交互式电子白板"操作浏览器"

每个品牌电子白板都有各自的特长,每个使用者也都有自身的习惯和学科背景,面临的课堂也是多种多样的,因此,提供给用户一定的自我定制或选择的空间,尊重了用户的使用习惯,就是为了给用户更大便利。

普罗米修斯电子白板启动自定义控制面板的基本方法有三个:一是单击"编辑"菜单中的"配置文件"命令;二是单击"查看"选单中的"自定义"命令;三是单击"工具"选单中的"编辑用户定义的按钮"命令。弹出的自定义控制面板共有"布局""命令""用户定义的按钮""设置"四个标签，分别对应四个方面的自定义默认设置（见图2-17）。

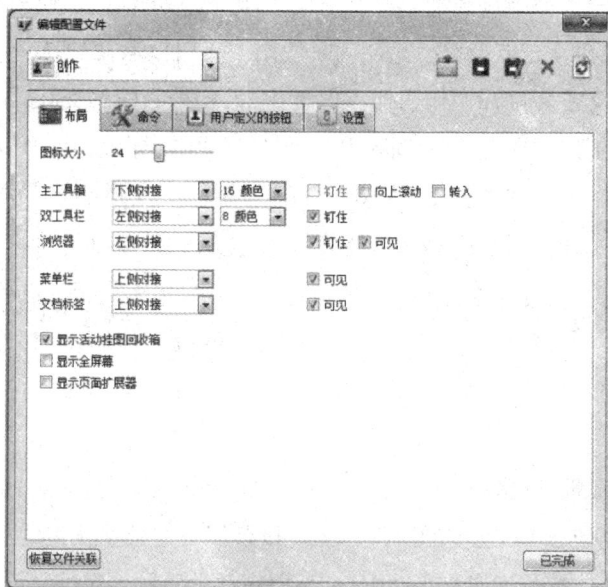

图2-17　交互式电子白板"自定义控制面板"

　　"布局"自定义主要是针对窗口模式下工具栏、浮动面板、选单栏等的位置布局方面的设置，以符合自己的使用习惯。如个子不高，可以将工具条放置在"下侧对接"；再如视力比较好，可将浮动工具栏上的图标设置得小一点，更多的区域留给显示区页面。"命令"自定义主要是可添加更多的工具类命令到浮动工具栏上以及选择对象时浮现的控制柄上。具体操作时只要选中左侧一列的命令，而后单击"添加"即可，还可以依据"向上移动""向下移动"来调整在工具栏上的位置。当然，若不想要该命令，就单击该工具，再单击"移除"即可。"用户定义的按钮"主要是让用户设计某个功能图标，用于调用外部程序，这样的话，用户只需在浮动工具栏上单击该功能图标，就可轻松调用外部某个程序。"设置"则是软件自身的默认设置，可对时钟、设计模式、效果、工具、语言、多媒体、记录、拼写检查程序、用户输入等默认设置，这里就不逐一介绍，可根据个人喜爱，对某些工具进行设定，调整至自己满意的创作环境。

(六)交互媒介，互动教学点亮课堂

交互式电子白板不仅是教的工具，同时也是学的工具，学生可轻松地用电子白板笔在白板上进行拖动、书写、点击等操作，满足他们的使用需要。一般情况下，一块交互式电子白板只能同时使用一支白板笔，就如 Windows 操作系统的电脑不支持多鼠标操作一样。但近年来，多种品牌的交互式电子白板已经开发出双用户电子白板笔，即在同一块交互式电子白板上，可以同时使用，实现师生或生生之间的合作式白板学习新体验。要实现交互，关键在于教师的教学设计。课件不是简单地呈现信息，而是有意识地设计一些具有交互作用的学习活动，也能实现拿着电子白板笔在交互式电子白板上进行交互操作，实现交互学习，从而实现交互式电子白板与学生的零距离。例如，设计一些连线题、填空题、拖动操作题等，就可实现一些简单的、学生与电子白板之间的交互操作。

电子白板教学更深入的交互，需要利用配套的无线投票器(见图 2-18)、综合回答器(见图 2-19)之类的附件。无线投票器可让学生在座位上进行投票，能及时、精准地参与到课堂互动中，从而提高教学质量。通过赋予每个学生实现传达"声音"的工具，从而使学生的主张、思考过程与对知识的感知得到迅速的共享和记录。无线投票器能够帮助教师考查学生是否跟得上教学进度，也

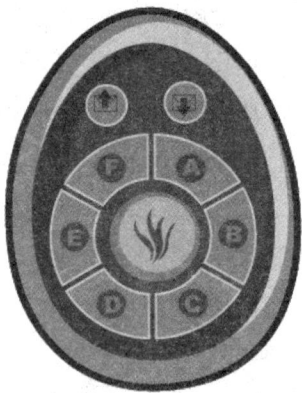

图 2-18　交互式电子白板"无线投票器"　　图 2-19　交互式电子白板"综合回答器"

可以此为基础设计课堂讨论。特别棒的一点是可即刻生成数据统计，系统还可保存每个学生所选择的答案，便于教师进行个别指导或全班讨论，同时能以Excel文件的方式输出，以便进一步分析使用。

综合回答器——普罗米修斯交互式电子白板的另一款交互工具，这是一款功能更强大的课堂反馈系统。除了具备无线投票器的所有功能，还能通过软件的更新和按键的完善，使综合回答器完全符合实际教学的需要，让教师和学生的教学互动更加自由。它除了可以发送"是"或"否"以及A、B、C以外，还可以让学生通过完整的文字、短语、符号、数字等形式充分反馈自己的想法，轻松沟通几乎所有的信息，甚至支持多表决模式，进行深入对话和精彩辩论。

至于具体如何操作，可在空白页根据教学需要制作一页课件，可以是选择题或判断题，让学生用无线投票器选择不同字母的选项。接着打开电子白板浮动面板，并单击"投票浏览器"标签，在浮动面板上就会出现投票浏览器窗口（见图2-20）。该窗口共有三个栏目：第一栏是设备栏，可单击小黑三角图标选择ActivExpres-

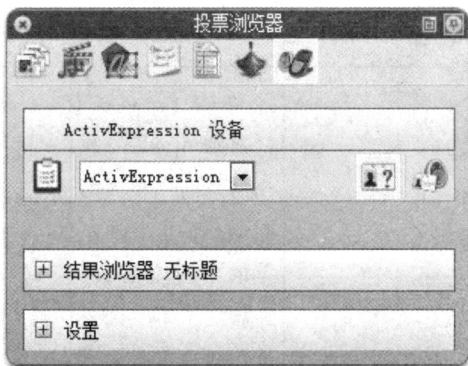

图2-20 交互式电子白板"投票浏览器"

sion设备或ActiVote设备（无线综合回答器和无线投票器）。第二栏是结果浏览器，第三栏是设置栏。这一栏目单击后，可编辑数据库，将班级学生的信息输入该交互式电子白板中，这样，学生与无线投票器或无线综合回答器的编号通过绑定一一对应起来，某个编号无线设备的投票结果就代表某个学生的反馈信息。

由于投票器的硬件设备，相对而言，费用还是蛮大的，一般学校也只会配一两套，供需要教师使用。同时别的厂家也有相应的投票器，例如HiTeach软件，就是一款专门针对投票器衍生的教学软件，投票器更小、更轻便。此外，某些App软件中也可实现投票功能，这些在后续的信息小百科中会着重介绍。

教学课例一

《青铜葵花》导读课

教学目标

1.引导学生认识小说中所描写的苦难。不仅是物质的饥饿、贫穷,还有精神上的孤苦

2.引导学生感悟小说的主题:面对苦难的风度——坚强、乐观、不断战胜困难

3.引导学生感悟小说的人物形象,体会人物心理品质——坚强、乐观、互相爱护、互相关心等精神

教学环节	教学内容	活动设计	活动目标	媒体使用及分析(交互式电子白板使用功能)
一、课前谈话,拓展知识	了解六年级学生所涉猎的课外读物,复习原有知识	1.教师导入语:我相信我们六年级的同学,通过小学六年的学习生活,已经涉猎了不少课外读物。这里我们做个游戏,看谁眼亮,能说出这些书的名字。 2.教师追问作家姓名。 小结:看来我们六年级同学知识面可真广,今天我将再推荐一位著名的儿童文学作家	激发学生学习兴趣,回顾所阅读的课外读物	利用白板为学生呈现生动、直观的互动效果: (1)选用聚光灯将图片遮盖,教师快速移动,让学生进行猜测。 (2)通过拖曳让学生逐个猜测作家姓名 

教学环节	教学内容	活动设计	活动目标	媒体使用及分析（交互式电子白板使用功能）
二、激发情趣，导入课题	了解作家，揭示课题，对书有整体印象	1.教师导语：我们再来猜一位著名的儿童文学作家。（根据词条猜测） 2.揭示封面：故事中有这么一个像青铜一样坚韧刚强的男孩，一个像葵花一样让人感到美丽温暖的女孩。他们的名字就叫青铜、葵花	对作家有一定的了解，揭示作品，对书有整体印象	利用白板为学生呈现生动、充满期待的学习效果： (1)选用遮盖器，将词条一条条呈现，让学生根据词条进行猜测。 (2)利用隐藏功能，隐藏曹文轩、青铜、葵花这三张图片，教师讲到相应内容时，随即单击
三、质疑解惑，介绍封面	封面学习会看封面，了解封面相关信息	教师导语：每次当我捧起这本书时，首先映入眼帘的就是这个充满意境的封面。我想问问大家：你从这个封面中了解到了哪些信息	学会读封面，并能捕捉相关信息	利用白板为学生呈现探究性的学习效果： 利用放大镜功能，让学生讲解所捕捉到的信息，教师随机放大相关图片与文字，让学生的观察更为细致，充满趣味

教学环节	教学内容	活动设计	活动目标	媒体使用及分析(交互式电子白板使用功能)
四、了解梗概,阅读内容提要	学看目录,了解特征;阅读提要,知晓梗概	1.教师导语:当我们面对这么厚厚的一本书,不知同学们有什么好建议能快速地读薄? 2.学看目录。 3.阅读内容提要	养成初步阅读书籍的习惯,学看目录与内容提要	利用白板为学生呈现对比、有趣的课堂教学效果: (1)将《青铜葵花》与《草房子》两本书籍的目录进行对比,发现作家在目录上的良苦用心。 (2)利用掷骰子的方式,随机抽取学生进行朗读,激发学生兴趣,也打破了六年级学生课堂教学较为沉闷的尴尬局面

教学环节	教学内容	活动设计	活动目标	媒体使用及分析(交互式电子白板使用功能)
五、师生漫读,作品赏析	通过阅读,初步了解主人公青铜、葵花以及青铜的家庭背景。快速默读"冰项链"章节,品味苦难与至爱	(1)走进青铜 阅读相关文字介绍,了解男主人公青铜。 (2)走进葵花 聆听有关介绍葵花的录音,并将两位主人公进行比较。 (3)走进青铜家 默读,了解青铜家虽贫寒,但苦中作乐,生活幸福。 (4)倾听故事,品味苦难与至爱。 1.快速默读"冰项链"这一章; 2.调查统计阅读速度; 3.检验阅读质量; 4.小组合作,聚焦"大美",如何多角度欣赏作品; 5.细细品读青铜制作冰项链有关段落,感悟"至爱"	以不同形式的阅读方式,让学生一步步走进青铜、走进葵花、走进青铜一家,进而走进小说。 在阅读过程中检测学生阅读品质,在快速阅读的同时,保持一定的阅读质量。 通过小组合作,从多维度、多层面去欣赏作品。仔细研读青铜制作冰项链段落,感悟浓浓至爱	利用电子白板为课堂呈现了灵动、有效的教学效果: (1)利用电子白板中的录音功能,让学生注意力集中,学会倾听。 (2)利用电子白板中的笔,随意点画重点词句,使教学重点更明晰。 (3)利用电子白板中的时钟功能,很好地记录下学生阅读时所花费的时间。有一定的实效性,提高了每一个学生学习的积极性。 快速阅读《冰项链》这一章节(第138页至147页) (4)利用电子白板中的投票器功能,及时检测学生阅读的速度,并能做出及时、准确的评价。 (5)利用电子白板中超强的兼容功能,将用Medi@show制作的幻灯片,展示在学生面前,让学生更身临其境地感受制作冰项链的不易

续表

教学环节	教学内容	活动设计	活动目标	媒体使用及分析(交互式电子白板使用功能)
六、结合生活，引发阅读共鸣	引导学生读好后记，揭示推荐此书的目的与意义；再次激发学生阅读期望	1.教师导语：故事发生的年代虽已离我们远去，但正如作家封底所写的那样。(呈现后记) 2.阅读进行时，质疑存惑，激发阅读期望	通过阅读，交流小说封底，明了小说主题思想；再次激发学生课后阅读期望	利用电子白板为课堂呈现了真实、自然的教学效果： 利用电子白板中隐藏、渐变等功能，使教学内容的呈现形式多样化

【教学反思】

小小计时器　课堂大舞台
——电子白板计时器在语文课堂教学中运用的初探

《义务教育语文课程标准(2011年版)》向我们提出了新的要求：培养学生独立阅读能力，注重感性体验，有较丰富的积累，形成良好的语感。因此，我们要大胆放开手，在课堂上留给学生充分的时间，并给以精心指导，培养学生独立阅读能力、独立思考能力、感悟创新能力。这也正是时代的要求。新课改提出，在课堂教学中教师是主导、学生是主体，因此，很多教师在教学设计和课堂处理上都留给学生一定量的自主学习时间，这是十分值得提倡的。可就针对这一留给学生自主学习的时间，却往往存在着以下几个问题。

1.教师凭借自己的教学经验及设计，要求学生在规定时间内完成自主学习。可教师在随机个别辅导的过程中，遗忘自己所规定的时间是否到达，往往凭借主观臆断做出相应的教学动作。

2.每个学生利用自主学习时间的学习效果也良莠不齐，这主要归咎于小学阶段的学生时间观念不强。学生在时间的支配上常常是由家长与老师行使主导权，久而久之养成对老师与家长的依赖，无法行之有效地合理安排自主学习时间。

3.学生不会"看"时间，调节自己的学习速度，延伸出去的弊病是更令教师与家长烦心的。回家作业明明能够在1小时内完成的，却要一拖再拖；考试时间观念缺乏，在离交卷前30分钟还未开始动笔习作，让一旁的监考老师为之着急。

"时间"，一个常常挂于嘴边的词汇，如何在语文课堂教学中更为有效地落实？这就要推出交互式电子白板中的计时器（见图2-21），它的应运而生使诸多教学问题迎刃而解，大大提高了课堂教学效果。本节就目前新课程改革背景下课堂语文教学中运用交互式电子白板计时器这一

00:06:58

快速阅读《冰项链》这一章节
（第138至147页）

图2-21　交互式电子白板计时器截图

工具，提高师生的时间观念和学习效率做一个初步的研究。对语文学习谈一些体会和认识，并为计时器在语文教学中的实际应用提供了大量的、鲜活的教育教学案例。

一、巧用交互式电子白板计时器，培养时间观念，合理利用时间

时间观念一直都是小学生最为薄弱的地方，也是平时课堂教学中最难把控、训练的地方。如何让学生树立良好的时间观念，学会合理支配时间学习，

一直都是一线教师苦心思考与解决的困惑。而交互式电子白板计时器的出现及其在平日课堂中的灵活运用,使这个困扰已久的难题呈现解决的前景。

【案例一】 在执教曹文轩《青铜葵花》阅读导读课中,在倾听故事、品味苦难与至爱这一环节中,要求学生走进小说中的一个故事,去感受那一份美丽。请学生快速默读"冰项链"这一章节。当学生拿出正反两面印刷的阅读纸时,教师问学生需要多少时间能够读完这4650个字。对于平时有良好阅读习惯的学生来说觉得需要七八分钟就可以了,而对于平时对阅读无概念的学生来讲,一看到如此密集的字,下意识地认为需要20分钟才能读完。这时候老师又给了学生一个建议,对于六年级同学来讲,一分钟基本能默读500字以上。根据这个速度,学生建议10分钟完成阅读任务,于是教师在白板计时器中设置顺时针计时10分钟,当学生读完后看大屏幕记录自己所花费的时间。

在这一案例中,学生能够很好地了解自己的阅读速度,在随后的统计中,能够调查出该班的默读速度情况,教师能够相机做出评价。

二、巧用交互式电子白板计时器,学会调节速度,准确掌控时间

《义务教育语文课程标准(2011年版)》中明确提出了语文教学的方向,要让学生在自主、合作、探究的学习方式下学习语文。这就给我们展现了一条语文教学的出路:培养学生自主学习语文的习惯,让语文学习成为学生的习惯,成为学生生活的一部分,成为学生学习的一大乐趣。而如何培养学生自主学习,激发兴趣与传授学习方法是培养自主学习的不二法门。交互式电子白板计时器不仅让学生有浓厚的学习兴趣,而且真正保障了学生自主学习的时间。在自主学习的时间里,学生过去接受的学习方法成为规定时间最优化学习的一种客观选择。——这一点需要选择分析。教师在一旁传授自主学习的方法是最佳的教学契机。

【案例二】 在执教略读课文《千年梦圆在今朝》时,引导学生阅读课前导语,明确学习方法和目的达成:默读课文,想一想中华飞天梦是怎样变成现实的? 再说说自己从中感悟到了什么? 紧接着要求学生一边快速默读课文,一边填写课文信息表。而电子白板中呈现默读要求、课文信息表以及计时器(限时9分钟)。教师则在学生默读学习的过程中,提示学生时间列表、标序号等形式概括摘录重点词句。由于学习任务较重,学生必须抓紧时间,合理安排时间,调节速度,掌控时间。例如在这一环节中,不少学生在快速默读课文之后,都会抬头看一看大屏幕的时间,然后调整速度进行其后的阅读作业。这一简单的抬头看时间的动作,对于学生自主掌握时间的习惯培养很有价值。

三、巧用交互式电子白板计时器,巧设教学情境,激发学习兴趣

语文课中巧用交互式电子白板能使教学过程呈现出情景交融、形声并茂、生动活泼的美景,给课堂注入了新的活力。俄国教育学家乌申斯基说过:"没有任何兴趣,被迫地进行学习,会扼杀学生掌握知识的志向。"而计时器在语文教学中也兼备了趣味性的特点,对激发学生的学习动机有着极高的价值。利用交互式电子白板计时器中的倒计时设置,就充分调动了学生学习的积极性、主动性,达到较好的教学效果。

【案例三】　在执教《狼图腾　小狼小狼》阅读导读课时,在第一个引入环节,让学生做一个有关狼的思维导读练习。教师要求学生拿出信封中的思维导图纸,与此同时,在电子白板中呈现计时器中的倒计时,设置1分钟计时。学生在倒计时的显示下很有紧迫感,奋笔疾书有关于狼的词语。电子白板上一直不停地显示时间的变化,动作快的学生则更加迫切期望自己写出更多的词语,而动作慢的学生也不再懈怠,能够立马进入角色书写自己所知道的内容。到1分钟时,学生也纷纷很有感触地停笔并交流。假若没有这一工具,仅仅只是教师口头发令"现在开始计时"及1分钟之后的"时间到",可能很多学生很难快速进入角色动笔书写,而且何时停笔、还剩多少时间,学生都一概不清。两者相比,前者使教学显得更加明确有效。

倒计时这一工具也常常运用在语文活动课中。例如快速背诵,倒计时5分钟背诵所学的古诗,学生就颇有紧张感,积极性极高;再如上台表演等富有情境性的学习展示。倒计时的运用,让学生不会有拖沓、浪费时间之感。

交互式电子白板中的计时器以其独具特色的计时功能,为辅助教学起着

锦上添花的妙用,但在课堂教学使用中还是要关注以下两个方面。

第一,综合运用,辅助提携。交互式电子白板中的计时器在教学中起到辅助促进的作用,功能定位不能定在简单利用,而要利用其互动等更多的功能促进学生更深层次的阅读、感悟、思辨,引领学生在语言文字中驻足、回味、推敲、顿悟,进而读懂文本,感悟道理,直至达到知识与能力、过程与方法、情感态度与价值观的和谐统一。

第二,合理运用,把握尺度。正如杨再隋先生所提倡的"简简单单教语文",语言文字的习得才是最本真的。在利用电子白板计时器时就要考虑运用的时机、内容等,一定要有利于学生综合能力的培养。

《青铜葵花》相关课件、文本、音频等资料已上传,可通过扫描右边二维码下载。提取码:7khx。

教学课例二

班级读书会《狼图腾 小狼小狼》

教学目标

1.通过交互式电子白板的综合利用,激发阅读兴趣,走近动物狼,以此了解狼的相关知识,摒弃对狼的成见

2.建立充分对话、交流的阅读环境,让孩子体验价值,包括狼的生命价值和情感价值,让阅读不再那么孤独,让它充满趣味和惊喜

3.通过有效讨论与交流,学生能够多角度去审视文学作品,感知文字的魅力

续表

教学过程				
教学环节	教学内容	活动设计	活动目标	媒体使用及分析（交互式电子白板使用功能）
一、初谈狼激兴趣	1.通过思维导图,了解学生下意识中对狼的初步感知。 2.结合图片,讲述老师心中对狼的认识,与学生产生共鸣	1.教师导入语:我们先来一个头脑风暴,拿出思维联想图的作业纸,当你看到这个"狼",请你在一分钟倒计时内,写下你下意识中想到的词语。 2.呈现一组有关狼的故事图片,揭示人们对狼有成见的原因	调动学生原有感知,并激发学生学习兴趣	利用白板为学生呈现生动、直观的互动效果: (1)播放《蓝色星空下》音频,让学生"静"入课堂。 (2)运用放大镜工具,让学生猜测本课所要学习的内容。教师随机放大相关图片与文字,让学生的观察更为细致,充满趣味。 杭州市胜利小学 马丽 (3)选用聚光灯将图片遮盖,教师边讲述边移动,声像兼备

教学环节	教学内容	活动设计	活动目标	媒体使用及分析（交互式电子白板使用功能）
二、交流狼揭面纱	1.观看视频，走进狼群。2.提示信息，期待书名。3.学看封面，揣测内容。4.了解作家，质疑解惑	1.教师导语:这里给大家欣赏一段珍贵的视频,我们直观地去看一群索图斯狼群,直面狼群。2.出示书籍信息、期刊名。3.揭示封面,猜测内容。4.作家简历,质疑解惑。问题:(1)作家身为汉人,为什么要好好地放弃大城市的生活,到生存环境恶劣的草原做一个牧民?(2)汉人都畏惧狼,可作家却迷上了狼,竟然以狼为师,狼身上到底有什么魅力吸引着作家	1.对狼有一个直观的认识;2.对文学作品内容有一个整体的了解;3.介绍作家信息,并对作品质疑解惑	利用交互式电子白板为学生呈现生动、充满期待的学习效果:(1)播放《索图斯狼群》视频,让学生对狼有直观的认识。(2)选用遮盖器,将词条一条条呈现,让学生根据词条进行猜测。(3)利用掷骰子的方式,随机抽取学生进行朗读,激发学生兴趣,也打破了高段年级学生课堂教学较为沉闷的尴尬局面。(4)利用直接书写功能,将学生的疑惑直接书写在白板上,即时生成

教学环节	教学内容	活动设计	活动目标	媒体使用及分析（交互式电子白板使用功能）
三、初读狼生共鸣	1.快速阅读，独立思考。 2.反馈交流，达成共识。 3.合作学习，探究写法。 4.欣赏目录，了解大概。 5.再谈小狼，感知狼性	1.请你快速阅读第一章第一个故事"北京学生对草原狼着了迷"。 思考：如果换成是你，你会对蒙古草原狼有兴趣吗？说出自己的理由。 2.如果你对狼感兴趣就请起立，把自己的理由说出来，如果他讲的与你相同，那请你主动坐下。 3.你觉得这本书能够如此畅销，大获成功的秘诀是什么？（小组互相讨论，将理由简练地概括出一两个词语，并书写在白板上） 4.导语：陈阵望着那条母狼消失的方向，痴痴地想着。一个念头像电光火石一般，在他心里亮了一亮，全身的血液都呼地燃烧起来。学生猜测陈阵的想法。 5.欣赏目录，感知整本书中45个故事。（学生谈谈印象深刻的小故事） 6.开火车，再次交流对狼的印象	1.以不同形式的阅读方式，让学生一步步走进狼的世界。 2.在阅读过程中检测学生阅读品质，在快速阅读的同时，保持一定的阅读质量。通过小组合作，厘清多维度、多层面去欣赏作品。 3.欣赏目录灯片，再次感知整部小说的内容梗概	利用交互式电子白板为学生呈现探究性的学习效果： （1）利用白板中的时钟功能，很好地记录下学生阅读时所花费的时间。有一定的实效性，提高了每一个学生学习的积极性。 （2）利用隐藏功能，将文本中的一些问题进行隐藏，便于教师在恰当的教学时机呈现。 （3）利用白板中的笔，随意点画重点词句，使教学重点更明晰。 （4）利用白板中超强的兼容功能，将用Medi@show制作的幻灯片，展示在学生面前，让学生更身临其境地感受到目录中各个故事，再次激发阅读兴趣

续表

教学环节	教学内容	活动设计	活动目标	媒体使用及分析（交互式电子白板使用功能）
四、推荐狼习狼性	1.感知作家写作意图。 2.揭示原著，推荐阅读。 3.阅读进行时，抛出问题，推荐网站	1.呈现作家写给孩子们的话。 2.揭示原著《狼图腾》，推荐文学基础好的同学直接阅读。 3.阅读进行时，留给学生阅读的期待，提出几个思考问题。推荐网站：登录"狼图腾"官方网站	1.引用作家对小读者的话，揭示作品主题。 2.抛出阅读问题，激发阅读期待	利用交互式电子白板为课堂呈现了真实、自然的教学效果： (1)利用白板中的渐变功能，使教学内容的呈现形式多样化。 (2)利用白板中透明度的功能，使教学内容的呈现方式多样

续表

教学环节	教学内容	活动设计	活动目标	媒体使用及分析（交互式电子白板使用功能）
五、文学vs影视《狼图腾》	1.引入影视同名电影《狼图腾》。 2.对比选择文学与影视。 3.公布结果，互谈观点。 4.教师小结，期待阅读	1.教师推荐：电影版本的《狼图腾》由好莱坞著名导演拍摄，已于2015年上映，有兴趣的同学可去观看。 2.投票： A.更倾向于阅读文学作品。 B.更热衷于观看影视作品。 C.喜欢两者结合，先看文字，再看影视作品	推荐学生观看影视作品，同时引导学生平日养成阅读的习惯	利用交互式电子白板为课堂呈现了真实、自然的教学效果： （1）利用投票器能够迅速地对班级学生看书与看影视作品的情况做一个调查。教师能够结合这个信息做出正确的引导。 （2）翻页效果的运用，这是新电子白板中出现的一种技术，能够使每一张幻灯片的更换达到同PPT切换页面一样的方便，同时效果很好

【教学反思】

展现白板风采　分享读书滋味

——交互式电子白板在班级读书会中的有效应用

　　随着儿童阅读课程的日益推广，如何让学生爱上阅读，提高班级读书会教学的有效性，一直是一线教师所追寻的方向。2009年，杭州市胜利小学为全校25个教学班及专用教室安装了交互式电子白板，便捷多样的使用方法及特殊

效果,让老师和学生耳目一新。3年的使用,让笔者充分感受到电子白板不仅能使教师成为学生的帮助者、引导者,还能够使教师向技术学习,不断更新自己的知识领域。在班级读书会中,白板技术的运用更是调动了学生的阅读兴趣,培养了良好的阅读习惯,让班级阅读锦上添花。

一、交互式电子白板让班级读书会趣味盎然

美国著名教育家布鲁纳说过:"学习的最好刺激,乃是对所学材料的兴趣。"交互式电子白板能提供图、文、声、像等信息,实现图文并茂、动静相兼、声情融会、视听并用的逼真效果,能为班级读书会提供一种全新的认识和把握事物的环境。

1.利用交互式电子白板的多种呈现方式,激发学生的好奇心与求知欲

交互式电子白板的呈现方式可谓五花八门,除了传统意义上的切换、隐藏功能之外,还有聚光灯、遮幕、透镜、容器、缩放、超链接等功能,使得教学内容的呈现越发能够调动学生的各种感官,大大激发学生学习兴趣,促使其主动参与学习活动。笔者在执教《青铜葵花》一课,介绍作家曹文轩时,先采用遮幕工具,将曹文轩的个人资料以字条的形式,由上往下拉的方法逐条呈现,让学生猜猜今天将认识哪一位作家。当学生看完这些字条并猜出作家是曹文轩时,在同一层界面上,教师立即单击隐藏,调出作家图片,让学生有一个直观的认知。其后又采用拖曳的方式,将所需推荐的书籍拉到界面中间,揭示班级读书会所要推荐的书籍。与以往PPT单一的切换形式相比,白板如此丰富多样的呈现方式,既形式新颖,又达到良好的教学效果。

2.利用交互式电子白板小工具能创设情境,吸引学生注意力,激发学生的学习积极性

在教学《狼图腾》班级读书会的第一个引入环节,要求学生在1分钟内做一个有关狼的思维导图练习。笔者立马调用工具中的计时器工具,设置倒计时1分钟,让学生立刻在倒计时的紧迫氛围中奋笔书写。假若没有这项工具,仅仅是教师口头发令"现在开始计时"及1分钟之后的"时间到",可能很多学生都很难快速进入角色,更不能很好地依据时间来调整自己的速度。相比之下,前者在教学实施上更胜一筹。再如掷骰器的运用,高段的学生在发言等方面常常会显得拘谨、沉闷而不敢举手言说。若出现如此情况，教师就从工具栏中调用掷骰器进行抽签，请摇中的学生来发言或者上台来表演。这样的随机性，立即调动了学生的兴趣，活跃了课堂。利用交互式电子白板的呈现功能和小工具打破了常规教学的情境创设模式，为班级读书会注入了新鲜血液并带来了活力。

在以往的课堂中，计时、画图、拍照等小工具也时常被教师采用，但这些单一的工具，不仅平日难以收集到，而且在教学操作中无法被同一软件所兼容，操作上显得费时而复杂。电子白板中的小工具恰好解决了这一技术难题。

二、交互式电子白板让读书会指导方法别出心裁

班级读书会让学生享受阅读之余，还要学会如何阅读，如何阅读一本书。除了传统意义上的言传身教之外，利用交互式电子白板让读书会的指导方法别出心裁。在《狼图腾　小狼小狼》阅读导读课上，培养学看封面是一种阅读技能。很多学生看了封面上的图片，就汇报书籍讲述了一位青年饲养了一匹狼。而如此看封面肯定不是教师所期望的，要学会看细节，在看图片的同时也要学会看文字。于是教师就调用放大镜功能，让学生去捕捉细节，从蒙古包和青年的穿着中，学生猜测到故事发生的地点和人物所处的年代；从标题的《狼图腾　小狼小狼》左上方，又捕捉到"狼图腾"字样，从而告知学生此书的来历。一个放大镜在轻松的教学引导下，让学生明白了如何看封面，如何获取信息。再如读目录中，利用电子白板中的延伸功能，将目录中的50个狼故事一同呈现在同一界面上。其后让学生默读目录，请学生来勾选自己最想看的故事。一种猜读法于不知不觉中渗透在学生的勾画、诉说之中。可见，交互式电子白板的利用使枯燥的说教变得有声有色，并能在无痕的教学中有效渗透。

三、交互式电子白板让学生读书习惯培养潜移默化

班级读书会是指导孩子们进行广泛阅读的一种好形式。通过组织班级读书会，孩子们阅读的质和量得到了保证，与此同时，养成了良好的阅读习惯。《义务教育语文课程标准（2011年版）》中说：学习资源和实践的机会无处不在，

无时不有。学生所要学习的除了基础知识外，更重要的是要学会学习的方法。这就要求教师由"授之以鱼"向"授之以渔"转变。

1.利用交互式电子白板计时器，培养学生阅读的时间观念

时间观念一直都是小学生最为薄弱的地方，也是平时课堂教学中最难把控、训练的地方。如何让学生树立良好的时间观念，学会合理支配时间学习，一直都是一线教师急于思考与解决的困惑。交互式电子白板计时器的出现，使这个困惑已久的难题出现解决的曙光。

2.利用交互式电子白板的书写功能，培养学生读书笔记的习惯

常言道："不动笔墨不读书""好记性不如烂笔头"。班级读书过程中，在阅读时也常需用文笔将一些重点的语句或有感触的地方做上相应的批注。圈点勾画是语文学习的重要方法，读书就要留下这样思考的痕迹。相信学生在品读文本、感受人物的同时，这一重要的学习方法也在自己动手的过程中学会了。在讲授《天蓝色彼岸》阅读交流课中，让学生感悟生命的真谛，去寻找那份让自己有触动的"礼物"时，直接在白板上勾画圈点，并在相应的关键词上做上相应的旁注。学生和教师的共同交流生成，既是共同的学习成果，更是一种读书笔记教学的无形渗透。

四、交互式电子白板让班级读书互动交流别开生面

1.利用交互式电子白板的即时书写，引用储备资料，有声有色

阅读的快乐在于交流。美国思想家、著名画家洛克威尔说："真知灼见，首先来自多思善疑。"在《天蓝色彼岸》一课的"质疑问难"环节，笔者请学生将所存在问题的关键词书写在交互式电子白板上，接着将所有的问题进行梳理、提炼。而这与以往的黑板演示的最大区别，就是可以随意重组排序。然后则是交互式电子白板和多种教学资源的整合，可以为教师和学生互动搭建有力的平台，有助于学生对教学内容的掌握，拓宽了教学的广度。交互式电子白板的资料库提供了非常强大的资源收集与资源整合的途径。教师可以把大量的图片、影音资料存入资料库，需要的时候可以随时调出。在《狼图腾　小狼小狼》读书会时，推荐学生登录"狼图腾"的官方网站，寻访拍摄进程。直接单击电子白板界面，登录相应网站，让学生自己来捕获所需资料。再如在读书会中，突

然学生讲述了作家秦文君时，教师就可调出事先备在资料库中的秦文君图片及个人资料，一下子拉近了学生与作家的距离。

2.利用交互式电子白板的投票器，课堂即时反馈，点评有依据

投票器所具有的即时性、现场性、互动性、趣味性无疑让班级读书会更添一抹亮色。在传统的交流课上，都是教师依据学生的学习表现或自己经验的判断给出相应的反馈，这对于学生来说就是"他评"，没有有说服力的依据。而在课堂上使用投票器，教师无须给出更多的评价和反馈，因为伴随着每次结果的显示，学生会不约而同地发出欢呼声或者叹息声。运用投票器进行选择，结果一目了然，教师可以依据这个选项结果做一个有依据的点评。教师在统计学生阅读速度时，可以准确掌握班级学生默读速度情况，甚至可以量化年级与年级、班级与班级之间阅读速度的差别，为调整教学设计提供参考。

五、交互式电子白板让班级读书会备课事半功倍

PPT课件的运用一直都是语文课堂的主流，可它往往会出现学生的回答一定要在教师预设的范围内，那样课件才能按照预设好的环节按部就班地推进。这就使教师备课时要做大量的工作，课堂实效不高，学生的思维也受到一定的限制。交互式电子白板可以方便地变换界面，教师更可以根据学生的回答相机调整教学顺序。

在制作课件上，利用交互式电子白板无须像PPT一样将每页的内容通通设置好。教师只需将用到的素材资料导入交互式电子白板的资料库中，等待课堂上的随时调用。电子白板中超强而又丰富的小工具，往往会促使课堂生成新的闪光点，达到事半功倍的效果。

总而言之，交互式电子白板作为高端的信息技术手段，在小学班级读书活动中正扮演着动态课堂资源生成、便捷教师教学、提高课堂效果的角色。电子白板的合理运用，给班级读书会增添光彩，也使学生读书越发有滋有味。

《狼图腾　小狼小狼》相关课件、文本、音频、练习纸等资料已上传,扫描右边二维码即可下载。提取码:prg8。

教学课例三

二年级创意写话课《神奇的小号》

教学目标	1.通过比较的方法来观察小精灵的外形,调用多种白板技术捕捉图画细节并感知背后的内容,能根据图画对故事情节进行合理想象。 2.在情境的创设中,揣测小精灵的心理活动,观察动作、神态的变化。 3.结合前三张图的内容,展开大胆、合理的想象,借用词语仓库,给故事想一个有趣的结尾,并通过小组合作的方式练笔写故事
教学重难点以及措施	1.在情境创设中,能揣测小精灵的心理活动,观察动作、神态的变化。 2.写话练习,能在较短的时间内组织好言语编写故事结尾
学习者分析	基于二年级学生刚刚处于写话的起始阶段,首先要培养的是兴趣。因此在本节课的开发设计上,内容是自己画的,发挥了自己的业余爱好。一些操作教学环节的处理上,也尽量激发学生的兴趣点。例如让学生来夸一夸,小精灵就长大一些。几次试教下来,学生都超级喜欢这样的形式。同时也不忘教育学生一些思想品德方面的内容,比如不要夸奖太多,那样会骄傲的;再如去吹小号,要注意安全,类似这样的提醒,在语文课中也随机渗透。

学习者分析	其次，低年段的学生观察是无序的，因此在课的设计上，利用电子白板技术来观察局部，学会说完整的话；用放大镜看、用快照的形式拍小精灵的脸部特写等方式，都是在渗透着观察。学会看图，学会有顺序地看图，学会捕捉细节地看图。 再次，二年级学生在练笔中学会词语的迁移，将所学的词语在练笔中运用。比如"尤其"，是《黄山奇石》一课中的，"迫不及待"是《酸的和甜的》一课中的，学会用问句的形式，是二年级上册第三单元的学习要点。虽然课的内容是课外自己设计的，但知识点的渗透都源自、基于课文。 最后，写的落实。本节课两次练笔：第一次是规范化地写，描写小精灵吹小号的镜头。给学生提供句式、词语以供参考，是一种扶手，当然尽可能地留出学生个性表达的空间。第二次写则是个性化地写，展开想象的翅膀，合情合理、饶有趣味、又快又好地写话。尽可能地展示学生的奇思妙想，把心中的那幅画写出来

教学环节	教学内容	活动设计	活动目标	媒体使用及分析（交互式电子白板使用功能）
一、观察小精灵 夸夸小精灵	1.出示"小精灵"，并朗读正音。2.初步感知，喜欢小精灵	导语：小朋友们，今天的课堂上，老师给大家带来了一位朋友，它就是魔法小精灵。1.正音：后鼻音。2.开火车读。3.齐读。导语：小精灵听到大家的招呼，已经迫不及待地要和大家见面了。我发现大家看到小精灵都很开心的样子，你们喜欢吗？	以饶有趣味的小精灵为课堂角色，调动学生学习的兴趣，使课堂趣味盎然。	 （1）课前谈话，播放 Refrain 音频，让学生"静"入课堂。（2）利用隐藏功能，将文本中的 些信息隐藏，便于教师在恰当的教学时机呈现。例如，"精灵"的拼音，以及再次呈现"小精灵"等教学信息。

教学环节	教学内容	活动设计	活动目标	媒体使用及分析（交互式电子白板使用功能）
一、观察小精灵 夸夸小精灵	3.谈谈小精灵的可爱之处。 4.夸夸小精灵有趣的地方；运用"尤其"练说	导语：小精灵总给我们留下精灵古怪、机智灵敏的印象，你们喜欢小精灵的什么地方？ 1.学生畅谈喜爱之处。 2.学用"尤其"的句式，夸夸小精灵。 3.每夸一次，小精灵长大一些；达到一定程度后，不再长大，因为再夸，小精灵就骄傲自大了	学会表达，倾诉自己对小精灵的喜爱之处，并能运用关键词"尤其"说话。此外，通过活动操练，明白不能一味夸赞，要保持虚心	 （3）选用拉幕工具，教师边讲述边移动，增加学生的期待值。 （4）利用"拖动""放大"的功能，并结合学生的夸奖，小精灵随之放大，两者配合形成妙趣横生的教学效果
二、创设精灵故事 吹响魔法小号	1.故事导入，引出"魔法小号"。 2.班级调查，如果你是小精灵，是否敢吹"小号"。	1.故事导入： 那一天，天空瓦蓝瓦蓝的，咱们的小精灵放学之后在森林里面散步。可就在那一天，它突然在草地上看到了一个大大的箩筐，箩筐的后面还有一支神奇的小号。魔法学校的老师告诉它，只要一吹这支笛子，就能引蛇出来。 2.如果你就是咱们的小精灵，你会吹这小号吗？投票器选择。 3.教师点评：表扬吹的同学有勇气；同时在探险的过程中，要注意安全。	以动态故事的形式引入，再次激发学生的学习兴趣；运用投票器选择是否吹小号，拉近学生与小精灵的距离，并在点评时相机进行安全与探险的教育。	 （1）利用白板中的聚光灯功能，聚焦重点事物，并在其中拖动物体，再配上文字解说，一个动态故事随之产生。 （2）运用隐藏、拖动、勾画辅助功能，使故事越发绘声绘色。 （3）运用投票器功能，迅捷产生投票结果，教师可依据结果相机点评

教学环节	教学内容	活动设计	活动目标	媒体使用及分析（交互式电子白板使用功能）
二、创设精灵故事 吹响魔法小号	3.观察小精灵吹小号的面部表情及动作。4.学用"词语仓库"的词语,描写小精灵吹小号的情景。5.感知小精灵的内心想法,知晓"?"的使用。6.聆听故事结尾,并随机回忆。7.呈现两个结尾,比较对照,得出的结尾可多样:与众不同 合情合理	导语:你们看小精灵在干什么? 它是怎么吹的?4.拍照放大,观察小精灵的面部表情及动作。5.学生练说如何吹。6.学生利用"词语仓库",学写小精灵吹小号的情景,教师巡视指导。7.学生朗读,教师点评修改,再同桌互读。导语:可是这个箩筐一点动静也没有,你觉得当时我们的小精灵心里会怎样想?8.学生质疑,教师相机教学"?"。9.聆听故事结尾,并听后回忆内容。10.看图比照,自己所听到的与教师所画的结尾是否一致。11.再次呈现另一个故事结尾,两者对比,选择更喜欢的。点出结尾要求:与众不同 合情合理	学会局部观察,抓住小精灵的脸部特征去细说,并能尝试运用"词语仓库"学写吹小号的情景。学会揣测小精灵的内心活动,并会使用问号;聆听故事结尾,尝试复述;对比不一样的故事结尾,明白编故事的要领	嘟— (4)利用"徒手拍照"功能,抓拍小精灵的面部特征,并随之将其放大,便于学生观察细说 (5)利用"复制"功能,将"?"不断复制,给予教师便捷的书写及呈现功能。(6)利用白板超强的"制作""兼容"功能,将白板录音笔录制的音频,在讲述结尾的时候播放。 (7)运用放大镜工具,让学生学会有序观察,捕捉要点

续表

教学环节	教学内容	活动设计	活动目标	媒体使用及分析（交互式电子白板使用功能）
三、创编故事小尾巴　合作练笔小故事	1.闭眼遐想故事结尾。2.交流故事结尾，教师点评并相机呈现自己所准备的插图。3.将结尾形成文字，并呈现练笔要求。	导语：接下来，老师再给小朋友们1分钟时间，闭上眼睛，好好想想，如果让你当小作家，你会有一个怎样的结尾呢？1.学生闭眼遐想故事结尾。2.学生交流，教师相机点评并呈现所准备的插图。3.将结尾的讲述转换为文字的描述，提出学习要求，开始练笔。	积极发散思维，编写故事结尾，做到合情合理、有趣有味，此外，能在7分钟内，将故事结尾形成文字的表述。	（1）利用白板中的时钟功能，很好地记录下学生交流时所花费的时间。有一定的实效性，提高了每一个学生学习的积极性。（2）利用直接书写功能，将教学重点要求直接书写在白板上。

续表

教学环节	教学内容	活动设计	活动目标	媒体使用及分析（交互式电子白板使用功能）
三、创编故事小尾巴　合作练笔小故事	4.学生练笔，教师巡视指导。 5.交流呈现，学生点评。 6.布置作业：开展"小精灵故事会"，将整个故事串编成一个完整的故事	4.教师巡视指导，学生自主练笔。 5.交流呈现，共同点评。导语：今天我们仅仅交流了最后一个结尾，如果把一开始的三幅图画加进去，那故事才能完整。下课以后，可以再将故事串起来编一编，下次有机会，我们一起来开一个"小精灵故事会"，看谁讲的故事合理又有趣	教师巡视指导，并个别辅导；结合编写故事结尾要求，点评练笔。带着兴趣与任务下课，为讲述完整的故事埋下伏笔	 （3）利用白板中的随机抽取小工具，抽取同学上台展示练笔。 （4）翻页效果的运用，达到和PPT切换页面一样的效果。 （5）利用隐藏、超链接功能，单击图标立即呈现所链接的图片，具有拖动、缩放功能

【教学反思】

以电子白板为依托，从兴趣入手改善低段写话教学效果

一、抓住学生心理特点，创设情境，让学生乐写

兴趣无疑是最好的老师。帮助学生树立起学习的兴趣是每位语文教师应有的责任，也是语文教育能否成功的关键。有了兴趣，学生就能发挥自己的主

观能动性,在学习过程中收到事半功倍的效果。结合低段儿童心理特点,利用交互式电子白板创设情境进行教学,是提高学习兴趣的一种重要手段。

(一)抓住学生好动的特点,创设主动的写话情境,引发学生兴趣

好动是低年级学生的主要特点,所以在平时的看图写话过程中,应运用多种教学方式进行写话教学,让学生能够动起来,以激发学生学习写话的兴趣,加深对言语的理解。以往常采用教具演示、图片展示、游戏等教学手段,让学生各种感官都动起来。交互式电子白板的介入,为学生参与其中提供了更有效的途径。

如教学《神奇的小号》写话时,导入小精灵之后,让学生来夸一夸小精灵好在哪里,并能用上"小精灵真_____,尤其是_____"的句式练说。想必原本的教学动作就是教师随机请学生夸赞,并对学生回答及时评价;运用电子白板之后,该环节的处理则变得耳目一新。教师仍随机请学生来夸夸,但夸完之后,白板中的小精灵请学生上来拖动,使其原本微型的小精灵渐渐长大。每请一个学生夸赞,便请学生上来拖动拉大。教师随机评价"谢谢你真诚的赞美,小精灵又长大了不少"这个环节的操作,使静态的小精灵一下子有了动态的生命,学生也被这会长大的小精灵所深深吸引。虽然只是简单的拖动、放大,但学生从以往的练说者变成了参与者,兴趣高涨,在愉悦的环境中学会了知识,感受着课堂带来的乐趣。

(二)抓住学生好奇的特点,创设最佳的写话环境,提高写话兴趣

低年级的课堂上要善于利用新颖的教学方式,引起学生对新知识的好奇,诱发学生的求知欲,激发学生看图写话的兴趣。在教学的进行中,教师根据教材的重点、难点和学生的实际,在知识的生长点、转折点设计有趣的提问,以创设最佳的情境,抓住学生的好奇心,提高课堂教学效果。

例如,在呈现教师所想到的故事结尾时,不是直接给学生看故事结尾的文字,而是采用"三步走"。第一步,让学生倾听故事的结尾,通过白板中的录音功能,把事先教师朗读的音频播放给学生听,在听的过程中去捕捉信息。第二步,学生回顾所听到的内容,进行简要的复述,这一环节是在检测学生的倾听能力。第三步,通过聚光灯的方式呈现故事结尾的画面。利用聚光灯的部分

图像呈现的功能，可以依据教师的教学设计，依次呈现主要人物小精灵，继而是周围的大蟒蛇及环境，也为学生之后的有序描写做好铺垫。这样的故事结尾呈现，抓住低年段学生好奇的特点，教师边操作边引导，让学生学会倾听，同时又关注写话的先后顺序。

（三）抓住学生好胜的特点，创设成功的写话情境，感受写话兴趣

教师要善于掌握交互式电子白板运用的有利时机，利用学生的好胜心，鼓动、诱导、点拨，帮助学生获得成功，让学生从中获得喜悦和快乐，这样再从乐中引趣、从乐中悟趣，更进一步增强学生写话的热情。

在教学《给句子化化妆》一课时，要求学生根据表达的需要，把句子该化的地方化，不该化的就不要画蛇添足，以免造成重复、累赘。简言之，就是给句子增加修饰词。这个环节不仅给予了贴切的包装"化妆"，更利用了电子白板随意书写的特点。例如课堂呈现挑战题"浪花向太阳鞠躬"，学生可以随意增补修饰词，一边增补，一边请学生点评修饰词是否恰当，最终看看哪一组能加上最多的修饰词。最终该句在学生的共同努力之下，变成"一朵朵的浪花低下了雪白的脑袋向太阳公公深深地鞠了一躬"。这样把枯燥乏味的句子操练成丰富多彩的游戏与竞争活动，学生兴趣浓、情绪高、思维活、反应快，在"玩""乐"中获取知识、体验新知。

二、充分发挥电子白板功能，化难为简，让学生易写

交互式电子白板的核心功能是使数字化信息技术的多媒体优势与网络技术优势，通过"交互"二字得到体现和实现。交互式电子白板以其丰富、强大而又便于操作的功能，备受一线教师推崇。《义务教育语文课程标准（2011年版）》指出：注重自主学习，让学生积极参与，乐于探究，勇于实验，勤于思考，提倡教学方式多样化。交互式电子白板的运用，无疑使前者更为有效地在一线课堂上得以运用与延伸。

（一）发挥交互式电子白板的功能，化复杂为简单，生动形象

看图写话是低年段学生作文起步阶段的训练，是培养儿童认识能力、形象思维能力、想象能力和表达能力的良好途径。看图写话能力可以说是作文的基本功，也是低年段写话常用的教学方式。为了使写话更行之有效，课前教师

在设计课件、制作教具方面都是费时、费力的事。交互式电子白板的对象编辑功能可以对每一个对象进行后期编辑，如复制、粘贴、缩放、旋转等。而且，在注解模式下，对每个对象可以任意移动、拖曳。它时时编辑生成的特点，不仅节省了时间，还有利于发挥学生的主动性、积极性。

例如，学习二年级写话《神奇的小号》一课时，在故事导入环节，笔者就是利用拖动、聚光灯、隐藏这三项功能，把一个原本静态的图像变成了一个有趣的动画。教师讲述："那一天，天空瓦蓝瓦蓝的，咱们的小精灵放学之后在森林里面散步。可就在那一天，它突然在草地上看到了一个大大的箩筐，箩筐的后面还有一支神奇的小号。魔法学校的老师告诉它，只要一吹这支笛子，就能引蛇出来。"教师事先只要将相关的图像要素摆放在背景图之上即可，无须进行过多的设置操作。假若换成平日常用的PPT模式，那么这一个会动的小精灵、会随机呈现的提示框以及被隐藏的小号则需要大量的动作设置及超链接方式，而利用交互式电子白板则将这些事先预设的动作都化整为零，在课堂上依据教师的讲解随机产生，化复杂制作为简单操作，效果却越发生动形象。

(二)发挥交互式电子白板的功能，变抽象为具体，易于理解

小学生的认知特点是从形象思维为主向抽象思维过渡，要使学生理解抽象的言语规律，就必须为学生提供必要的感性材料，使之借助事物的具体形象或表象进行思维，从而逐步理解和掌握知识。在交互式电子白板的环境下，教师可以根据教学的进程随时进行书写、编辑，使教学层层深入，通过引导学生经历获取知识的思维过程，达到培养智能、启迪思维的目的。

例如，学习《整整齐齐排好队》一课，要把句子写通顺，最重要的是要注意词语在句子中的先后顺序。哪个词在前，哪个词在后，哪个词和哪个词搭配，都要按照一定的顺序组合排列，不能颠三倒四。这一抽象的概念在依托电子白板的背景下，课堂上变得妙趣横生。笔者给学生呈现"小白兔""森林里""蘑菇""篮子""在""采""拎着"这七个字词，而后便让学生通过拖动及书写的功能，到电子白板前给词语排排队，整理成一句通顺的句子。学生通过拖动并加上标点句号，一句完整的句子也随机产生。课堂上学生分别将词语组合成句

子：①小白兔在森林里拎着篮子采蘑菇。②小白兔拎着篮子在森林里采蘑菇。③森林里，小白兔拎着篮子在采蘑菇。这样的教学，学生学得主动，句子的组合密码就在这拖拉和齐声朗读中潜移默化地渗透其间。

（三）发挥交互式电子白板的功能，化静态为动态，扎实有效

语文是一门基础学科，它有极为重要的地位，它的基本特点是"工具性"与"人文性"的统一。充分运用电子白板的功能，将教学中的难点与教学方法，通过生动有趣的画面，使静态的知识动态化，直观生动，对学生的认识具有催化的作用，有效地激发学生探究新知识的兴趣。

如在描写小精灵吹小号这一场景时，如果仅仅是教师生硬地提醒学生要把怎么吹的动作写出来，要写具体，这样概念式的教授，只会使学生一头雾水，最终的文字仍是干涩、生硬的。这里采用电子白板中的随意拍照功能，将小精灵的头部进行了一个特写放大，让学生观察从哪里看出小精灵是在使劲吹小号。学生通过这一放大的图像，不难发现小精灵的腮帮子鼓鼓的，眼睛紧闭着，小脸都涨红了，使出了吃奶的力气才吹出一个"嘟"的声音。

三、综合利用电子白板技术，灵动机变，让学生会写

交互式电子白板中多种新功能的综合运用，使资源利用不断创新，真正实现了教与学的最优化，将鲜活的课堂展现给学生，并将良好的练笔习惯无痕地渗透到学的过程中。

（一）利用交互式电子白板书写涂改功能，培养学生练笔的修改意识

常言道："不动笔墨不读书""好记性不如烂笔头"，对于练笔而言更是"好作文是改出来的"。在练笔的评改过程中，教师和学生都可以随时在电子白板上进行圈点勾画，标注所要提醒及修改的地方。人教版在四年级《那片绿绿的爬山虎》中才对修改有明确规定，而笔者认为从一开始练笔时就要有意识地提醒学生，让学生在练笔的过程中无形地渗透修改意识，这无疑对今后的修改习惯的培养是有益的。

（二）利用交互式电子白板计时器工具，培养学生练笔的时间观念

每次练笔环节时，先与学生商定大概需要多少时间，而后在大屏幕上呈现计时器。让学生在写字的过程中潜移默化地感知时间的流逝，注意自己的写

字要有一定的速度。当然,这里对于低年级学生而言,不要一味地追求速度快,只要有一定的速度即可。低年级学生仍要以写好字为首要目的,而追求一定的写字速度则是锦上添花,为进入中高年段达成一定的练字速度打下良好的基石。

(三)利用交互式电子白板网络链接功能,培养学生练笔的发表意识

小学生习作的读者通常只有教师一人,但教师并不是小作者的交流对象,而是习作质量的裁判,喜欢对练笔指手画脚:哪里写得好,哪个句子写得生动,哪个比喻用得恰当……对孩子来说,老师的评语无非就是表扬和批评。这种没有真实的交流对象的写作,就是虚拟性写作,它最大的弊端在于最容易使小学生看不到写作的实际价值,把写作变成一种毫无意义的自言自语。解决这个问题的有效办法就是在写作训练中设定读者,要培养学生的读者意识。

要培养学生的读者意识,就要把学生的练笔发布到网络平台上,让更多的读者可以阅读到学生的文字。例如笔者就利用博客空间,将学生的习作以图片或文字的形式快捷地呈现到网络公共平台,借助公众的力量来评点学生的练笔。电子白板中的链接功能,只要网络畅通,可以随时点击,进行多向互动评价。多途径地发表学生练笔,在真实性写作中直面读者,推行交际写作,形成读者意识。

爱因斯坦说过,用富有独创性的传授方法和知识给人以快乐,这是最高超的艺术。笔者将电子白板应用于课堂已有五载春秋,这是第一次教学低年段,发现以电子白板为依托,从兴趣入手来改善低年段学生写话教学效果是明显的。通过与电子白板的交互,将鲜活的课堂展现给学生,让学生真正乐写、易写,继而达成会写的目标。

《神奇的小号》相关课件、音频等资料已上传,扫描右侧二维码即可下载。提取码:1rjf。

第三章

信息技术化整为零，整合系统性学科知识

第 一 节

微课技术:知识精讲,化整为零

随着科学技术的不断发展,人类的交往活动将进入微观时代。2009年出现的微博拉开了我国微时代的序幕。微时代是以数字信息技术为基础,综合运用音频、视频、文字、图像等多种表现方式,通过全新便捷的移动终端,以实时、互动、高效的新时代为主要特征的通信活动。在教育领域,微课已成为我国教育信息化发展的新热点。微课是以微型教学视频为主要载体,针对某个学科知识点(如重点、难点、疑点、考点等)和教学环节(如教学活动、主题、实验、任务等)而设计开发的一种情境化,支持多种学习方式的新型在线网络视频课程。

微课的核心是微视频,视频时长5~8分钟,同时还可包括微教案、微习题、微课件和微反思等相关资源,其目的是帮助学生学习或帮助教师在教学中应用以辅助教学。这种短小精悍、主题突出、资源多样、交互性强的视频,特别适合于计算机、手机、平板电脑等设备进行移动学习、自主学习和合作学习。目前,各地都在开发微课,微课制作技术日渐成熟,应用研究成果逐步显现。但也存在一些问题:人们对微课的认识和理解各有不同,表现形式比较单调,制作目的不够明确,微课应用普遍较弱,教学模式创新乏力。焦建利认为微课是为教学和学习模式创新而生的,教学模式创新才是根本;微课是为教学模式的创新而准备的,其存在的唯一理由是让教师教得更轻松,学生学得更快乐、更高效。

一、微课在语文教学中的优势与使用问题

(一)促进教师信息化素质和教学能力的提高

教师可通过微课教学设计与制作了解到自身在传授内容和授课方式等方面的不足,及时做出调整,加强信息化知识的学习,以提高教师的业务水平,有利于教学能力的提升。与此同时,教师只有充分掌握所要讲的知识,才能设计出良好的方案,制作出高效的微课教学视频,所以这对教师专业知识学习也有很大的促进作用。在教学中存在的问题也能通过微课制作显现出来,教师可有针对性地寻求解决方案应对问题,不断提升教育教学水平。例如教师课堂上讲评试卷,由于时间限定,某些题目也只能就题论题,很难讲明讲透。倘若将卷面上的典型题做成微课,那么教师就需要冷静思考,设计一份更深入、完整的讲评方案。学生听取之后,再完成教师布置的任务,教师可以再次反观学生的学习成效,从而对上一次微课教学内容进行改进,寻找更好的教学路径。微课可以让教学知识更专业、更高效。

(二)丰富教学功能,满足学生多元学习需求

语文教学中引入微课,方便学生随时随地学习,而且微课知识点相对集中,学生可根据自己的需求进行有针对性的学习和复习,有助于学生自主学习,完成学习任务。

与传统的教学方式相比,微课在教学活动中应用,可让学生学习更加灵活、更有针对性,并实现对课堂教学和教材内容的有效拓展,满足学生多元化学习需求。微课教学视频讲求简短精良,能将学生不容易理解的抽象问题直观立体地展示出来,使学生学习起来容易得多。微课作为新时代的产物,为学生自主学习提供了一条更有效可行的途径。例如学生对课堂上老师所讲的内容没有完全消化时,可以在家通过微课进行加强和巩固。

(三)有助于教学内容的分层、拓展以及延伸

同个班级学生的学习层级及能力各不相同,毕竟学生个体间存在差异,对知识的接受、理解与运用都有着不同程度的时间差。有的学生兴许听一遍就已知晓学习内容,并能够很好地理解运用;而有的学生则需要教师重复讲几

次,甚至在遇到具体问题时还需再讲解。因此,教师根据教学目标和内容及学生之间的个体水平差异,实施分层教学,设计层次不同的学习内容和任务。微课的引入,面对不同层次的学生都是适用的,学生可根据教学视频的难易程度进行有针对性的学习,有助于语文分层教学的实施,有助于引导学生去学习和掌握语文知识,提高教学质量。

微课可用于辅助教学、翻转课堂、课外辅导等方面,微课的应用载体主要是网络,网络的发展使得微课的接受群体能够不受时间和空间的限制,知识的覆盖面更为广泛。微课的受益面也不仅仅是学生,教师之间也可通过微课在教学方法和教学理念上相互借鉴,发现自己教学过程中的不足,积极做出改变,提高教学水平。微课作为新生资源,为师生的学习提供了更为便捷的渠道,对学生进行更有效的学习、教师教学质量的提高都起着积极的作用。

(四)减轻教师重复教学并激发教师工作热情

在现实课堂教学中,常常能听到教师这样埋怨:"这都不知道是第几遍跟你们讲啦!""这个知识,我都懒得再讲了。"如此强调的知识点,可依旧有学生遗忘或者一知半解,而此时班中又有大部分学生已经知晓知识,再听老师重讲一遍,无疑是浪费时间。这种情况下,若教师将该知识点提前做成微课,只需对那些再次犯错的学生播放微课即可。如此操作,避免了教师不必要的重复性讲解,使教师能腾出更多的时间专心对学生进行个性化指导。而在制作微课的过程中,教师可潜心研究课程内容,亦可积累并丰富个人的教学资源;如此操作,学生也乐于听讲微课,毕竟一直犯错,若教师面授,难免会带有情绪,而微课是事先录制,讲解翔实、清晰,学生可多次观看学习,直至学会为止。

微课有其特有的优势,它的应用是把知识划分为多个小的模块,并从中确定重点和难点,以此为中心,制作短小精良的微视频,要求学生自主学习,从而提高教学质量,但微课在具体使用过程中也发现如下问题。

问题一:微课教学设计与信息技术推进难

教师对微课教学设计与制作工作不够重视,主要还是模仿已有微课教学设计的办法。如套用他人的微课设计模板,甚至直接照搬照抄他人微课教学资料,没有将微课教学设计与自身的教学任务、教学环境进行有机结合,这就很难保证教师微课教学设计的质量和水平。微课正因其"微",更要为自己所教的学生进行量身定制的设计,只有针对性强,才能有效服务于个人的教学活动和班级学生的学习活动,不让微课教学过于程式化和形式化。

微课在推进过程中处于两种状态。第一种状态是"一个人的单打独斗",教师制作微课需花费不少时间与精力,同年级组教师无人愿意一同加盟,于是仅有一名教师为其教学研发设计并录制微课。录一节微课不难,难的是一系列的微课,甚至是系列微课程的制作,仅凭一个人的力量,到最后教师难免会有精疲力竭、江郎才尽之感。第二种状态是"学校层面的任务驱动",原本是借团队的力量,共同来打磨富有校本特色的微课群,这着实是一件好事。可若缺乏长期规划与有效调研,在微课资源的建设上未能得到有效统一。同时,学校对教师信息化素质的培训缺乏系统性与科学性,没有将微课开发技术的培训内容系统化、长期化,导致部分教师的微课开发、设计、制作以及教学应用的能力相对弱化,这样,教师制作出的微课教学资源的质量会参差不齐。

问题二:微课制作的信息化加工程度不够

在"互联网+"时代背景下,教师微课教学应用更加广泛。必须重视对传统教学工作的创新,要将传统教学模式向微课教学模式适当转变,在信息化教学中增加微课教学比重,积极开发和发挥微课教学功能,这直接关系到学校微课教学工作的开展质量。但现实情况是,有些教师的信息化素质不高,在微课设计与制作过程中对信息技术的应用程度不够,没有实现多种技术的融合性运用,致使微课资源缺乏新颖性,对学生的吸引力相对不足。例如,有些教师的微课教学设计,经常是采用以往的PPT课件进行简单加工,或者就是一个简单而简短的视频,缺乏针对性和创新性,这很难成为真正意义上的微课教学。

学校在实际推行微课教学中,可以点带面,逐步深化。例如,每个学校都会关注学生的晨诵,某些学校还会编撰校本读本。这里可对经典古诗文进行微课制作,每名语文老师认领几篇古诗文。信息技术强的语文老师带头做一个范本,随后在校本教研中,集体培训并制作。统一的格式与要求,规范化的录制与编辑,一个学年下来就有一整套的校本晨诵微课。这样操作的成效立竿见影,教师也在这样的普及性操练中掌握设计、录制微课的要领。其后学校语文组可再做进一步的深化推进,分年级组做年级特色微课群,同时成立项目组进行个性化微课资源的建设。

问题三:学生依据微课学习效果参差不齐

小学生正处于特殊的年龄段,这个年龄段内很容易被新奇事物所吸引,基于此,微课的使用可吸引学生的注意力,让其了解知识,并在不断练习中学习知识。但在实际应用时,取得的效果却是参差不齐的。即有的家长提出,现在小学生正处于长身体阶段,如果长时间看视频,可能会影响孩子视力,同时学生容易受到诱惑,除了看视频外,会去接触游戏,甚至借着上网看微课之名悄悄做其他事。这些不足关键并不在于微课本身,而在于教师应该引导家长和学生正确而高效地使用微课进行学习。此外,有些父母因工作往往晚回家,或者家中由老一辈看顾小孩,这时布置相关微课学习,教师要关注到这些家庭的实际情况。例如不少老人不会上网,更不会从班级群中下载视频,小学生一旦觉得无法完成教师作业,这种焦虑情绪一下子会弥漫到整个家庭。如此情况,有如下几种应对措施:其一,将微课拷贝至U盘,直接分发给在家无法上网的学生;其二,将微课添加至班级微信公众号等媒介,通过推送信息的方式,直接发送至家长手机,这样就方便观看了。

微课虽是学生单方的看与学,但教师要有相应的配套练习与评价予以跟进,这样才能将所学的知识内化吸收。对学生物化的成果在随后的课堂教学中要充分利用,对其不足还要采取相应的补救措施。

二、微课在语文教学中的应用策略

(一)围绕重难疑点,选择微课内容

微课在内容的选择上,聚焦问题,主要是围绕课堂教学中的学科知识所展开(教学重点、难点、疑点),或是反映课堂上某个教学环节、教学主题的教与学活动,更适合教师和学生的需要。对于教学中的一些"疑难杂症",微课往往会

有意想不到的"功效"。

1.抓重点,通过文本对比感知写法

人教版四年级"导游词"习作教学中,如何让学生自主发现导游词写作的要领是该课的重点。这里就采用微课的方式,将单元课文《颐和园》中描写万寿山的语段改写成导游词,教师通过图片、文字制作好PPT,而后配上导游词进行解说,最终录制成一段教学微课。观看完微课之后,将导游词和原文写景的语段一并呈现给学生,让学生进行小组合作,发现两者之间的差异。

学生交流反馈到相同点:两者都写风光,导游词中要将景点的特点介绍给游客,同时要有序,颐和园采用了移步换景的方法来写,导游词也要注意顺序。不同点在于导游词会写传说故事,补充一些历史知识、传说故事,往往会起到锦上添花的作用。同时导游词会添加互动环节,来增进与游客之间的亲和度。

习作之法就在一段微课中激活了学生对导游词的直观印象,随后通过比照交流,发现习作的奥妙。微课可将知识点直白地告知学生,但那样的学习方式是"灌输",这里微课的高妙,在于开启学生的思维,随后在对比交流中,自主发现习作知识点。如此教学操作,让学生亲历过程,在思维花火的碰撞中得到的学习成果更为可贵。

2.克服难点,借助动画攻克抽象概念

我们利用已知的事物来理解新的事物,大多数的知识都是具象的。对于小学生而言,他们的知识储备是浅薄的,很多时候,一些我们认为司空见惯的知识,对小学生而言却是模糊甚至是茫然的。例如二年级要求学生开始学会默读,那么到底什么是默读?怎样默读?默读有着怎样的技巧呢?这里就借助微课,在班级读书会《大头儿子和小头爸爸》一课中,利用"围裙妈妈"这个角色,通过微课的形式来讲述"默读"这个概念。

微课旁白:"小朋友们,我是围裙妈妈。默读是一种很棒的阅读方法。默读,首先是'默',那就是不发声,用眼睛看文字,一行一行地看下去。如果你刚开始学习默读,围裙妈妈建议你可以手指点着读。今后熟练了,你就可以用眼晴一行一行地扫读,一目两三行,甚至一目十行。默读还要看着文字,用心去想象。比如你看到'春天'这个词语,你脑海里就要浮现出春暖花开的景色。这样默读,是不是很神奇呢? 最后,围裙妈妈温馨提醒一点,默读要有一定的速度,书与眼睛要保持一定的距离,注意用眼卫生。我就介绍到这儿,希望小朋友们都能喜欢上默读。"

这里还利用信息技术,将文字通过变色和去掉下画线的方式来呈现默读的速度,让学生有一种直观感知默读是不发声,有一定速度地扫读下去。这样的微课,就将抽象的概念知识,通过形象化的微课形式介绍出来,学习难点迎刃而解。

3. 释疑点,设计联系弥补学习缺漏

语文课堂学习中,并不是所有的学生都能掌握当堂课的知识内容,如何使学生能在课后方便、清楚地弥补课中的不足,对于教师来说是个严峻的现实问题,而微课恰好是解决这一类难题的得力助手。比如五年级习作教学《景阳冈》的缩写一课,课堂上老师已经将缩写的"合并、删略、改变叙述方式"三个方法告知,并牛刀小试,课后则让学生尝试进行缩写《草船借箭》。对于能力强的学生,可直接独立完成;对于后进学生而言,教师可将课堂教授的课件进行删减压缩,而后录制成微课,供有需求的学生在家再次巩固知识要点。这一类微课是对课堂教师的再现,既能满足未明白的学生再次学习,又能满足请假在家的学生及时补课。

此外,语文学习中的很多疑难点,学生往往要在课后才会觉察到。例如背诵全文,看似简单,其实很多学生对于背诵,苦于不得方法要领,只会死记硬背。这里以人教版小学语文二年级上册《植物妈妈有办法》为例,教师通过微课,将课义内容与方法相结合,采用了讲授厘清思路、圈关键词句、想象画面、化文为图,寻找规律、有序记忆等方法,这样既提升学生的背诵效率,又提高学生的记忆水平,关键让学生克服了畏难情绪,有了教师悉心的帮助与指导,这个疑难点也就不再为难。

(二)抓住微课时机,全程适恰使用

教师在设计微课时,需要明确三个方面,即"为什么用——价值取向""表达什么——内容呈现""怎样表达——实现技术"。其中的内容呈现和实现技术,需要教师具有较好的学科教学加工能力及认知心理学、信息传播学等方面的知识与信息化表达的技能,这些都将支持和影响学习者的学习效度与深度,促进有意义学习的发生。同时,微课在不同学习阶段的使用,也有其特有的要求与功效。

1.课前预学,明晰学习起点

微课视频教学可以把知识的传递放在课外,把知识的内化放在课内,但无论是课内还是课外,都突出了学生的自主学习。这种"先学后教"的三维课堂教学模式是有准备的互动与合作,使学生提出的问题更有针对性、深度和广度。

课前微课使用时,教师需设计好课前预学单,这是对学生观看微课自学的一个指引,既有利于引导学生自主学习、合作探究,又有利于教师结合预学单掌握学情,第一时间调整教学流程与内容。预学单的设计主要侧重学生观看微课之后基础知识和基本技能的摸底与自学后的学习困惑。例如在三年级习作课"未来的……"一课中,习作要求学生设计一件未来的东西。这里就先通过微课,让学生展开想象的翅膀,通过画笔绘制心中未来的发明。与此同时,微课要求学生为该物件取名字,标注各部件的功能,对其中最神奇的功能标注五角星。微课最后则是让学生在名字、原因、外形、功能四个方面中勾选觉得最难描写的地方。这节习作微课,老师让学生课前就展开想象,创绘心中未来的发明,让学生在习作课堂上有素材可依。教师能依据学生所提交的学习难点来侧重组织教学,并对学生所创绘的作品进行分类,对相同门类创作的学生可归类为同组,比如交通工具组、电子产品组、衣帽服饰组以及其他组等。这样的预学微课,既不增加学生过大的课外负担,又大大增强了课堂教学的针对性与有效性。

语文微课预学单不同于一般的课前测查,不只是为了了解学生在未正式学习之前已经对新知识知道了多少,更重要的是让教师能够知晓学生的学习起点,从而更好地以学定教。语文学科有其特殊性,并不是所有课文都适合或需要用预学微课,笔者认为,习作教学、语文综合实践活动课、复习课等课型,相对而言更富有实用价值。

2.课中运用,教授知识方法

课堂教学中使用微课,常常被人质疑与诟病,倘若教师把微课当成课堂的主宰,那么势必会将微课引入歧途。因为正常的课堂教学有一定的场景,有师生的互动、情感的交流和思想的碰撞。而浓缩的课堂微课变成教师的独角戏,时间一长,学生就会产生审美疲劳,难以引发学习兴趣。同时,微课视频是教师事前录制的,本身就是自己讲课的内容,又何须多此一举呢?还要拍摄、制作,岂不是太麻烦了?反而不如原汁原味地给学生讲一遍好。诸如此类的质疑声,教师在课中使用微课更需谨慎。笔者认为,微课在课堂教学中的运用,应该遵循"当用则用"原则,否则不仅无益,反而会成为课堂教学的累赘,分散学生的精力和注意力,导致课堂教学的低效甚至无效。具体在使用过程中,有如下两种运用形式。

第一种:集体运用微课,适合重点内容的集中讲授

微课是实施高效教学的手段,是为了简化教学设计而产生的,不能人为地加重教学的负担。集体运用微课就是全班一同观看微课,为何这里采用微课,而不直接是教师讲述呢?比如二年级上册,学生第一次接触写话练习,当学生打算落笔写话时,教师可播放一节写话格式微课。在该微课中,教师将写话的格式"开头空两格、标点符号占位、句末标点使用"等要求,通过教师两分钟的微课讲述,将这些零碎的知识点一气呵成地告知学生,随后通过追问"看了刚才的微课,你知道写话的时候,要注意哪些格式"来做进一步的巩固。诸如此类知识点零散或繁杂、需要过程动画演示、需要音画视频配合讲解的,牵涉这些内容的微课可在课堂教学中采用集中观看微课的方式进行学习。

第二种:分层运用微课,满足不同学生的学习需求

在教学中,忽略学生的认知规律和差异性,缺乏层次性设计,不利于学生的身心发展和整体学习水平的提高。教师可根据知识点的难易程度,按照梯度来进行教学,使得不同层次的学生产生一定的学习成就感,从而进一步增强

学习的自信心。微课在语文课堂上的分层使用，可以让学生根据自己的需要，选择适合自己层次的微视频进行学习，可以是基础训练，也可以是挑战难度较大的任务。同时也可以发挥学生的自主性，挑选各自喜好的内容进行学习。这样的分层操作，既能保障学生积极主动地学习，又解决了教师无法兼顾分层教学的尴尬处境。

例如人教版四年级选学课文《五彩池》，在教学过程中，学生了解了课文从"颜色、形状、成因"三个方面有序描写五彩池的方法之后，采用 iPad 微课的方式，让学生运用课文语言，自主选择"颜色、形状、成因"中的一个来表达五彩池的神奇之处。这里的微课选择主要体现了分组学习，满足学生的个性需求。在五年级《概括主要内容》微课中，则更彰显了一种分层的教学理念。学生依据个人学习能力，自主挑选入门级或专业级。两节主要内容的微课，入门级教师会讲述得更加翔实，在微课配套练习的讲解中，还会给予一定的帮扶；专业级教师则会更加放手，只讲述重要的知识点，配套练习不给予帮助。如此因材施教，更能兼顾学生差异，从而提高教学效率，弥补传统分层教学的不足。

3. 课后运用，拓展学习链接

微课的灵活性在于不局限于课堂教学中，只要有移动设备或电脑，随处都可以成为课堂。现实课堂教学的时间是恒定的，容量更是有限的，对于某些课后知识链接或者课堂上生发开来的知识点，教师无法偏离本课的教学重点，又不想让感兴趣的学生失望，这时可以利用课后补看微课的方式来弥补这种课堂遗憾。例如在教学《"凤辣子"初见林黛玉》时，通读王熙凤的外貌描写之后，学生们深深感到曹雪芹在人物外貌描写上的传神，很想深入一探外貌描写上的奥妙。可惜本课的另一个重点在于人物言语上的精妙描述。这样的情况，教师必须要有所取舍，不可能在一堂课中面面俱到。于是，可在课后给学生发送"外貌描写微课"，感兴趣的学生可回家一探究竟。再如五年级《落花生》一课，课后有一段知识链接，讲述了许地山"落华生"这个笔名的由来。笔者就设计了一堂"如何取笔名"的微课，告诉学生笔名可从"依据姓名，做足文章；诗句截取，占为己用；生活感悟，以兹勉励"等方法来取一个富有意义而不失个性的笔名。这样的知识链接，不但丰富了学生语文学习的知识面，还让语文学习更富新意,饶有趣味。

(三)自主个性学习,凸显微课优势

微课这种集讲解、练习于一身的视频学习形式能够很好地解决难题,弥补课堂教学时间局限、学生差异等不足。

1.打破时空,关注私人定制

互联网时代,信息技术发展迅速,微课作为可移动的课堂具有很开阔的发展与应用前景。作为一种新型的学习方式,它是弥补和整合教材资源的一种有效的途径,更是学生进行自主学习的有效平台。故此,语文教师在制作微课时,更需要注重微课资源的选择与应用,从而更好地为班级学生打造量身定制的微课。例如班中单元测验下来,仍有六七个学生对阅读中结合生活实际,谈谈对某句话的理解有困难。诸如这类题型的辅导,教师就可采用"私人定制"的微课教学方式。前期设计好"理解含义深刻的句子"专项微课,从答题技巧、典型错题分析、试题小练三个方面进行设计,并附以配套的相关练习。学生回家后学习订正,返校后教师再进行批阅与跟进指导。这样有针对性地指导,让学生有一种被关注感,学习成效也会大大提升。

2.帮扶学习,巩固知识体系

在单元复习、期末复习、毕业总复习阶段,既是知识技能系统化、条理化和促进灵活应用所学知识的关键时期,又是学生学科素养和解决问题能力得到巩固与提升的重要阶段。因此,在复习阶段,教师完全可以试着引入微课进行分类、专题复习,这样有利于学困生课外根据自己的实际情况反复观看微课视频,提高复习效率和学业成绩。现实教学中,老师常常会布置复习某某单元,至于具体如何复习,资优生自然有着属于自己的一套复习方法,可对于大多数学生而言,复习阶段大抵处在心有余而力不足的状态。很多家长很想帮助自家孩子复习,可惜要有针对性地帮扶,对于工作繁忙的家长谈何容易。这时,若年级组老师能分配好任务,每个教师承担几个单元的复习微课,再有几位老师负责专项复习微课,最终组成一个复习微课群,再配合相应的学习单。这样的复习举措,让学生和家长都有所依循,关键复习资料还可成为学校的校本研发材料。这样的复习方式将大有裨益。举一个简单的例子:每次复习都会要

求孩子复习字词,倘若这样机械地抄写,无疑是增加学生负担。若改成微课,教师先讲解本单元的易错字,而后报听写,学生可按暂停键,逐一听写。接着公布正确答案,学生自主订正。这样的方式可减轻家长给孩子听写的负担,同时也让学生的复习更具实效性。

3.指引路径,指导阅读有法

课外阅读是一种快速而有效的读书方法,是一种积极、活跃、创造性的理解和记忆过程,是提升学生语文素养的不二法门。现实中教师和家长都很关注学生要多读书,可却在课外阅读管理、引导上滞后,使得提高学生阅读能力、培养学生阅读兴趣的质效不高。课外阅读的导读微课,可以解决这类问题。一是有效解决了课外阅读氛围不浓的问题。一节微课、一本课外书的导读课,就是班级读书会整本书阅读的导引课,要求所有学生共读一本书。同时教师还可在微课中推荐同类书籍的阅读,让学生首先做到"读好书"。二是以微课有效解决学生缺乏课外阅读要求与指导的问题。通过教师的引导,首先激活学生阅读期待。其次整本书的概述,让学生知晓书籍的大体情况,降低阅读难度。再次相应阅读方法的告知,猜读、浏览、精读、跳读、批注、回读等方法的讲解,学生掌握阅读要领,读书就能有章可依。最后萌发共同问题,带着思考去读书,真正走进一本书。这一步让学生做到"会读书"。三是让学生通过微课来进行阅读分享。学生在通读完书籍之后,将所读之感,通过微课的方式进行交流分享。这样的操作,借用互联网,可迅捷地传送到班级每位成员中,分享点赞,让学生最后做到"好读书"。

综上所述,教师可以利用微课进行课前预学、课中解惑、课后拓展,从而改变传统的课堂教学结构,提高学生的学习兴趣与自学能力。教师也可在练习课、复习课、阅读课、习作课、综合实践课中制作专题微课,由多个微课组成一个微课群,成为专项主题微课,进而更好地帮助学生有效学习。

三、微课在语文教学中的制作要领

(一)时短精讲:微课时长短,短小精悍

微课教学本身的教学时间就是相对较短的,一般情况下,微课的时间控制

在10分钟以内。这主要源于小学生在注意力方面无法像成人一般长时间专注。如图3-1所示,最佳注意力的黄金时间在10分钟之内,倘若时间长达20分钟,微课单一的讲述容易让学生产生疲惫,同时如此大量的灌输,学生也难以短时间内将微课教学内容进行理解和吸收。

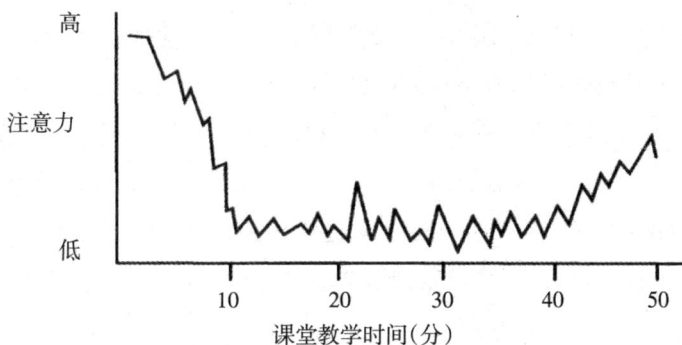

图3-1　注意力10分钟法则

　　小学语文可使用微课教学的内容是丰富的,无论是拼音识字还是语文技能讲解,甚至试卷错题评讲,都可采用微课教学的模式进行,但我们必须强调的是,无论用微课教学进行小学语文内容的何种教学,其最长时间都不应该超过10分钟,所以微课制作的第一要素就是"微"。

　　至于"课",微课是一种对常规教学内容的浓缩,或者是常规教学中某个重要知识点的深化,因此小学语文微课教学应当尽可能地突出重点内容,且进行总结式、概括式以及浓缩式的教学。《祖先的摇篮》中,"祖"字的教学,将两个部件分开讲述,左边表示祭祀,部件如同祭祀的桌案,呈现图片,让学生有着直观认知,随后提醒汉字演变后,示字旁只有一点。右边的部件是"且",出现象形字"且",该字表示祖庙,外形就像供奉祖先的牌位。因此,小学微课教学的设计必须短小精悍,应当在短短的10分钟之内将大量的知识信息进行总结和压缩,并且配合丰富的多媒体等手段来对学生进行生动形象的微课教学。

　　除此之外,微课教学课件的本身也不宜过大。一般情况下,微课教学的视频以及相关的多媒体辅助资源最多不应该超过100兆,并且其视频所采用的格式应当易于网上播放和移动端播放的格式,如MP4、WMV、RM等,从而使微课教学更加适用于网络教学和移动端教学。

(二)主题明晰:知识点明确,凸显要义

小学语文微课教学在设计时应当注重对于主题的突出,微课教学的特点就是突出主题,仅仅不到10分钟的时间,如果不能紧抓微课教学的主题,则必然会使得微课教学变得杂乱无章、收效甚微。因此在进行小学语文微课教学设计时,首先要考虑的就是如何突出主题,即一堂微课教学的主要目的是什么,要教会学生怎样的知识。只有教师对微课教学的主题进行明确,才能在最大限度上围绕着这一主题来进行相关教学设计,搜寻适恰的教学材料,浓缩相关的知识,寻求最佳教学路径,从而构成一堂具有实践意义的微课教学。

例如人教版四年级上册《呼风唤雨的世纪》的对偶句微课,依据文中"20世纪,人类登上月球,潜入深海,洞察百亿光年外的天体,探索原子核世界的奥秘"这句话,引出对偶句的知识点。在该微课中,将目标定为初步理解"洞察""奥秘"等词语,初步认识对偶句和它的作用,同时能背诵这个句子。通过图片和文字圈画讲解,感知对偶句独有的句型特点,与此同时,感知20世纪科技的日新月异。在句子理解感知之后,则通过填空方式,逐步背诵积累句子。为了让学生能够更好地去理解对偶这种特有的文学形式,还配有一星、二星、三星不同层级难度的挑战练习,可让学生依据微课讲述做进一步的巩固练习。总之,微课要有明确的主题要素,同时依据学生年龄特点,将知识点讲清楚,便于学生反复学习。

(三)解决矛盾:处理好关系,打好底色

矛盾一:要处理好"有"与"无"的矛盾

微课的制作过程中没有学生,但执教者心中不能没有学生。微课的具体教学过程和常规教学是一样的,也是教师在课堂上展示课堂教学的整个流程。教学流程中的学生活动,教师该提问就提问,该布置就布置,该指导就指导,该点拨就点拨,该评价就评价。这些"过场"都要一一呈现。教师言语采用第二人称词"你"，拉近与学生之间的距离。

微课当中，学生不在现场，执教者只是假定学生已经完成、估计学生完成的程度和结果。学生在使用的过程中，要教会学生按暂停键，不明白的地方回放看，当然，这里老师要有事先的估量，在微课讲述中温馨提醒，要做到估计恰当、点拨评价到位，执教者就要在备课时研究学生或设想教材所对应的学生群体的状况，做到"场上无学生，心中有学生"。

矛盾二：要处理好"多"与"少"的矛盾

微课时间有限，课堂教学内容的容量有限，处理好"多"与"少"的矛盾，做到恰到好处尤为重要。内容过多，未免庞杂；内容过少，未免空洞。庞杂则显重点不突出，空洞则显内容不丰厚。微课教学中，板书和思维导图的运用，总能起到提纲挈领的作用，让学生明晰微课授课的内容与过程。当然，板书太多，思维导图太复杂，既费时，又显累赘；板书太少，思维导图过于简单，虽然省时，但也许会造成表意不清，难以取得预期效果。教学内容的"多"与"少"也是一种教学取舍的智慧。

矛盾三：要处理好"快"与"慢"的矛盾

要准确把握教学的节奏，快慢适当。教学的重点和关键部分要慢、稳而准，非重点部分可以一带而过。当然，教师的语速不应太快，也无须过缓，应保持正常语速，吐字清晰，逻辑性强，简单明了，言语生动，富有感染力。

(四)整体设计：结构要完整，通盘构思

我们必须理解一个概念，就是如今随着人们生活节奏的加快，很多人都习惯碎片化的学习方式，但是这种方式对于小学生而言是极为不适用的。微课教学的最终目的不是达到碎片化教学的效果，恰恰相反，在对小学语文进行微课教学设计时一定要防止碎片化的现象。

碎片化指的是教学知识的碎片化，即学生所接受的知识不是一个整体，而仅仅是一个知识系统当中的只鳞片爪，从而使得学生没有办法进行系统化的学习而导致一知半解的尴尬局面。为了避免碎片化的出现，在小学语文微课教学设计当中就应当对知识点进行有计划的且系统的精确切割，即以一个单元或者一个主题作为一堂微课教学的范围，后者将一个单元、一个主题分割成

若干微课,最终形成微课群,从而避免学生在接受微课时出现知识碎片化的现象。

例如一年级的拼音学习,有心的老师生怕刚入学的学生在课堂上掌握得不够充分,希冀学生回家之后仍然能够通过观看微课,对拼音学习再做一进步的巩固。倘若教师仅做一节微课,那对于整个拼音学习而言,是极其不完整的。如若将拼音学习按图3-2进行划分,可以做成系列拼音微课,最终构架成一个微课群。这样系列微课的设计,便是基于整体设计、结构完整、方便学生反复学习的微课。

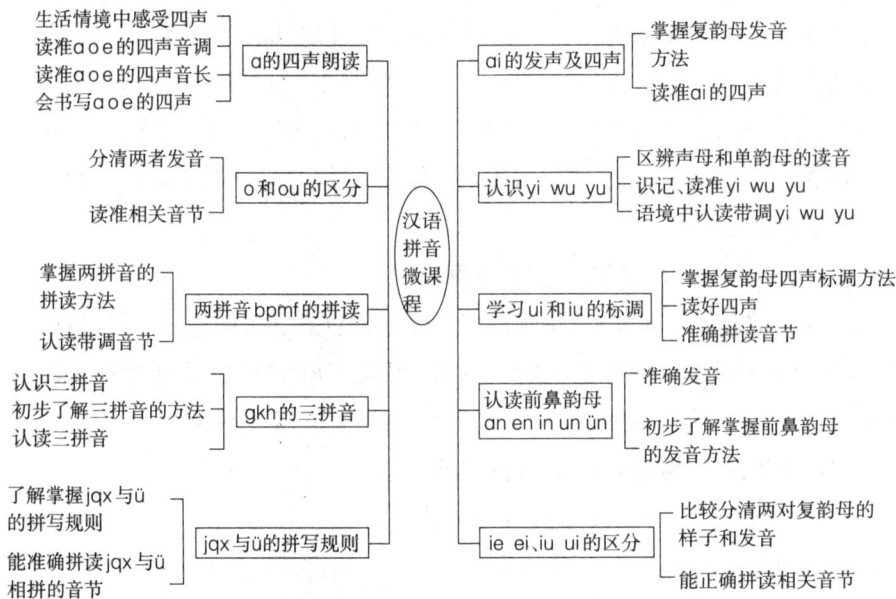

图3-2　汉语拼音微课程结构

自然,诸如上述拼音微课,仅凭借一个老师的单打独斗是不能够现实的,可利用整个语文教研组通力合作,在精心打磨之后,成为该校语文校本研究上的一个闪光点。对于教师个体而言,可整体设计整册语文书的单元习作微课,或者整册语文复习单元的微课,当然也可依据某个语文知识点做系列微课,如标点符号、修改符号的使用,主要内容的概括方法等主题微课。

（五）流程精练：明确各环节，有的放矢

微课可以说"麻雀虽小，五脏俱全"，虽是短短几分钟的一节微课，可教师在设计的过程中，也如正常教学一般，需要有一定的教学流程，同时每个环节也应符合微课的特质。具体要求如下。

要求一：切入课题要迅速干练

由于微课要求时间的短、少，更不允许在导入环节绕圈子、摆排场，必须要求迅速切入课题，所以对切入课题的方法大有必要做些文章。

切入题目的方法是灵活的，切入题目的途径是多样的，但不管采用哪种方法、哪个途径，都要求切入题目的方法、途径引人注目，力求新颖的同时，更要求与题目的关联紧凑，迅速切题是进入课题的一个必须遵循的原则，因为我们要把较多的时间分配给内容的讲授。

要求二：讲授线索要明亮醒目

尽管所有的课都要求讲授线索的清晰醒目，但在微课讲授中，更要求尽可能地只有一条线索。在这一条线索上突出重点内容，显露出来的是内容的主干，剪掉的是可有可无的举例、证明这些侧枝旁叶。为了讲授重点内容，往往需要罗列论据，那么在准备的较多的论据中进行精选，力求论据充分、准确，不会引发新的疑问。

要求三：微课收尾要迅捷干脆

一节课的小结是必不可少的，它是内容要点的归纳、指出和强调，目的使得讲授内容进一步突出。好的总结可以对讲授的内容起到提纲挈领的作用，可以加深学生对所学内容的印象，减轻学生的记忆负担；好的总结往往给一节优质微课起到画龙点睛的作用，可以使一节课上升到一个新的档次，给人一种舒坦的感觉，令人回味无穷。

在微课小结中，因为前面重点内容的讲授占用了较多的时间，此处要求采用快捷的方式进行总结，亦可抛出作业或问题，启发学生课后做进一步的思考与学习。

（六）源于文本：书本相关联，不增负担

目前，很多小学教师对于微课教学的概念理解并不透彻，其在微课教学当

中经常性地进行知识的拓展,甚至直接将微课教学当作一种小学语文知识拓展的手段,其微课教学的内容与教科书的关联性并不大,或者说这种关联性并不明显,这显然违背了微课教学的初衷。笔者认为,小学语文微课内容的选择一定要基于教科书,教师一定要牢记微课教学的目的是让学生对教科书当中的内容进行更好的理解,而不是一项单纯的拓展性教学手段。与此同时,微课在教学目标的设定上更要基于学情,基于课标要求,并以教学大纲为准绳,不随意拔高学习要求,如此这般,才能将微课用得有实效,学生不会为新事物的产生而陡增学业压力。

(七)辅助设计:设计好问题,及时反馈

一节微课一般只讲述一个教学知识点,而这个知识点是供学生自主学习时必须由教师讲述才能理解的内容,是学习的重点、难点或易错点。倘若是学生自己通过阅读教材能够理解的内容,就无须教师制作微课。正因为如此,教师在设计的时候更要让学生对某个知识点进行更加深入的理解,从中发现问题并能提出问题,从而使学生能够对微课教学内容有更加深刻的印象。微课教学绝不是单纯的平铺直叙,应当在微课教学中进行巧妙的问题设计,并留给学生一些解题线索,从而让学生发挥自身的主观能动性。与此同时,学习微课之后,教师要有进一步的跟进措施,可通过练习直接检测,更可通过活动来反馈学习成效。例如五年级"遨游汉字王国"的综合实践活动中,"字谜"微课让学生了解创作字谜的"象形法""会意法""拆合法""排除法"等几种基本方法后,让学生猜字谜,而后编字谜。课前观看,到课堂教学,则是一种学习成果的展示,学生纷纷将在家中创写的字谜与同学分享,教师则在一旁进行相机点评与跟进指导。

教学课例一

统编版四年级上册"体会现代诗的情感"

教学目标	初步学会感知现代诗歌的特点，在字词推敲、边读边想、结合背景等方法下，去体会现代诗歌所表达的情感，从而初步学会赏析现代诗，并推荐阅读北岛的《给孩子们的诗》		
环节	视频描述	旁白、对话、背景音乐	时间
1.引入	PPT：呈现四年级现代诗	诗歌，能让我们用美丽的眼睛看世界。现代诗，相信屏幕前的你并不陌生。这节微课，我们重点来体会现代诗的情感	15秒
2.学习方法，体会现代诗的情感	PPT：《繁星》(一五九)呈现"在字词推敲中体会"	这里我们来看第一首诗《繁星》。 母亲啊！天上的风雨来了，鸟儿躲到它的巢里；心中的风雨来了，我只躲到你的怀里。 在这首诗中，我们首先看这两句"鸟儿躲到它的巢里""我只躲到你的怀里"，诗人巧妙地借前一个"躲"字引出第二个"躲"字：如同鸟儿躲到鸟巢避风雨，儿女有难了，就会躲到母亲的怀里。 再看两个"风雨"，前一个"天上的风雨来了"，这里的"风雨"是指坏天气，是自然现象；而后面这个"心中的风雨"，则是心中产生的风雨，心中的风雨也许是烦恼、是困难，抑或是病痛。 "风雨"来了，鸟儿躲到它的巢里，去寻求保护。心中的风雨来了，我们可以到哪里去寻找保护呢？"我只躲到你的怀里。"从这里就能体会到，诗人对母亲的那份依恋之情。 这里我们再来看这个"只"字，为什么我只躲到你的怀里，而不去别的地方呢？ "只"强调了唯一，别无选择，从而更能突出母爱的力量。 要想体会诗歌的情感，第一个方法就是在字词推敲中体会	80秒

环节	视频描述	旁白、对话、背景音乐	时间
2.学习方法，体会现代诗的情感	PPT：呈现《繁星》（七一）"在边读边想中体会"	这里让我们看另一首《繁星（七一）》:这些事——是永不漫灭的回忆:月明的园中,藤萝的叶下,母亲的膝上。 诗中没有难以理解的字词,可我们该如何去体会诗歌的情感呢? 这里我们就要边读边想象。读着"月明的园中,藤萝的叶下,母亲的膝上",分别唤起了你怎样的感受呢? 诗人在"月明的园中",也许当年她正和家人一同赏月,一同数星星;诗人在"藤萝的叶下",也许当年她正和伙伴一起玩编花绳、玩踩影子的游戏,一起月下品尝桂花糕;诗人在"母亲的膝上",也许当年她依靠在母亲的膝盖上,聆听妈妈讲那过去的事。 这里的"月明的园中""藤萝的叶下""母亲的膝上",简短的三个短语,却给了我们三幅无限想象的画面。通过这样的想象,并结合自己的生活经验,相信你能更好地体会诗人的那份情感。 这样边读边想象,能让你感受到诗人那份对亲人、对母亲的思念之情。因此,在边读边想中体会,是体会现代诗情感的好方法	80秒
	PPT：呈现《繁星》（一三一）"在结合背景中体会"	最后一种方法:在结合背景中体会。具体我们来看这首诗: 大海啊! 哪一颗星星没有光? 哪一朵花没有香? 哪一次我的思潮里没有你波涛的清响? 读着这首诗歌,是否感到诗人很喜欢大海呢?"哪一次我的思潮里没有你波涛的清响"的意思就是说,我每一次的思潮,都有波涛的清响,从中能感觉到诗人离不开大海。 要理解这首诗,我们不仅要看诗歌本身的文字,更要结合作家的背景资料。你看: 背景材料:冰心生于海边,一生与海为伍。可以说是大海陶冶了她的性情,开阔了她的心胸。 对于当年的她而言,中国社会需要变革,人民生活需要改善,她感受到一股如大海般不可抗拒的时代力量。 如此看来,这首诗不仅表达了诗人对大海的向往,更寄托着她对于新社会的向往	80秒

环节	视频描述	旁白、对话、背景音乐	时间
2.学习方法,体会现代诗的情感	PPT:呈现三种方法	现代诗,很多时候诗人把情感隐含在文字中,犹如"情绪的珍珠",只有细细去品味关键字词,边读边想象画面,结合创作背景去理解,才能体会作家的情感,才能真正走进诗人的内心世界	15秒
3.学法迁移,体会诗歌情感	PPT:呈现诗歌《没有一艘船能像一本书》	学习了这些方法,接下来,让我们一起来读读这首诗歌	5秒
	PPT:呈现现代诗《没有一艘船能像一本书》的相关语句	我们首先来看这几句话:"没有一艘船能像一本书,也没有一匹骏马像一页跳跃着的诗行那样——把人带向远方。""没有一艘""没有一匹"说明书是独一无二的,没有一样东西能像书那样把我们带向远方	20秒
	PPT:呈现"马"和"船"的相关图片	我们再来关注"船"和"骏马",在作家眼中,书像船、像马那样,都是能带我们去远行的工具,不过书又跟它们不一样,因为书只要你静静地打开就可以,这样的比喻是不是很有意思	20秒
	PPT:呈现作家相关介绍	如果我们想再深入理解这首诗,可查阅资料:美国作家艾米莉·狄金森(Emily Dickinson)一生大部分时间在马萨诸塞州那个仅有四五百户人家的小镇度过。她与书为友,晚年时更是终日埋头在自己所喜好的书籍中。可以说,书是作家的挚友,更是灵魂的伴侣。因此,她才会写下"静静地打开一本书吧,这是何等节俭的车——承载着人的灵魂"	25秒
	PPT:呈现现代诗《没有一艘船能像一本书》	整首诗读下来,就能体会到诗人想告诉人们要多读书,要与书做朋友,因为书能带我们去远行	20秒

续表

环节	视频描述	旁白、对话、背景音乐	时间
4.推荐阅读,激发阅读兴趣	PPT:呈现现代诗作品	老师在这里推荐同学们阅读北岛的《给孩子们的诗》、金波的《让太阳长上翅膀》以及金子美铃的《向着明亮那方》。最后愿你的内心留存出一方小小的诗意天地	20秒
5.教师小结	教师全景	屏幕前的同学们,这节课我们尝试去体会现代诗情感的表达,希望你能爱上诗歌。今天的学习就到这里,同学们,再见	10秒

"体会现代诗的情感"微课相关课件、视频等资料已上传,扫描右侧二维码即可下载。提取码:5tin。

微课作文在习作教学中的运用策略

微课是现代教育技术的新产物。在传统教学中,学生是在教师的教中学;而使用微课的教学,教师要在学生的学中教。微课是基于学科教学知识点或学生学习的重点、难点、疑惑点进行选题、设计、录课,主题突出,指向明确,让学生能够花最少的时间学到关键的内容。微课以其短小精悍的特点助力高效教学。

对于作文教学而言,现如今课堂作文教学要么创设新的情境,为习作而习作;要么仅仅是习作知识的讲解,习作素材的交流,课堂习作效率低下。现实的问题或许更大,对于班额较大的集体,教学课时难免紧张,如何有效地跟进作文指导,习作教学模式的创新都摆在课堂作文教学面前。

如何解决习作教学中的诸多困惑,笔者结合微课自身的诸多优点,在本班习作教学中大胆尝试,依据课程内容,自主备课、录课,让微课在作文教学中得以发挥其独有的功效。为此,笔者就如何利用微课作文在习作教学中提升学生习作兴趣与效率,结合自身实践,总结出如下四条策略。

策略一:告知习作知识的呈现策略

常言"一课一得",其实作文教学又何尝不应该"一课一得"呢?在美国语文中,几乎每一课的写作训练中都穿插"习作技巧重点"的知识介绍。所涉及的写作技巧重点很多都属于策略性知识。比如为读者考虑的写作策略,包括措辞、必要的环境、点题等,当然也包括必要的陈述性知识,如对一些重要概念的解释,包括什么是缩写、什么是读后感、什么是记叙文等,常常一两句话带过,要言不烦。其实我们在翻转作文教学中,这些本体性的习作知识也可以通过这样简明扼要的言语告知。比如,介绍"读后感",用了一句话:

读了一本好书或一篇好文章,我们往往会产生一些感想,把这些感想写成文章,便是我们常说的读后感。

也有一部分是程序性知识,比如讲"事件的顺序"时,把知识变成了习作的操作性建议。

时间顺序可以使读者一步步地把握事件的发展。简略列出你要讲述的顺序。遵循以下建议。

◇从最先发生的事件开始,然后按时间顺序继续。

◇使用"其次""然后""最终"这样的词汇使顺序尽可能清晰。

◇避免时间顺序上的变换。

再如介绍"学会缩写"的"缩写技巧",呈现的也是"怎么做"的程序性知识。

◇合并法:合并内容相似的段落或语句。

◇删略法:删去或略写,如环境描写、次要人物的语言和行动。

◇改变叙述方式:将具体的描写变为概括的叙述。如对话。

相信这类只言片语的写作技巧性知识的点拨,言简意赅、好懂管用,并且在写作任务提出后呈现,具有很强的针对性与指导性。教师除了翻转课堂上的将习作知识点呈现之外,通过言语讲解,并恰如其分地补充解释,相信会是对学生最好的诠释。

1.学生依据自身需求有效学习

学生在家观看微视习作视频，正因为是视频，所以学生在观看视频的过程中可以暂停、倒退、重复、快进，适合人性化、个性化学习。平时课堂教学中，教师对习作知识点的讲授一次生成，视学生的掌握情况而适当补充，但学习是有差异的，课堂教学时间是有限的，对于那些想再听一遍的学生而言，这些只待下课询问才可弥补。微课视频知识点讲授就很好地解决了这类问题，学生可以不断循环播放，直至真正学习明白为止。这也就是提高了学习的绩效。习作微课的学习是人性化的学习，让学生按照自己的步骤学习，并加上教师给予学生一对一的个性化指导。

2.学生依据目标突破习作难点

每节微课习作视频在时间的总量上都确保在10分钟，这样的时间衡量不会给学生视觉驻留带来任何消极影响。也正因为如此，短短10分钟内，如何将习作微课落到实处？如何使学生通过视频有所得、有所悟？这里笔者认为，微课设计要线条明晰、目标集中，弱水三千只取一瓢，贪多求全，反倒会使教学效果打折扣。

例如在微课《摔鸡蛋》的导写课中，目标制定如下。

◇找一找，课文中描写心理活动的语句；

◇读一读，感悟这些心理描写的好处；

◇想一想，摔鸡蛋活动前与后，自己的心理活动变化；

◇写一写，尝试将心理感受在文章中体现出来；

◇改一改，对照范例，自我修改。

通过找、读、想、写、改五个步骤，依次围绕如何在文章记叙中加入心理活动描写为目标，一步步操作性建议，将指导落实到细处。

策略二：厘清文章结构的导图策略

小学入门写作主要有两大困难："写什么"与"怎么写"。基于微课习作的新模式，并结合思维导图与范例相结合的形式方法，来激发学生的习作兴趣，明晰习作思路。有人说21世纪是读图的时代，运用形象图表、视频的形式，让学生更为形象、生动地了解、接触写作知识。

案例1:四年级下册的微课习作教学《走进天子岭》。

以上采用简易而有趣的图示符号、线条来进行思维拓展和发散训练(见图3-3)。以"环保"为主题的习作,一级发散为选材方向,既可以是平时的环保活动,也可以是某一次参观活动,这里全班组织参观了天子岭垃圾填埋场;二级发散为活动内容的选择,关注重点,摒弃闲杂;三级发散为场地参观详略捕捉,选择一处,重点描摹;四级发散为如何写具体,如何写清楚,调用各种感官,注意有序。一级级地推进,使得思维不断延伸,并获得了丰富的写作对象、厘清了写作思路。思维发散的过程将抽象的思维、冰冷的逻辑巧妙地转换为具体、有趣的语言游戏,符合学生的心理特点和需求。相信给学生这样一个习作导写图,对于今后练习这样的写作有一定的指导意义,不会偏离文章的主旨并乐在其中。

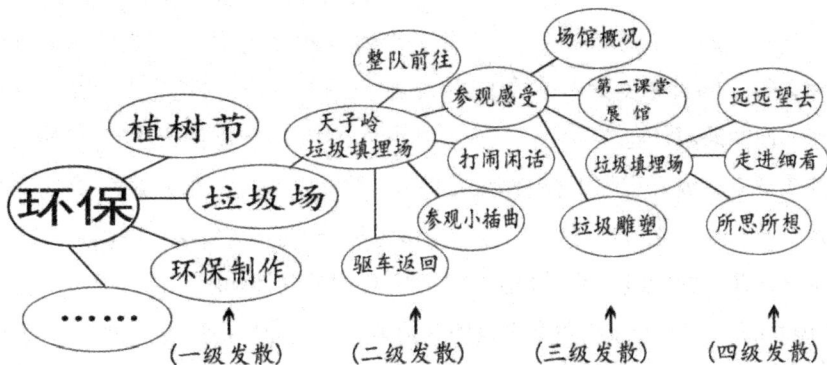

图3-3 习作微课《走进天子岭》思维导图

通过微视频,并采用形式多样的图形来呈现写作的程序性知识或策略性知识,不失为习作练习设计中的良策。此外,范例的采用既为学生提供习作的扶梯,又是鼓励学生习作的动力源泉。老师对学生写作的鼓励就好似一股清泉,让学生如饮甘醇,越发有劲头。尤其是将他们的文章作为范文使用,如同一把利剑,直接击中每个学生的内心。因为他们心里都有一个小小的梦想,期许老师采用自己的文章。微课习作中可将学生优秀作文以电子稿的形式打包呈现,学生可依据自身的喜好与时间的多少,参阅同伴的佳作。与以往相较,这种方法更为个性、自主,也大大缩短了课堂用时,拓宽了作文受褒奖的学生面。

1.微课习作促课堂教学高效

微课习作之所以能提高学习效率,是因为它人性化的学习方式。一方面让学生按照自己的步骤学习,另一方面教师给予学生一对一的个性化指导。通常为学生补课,40分钟课堂教学内容,最多只要15分钟的时间就可以完成。由于在一对一的补课中,学生学习态度特别诚恳,受环境干扰最少,注意力特别集中,因此学习的效率就大大提高。微课视频正符合"一对一效应"的特质。课堂外,学生依据习作微课视频自主学习,自定进度,整理收获,提出问题,并按要求完成练习。课堂上则展示交流,协作修改,教师巡视,一对一个性化指导。习作微课真正实现学习知识在课外,内化知识在课堂。

2.微课习作教学辅导有侧重

学生的差异是客观存在的,不以人的意志为转移,面对差异,任何整齐划一的做法都是注定要失败的。当下一个班级40多名学生,当教师一下面对这40多篇三四百字良莠不齐的作文时,要立刻进行有针对性的指导确乎不太现实。而微课习作将学习习作知识放在课外,学生可依据微课在家中完成习作,抑或当堂完成。省去了教学授课的时间,教师就有时间甄选优劣、寻找共性问题。学生在家学习微课之后,教师应该做检查,初步了解学生的学习情况。当堂习作前,教师反馈学习情况,并讲授习作中的共性问题。而后教师不妨做个"偏心的人",对于那些微课之后仍有困难的学生伸出援助之手,甚至对于在家完成习作的欠佳者可单独面批,有针对性地给予帮助辅导。

策略三:运用习作学习任务单策略

章熊说过:"把语文知识转化为教学程序,关键的一环是练习设计。练习设计是一门教学艺术,蜜成花不见,设计者丰富的理性认识往往在衍化为操作程序的过程中隐退了。它更贴近实践、体现着设计者的巧思、注意分寸,所以能诱发学生的兴趣,厚积薄发是语文教学的准则,也是练习设计的准则。"

也就是说,精妙的习作练习设计应该代替或弥补知识的直接传递与灌输。微课学习单的设计既体现教师对习作能力发展规律的认识,也体现着教师对学生的写作心理和学习规律的把握。教师设计任务单指导自主学习及制作微课,准备其他资源,学生层面则完成任务、达成目标、观看微课,并借鉴其他资源。在课堂教学中,教师检测、作业、静观、倾听、问题引导,将深度拓展、教学相长;学生则检测、作业、研讨、展示、质疑、阐释,继而内化、拓展。相信课前自主学习单的设计,能让每个孩子带着学习的任务,在与教材、与同伴、与教师、与自我等对话的过程中,形成一种活动的、合作的、反思的学习形态。最终让课堂不断焕发生命活力,生成多元智慧。

案例2:三年级下册的微课习作教学《自画像》。(请参阅附件一)

练习一:请你读读文章,并标标序号。

练习二:马小斌很粗心,第3自然段中有5个错别字,你能改出来吗？一旦错别字多,再好的文章也会大打折扣。

练习三:马小斌的外形写得好吗？若不好,你会怎么修改？

练习四:马小斌平日里很爱看书,相信从第3自然段中不难发现。那他是怎么把这个特点写清楚的呢？仔细读读,你会发现他就是举了生活中的事例来说清楚的。那么,这里我们来说说马小斌粗心这个特点。你可以假设你就是他,并结合自己的生活经历,来帮马小斌说清楚自己健忘的特点。

练习五:请依据图片及要求,想想自己有哪三个最大的特点,用关键词填写在方框里。同时,请你选择其中的一处或两处,用生活中的事例来写清楚,或者画一幅小小的插图也可以。

面对习作训练,学生往往毫无头绪,不知道重、难点在哪儿,不知道习作目标是什么,显得很盲目。以上学习任务单的设计,既有共性的习作示范,又给予学生个性化的习作支架。习作学习任务单有训练与痕迹,外加微课的讲授,对习作目标多次认知、操练和运用,加深了学生对目标的识记和再现。这样双管齐下,使习作训练事半功倍。

1.微课授课激发趣味盎然

兴趣是最好的老师。让学生写作文,先要有写作兴趣,而微课习作的授课方式以其新、微、实的特点正好为学生打开了一扇充满习作趣味的窗口。因为微课是一座桥梁,可以瞬间拉近教师与学生之间的距离;微课是用之不竭的锦囊妙计,可以向学生提供他们所需要的习作养料。微课新颖独特——对于充满好奇心的孩子而言,觉得趣味盎然。每节课中,教师都以"你"来称呼,仿佛

老师成了你的家庭教师;微课微小精简——每节课时长控制在10分钟以内,符合学生短时注意力的特质,又不让其有疲劳之感;微课实用有效——微课针对每次习作的难点而设计,从学生的习作实际出发,想学生所想,是学生习作中的好参谋。

2.微课设计须有备而来

微课若放到网络上亦可称为"慕课"——慕名而来观课学习。微课,微,即短小、言简意赅;课,即教学、授业有效。为此教师在微课习作的设计制作上,必须有备而来。其一,在教学设计上,在短短10分钟内,要提高习作教学效率,重视教学实效性,努力做到一课一重点、一课一习得。其二,在课的设计上,写好教师言语讲授的脚本,使教师的每句言语都是言之有物、言之有理的。其三,在课的制作上,也要利用普罗米修斯白板软件中的录屏功能,教师一边操作电脑课件演示文稿,一边声情并茂地配上教学脚本的讲解。最终录屏生成习作微课视频,上传到班级群共享。从以上环节来看,一节微课无疑就是一节展示给家长与学生的公开课,教师在设计制作上能不有备而来吗?

策略四:自查他评习作问题策略

语文老师最头疼的莫过于改作文了,尤其是写评语。事实上,有多少学生在用心地读老师给的习作评语呢? 大多数学生不知道为了改作文,老师们付出了多少时间和心血。能不能有其他的办法和出路呢? 于是,借助微课的问题自查他评策略,还收到了意想不到的成效。

问题自查,顾名思义就是以问题的形式来再次呈现,在内容上避免了教师作文指导课知识介绍的重复,同时又起到自测的效果,而且,问题本身就具有操作性和行动性,以问题探究代替知识的归纳总结,更有利于学生自觉主动地展开言语实践。问题他评,与前者有着异曲同工的效法,依据教师所呈现的问题,给伙伴进行评价,在评价他人的同时提升自我的习作水平。

例如,写完《绝招》这篇习作的时候,教师则可以通过翻转课堂布置一些问题练习,敦促并监测学生的习作情况。

◇写完后,自己已经读得很流畅了,应该不会有语句不通的问题,因为自己可是第一读者呀!

◇你是否尽力避免错别字了呢？

◇写完后，你觉得哪个地方写得最出色？打上一颗五角星。

◇你的文章有分段吗？有起因、经过、结果吗？

◇你的绝招是什么？你是怎么学会的，有没有写自己从不会到渐渐会的过程呢？伙伴们是怎么评价你的呢？

◇学本领，肯定少不了动作，你写了哪些动作？学本领，肯定会遇到心烦或者失败的经历，你当时心里是怎么想的？学本领，肯定有人教你，他是怎么耐心教授你的？这些方面，文章中你都写到了吗？

◇书写漂亮才吸引人，还有一个吸引读者的题目，自己的姓名也署上了。

◇以上问题中，你最大的困难在哪里？哪里最需要老师的帮助？

相信有了诸如上述这样的问题，在写作知识呈现的"变式"中，肯定会有意想不到的成效。学生有了自主修改、提升的方向与空间，教师也为学生的二次修改争取了更多的时间，能有针对性地组织课堂交流与修改。

1.微课作文为学生习作打开一片天

由于教师的角色已经从内容的呈现者转变为学习的教练，这让教师有时间审阅学生的习作，与学生交谈习作的问题，参与到习作小组，对有问题的习作进行个别指导。教师在批阅整理后，将相同问题的学生成立学习小组，进行相对有效的指导跟进。

微课作文的运用承认了学生的不同，并能真正实现分层教学，每个学生可以按自己的速度来学习。学习速度快的学生可以掌握更难的课程内容，学习速度慢的学生则可以反复学习，并寻求教师的帮助。此外，传统的课堂教学方式中，往往最受教师关注的是最好和最聪明的学生，他们在课堂上积极举手响应或提出很棒的问题。而与此同时，其他学生则是被动地听，而微课习作上，学生可以依据自我的节奏，教师的教学时间被释放，可以辅导每一位有需求的学生，而往往大部分时间又都围绕着学习有困难的学生。如此良性循环，无疑会提升学生的习作水平。

此外，课堂教学效率的大大提升，也节省了更多的教学时间，拓宽了更广的教学空间。本班实践习作微课授课后，教师的批阅越发轻松，学生习作质量有所提升;各种相关习作的比赛斩获佳绩;教师还有时间指导学生编写班级《采撷》作文集,并将优秀作文以小组合作的形式绘制成展板,进行年级组的交流呈现。微课习作激发了学生习作的兴趣,提高了学生习作的效率,更为学生开辟了习作学习的一片自由天地。

2.微课作文促家校互动紧相连

微课作文改变教师与家长交流的内容。每每与家长沟通交流时,常讨论学生在课堂上的表现,例如安静听讲,行为恭敬,举手回答问题,不打扰其他同学。这些看起来是学习好的特征,我们回答起来却很纠结。因为在翻转课堂后,在课堂上这些问题也不再是重要的问题。而问题归结于学生是否在学习?如果他们不学习,我们能做些什么来帮助他们学习呢?这个更深刻的问题会带领家长与老师商量:如何把学生带到一个环境中,帮助他们成为更好的学习者。

微课作文也拉近了家校之间的距离。以往很多学生回家习作不知如何落笔,家长也无处着手指导,有了微课作文这座桥梁,学生能依据微课,家长也能依照微课进行相机辅导。家长从微课中明晰自己孩子身上的不足,同时也能成为教师教学的同盟军,还能更加理解教师习作教学中的困难。

特级教师管建刚说,写作文第一要紧的,是那颗跳动的"写作的心";作文教学第一要紧的,是帮助学生寻找到这颗心,让这颗心永远鲜活地跳动、跳动、跳动。笔者希望通过微课作文的教学,能让这颗心还是一颗快乐的写作之心,有了乐便有了趣,趣生乐,乐生趣,学生还会害怕习作吗?

附件一

他的自画像

看到镜子里那个人了吗?他叫马小斌,今年10岁,在×××小学就读三年级。

他的个子不高不矮,身材不胖不瘦,戴着一副眼镜,一张大大的嘴巴,就这样一个文文弱弱的男生。

　　他最喜欢看书了。看书即能增长知识，又能丰富内含。他一有空就看书，每天必须看一个小时的书，不然的话睡觉都不踏实。他最喜欢看小说类的书。有一回爸妈都不在家，他抓起一本书就看。作业也不写，值到晚上8点多，爸妈回家后把他"K"了一顿，他才开始写作业。有时候，他在图书馆一待就是一整天，甚至连中饭都顾不上吃。他的眼睛也因长时间用不正确的姿势读书累成轻度近视眼。书，是人类进步的价梯，文明的原泉。

　　不过他也有很多的缺点，比如说，干事情不专注，一件事情没干好就想干另一件事情，总是投机取巧。还有他很粗心，错别字满天飞，但是，他会改正的。

　　我想你们已经猜到"他"是谁了，"他"就是我，我就是马小斌。

练习题

　　1.火眼金睛找错字。

　　第3自然段中有5个错别字，请你认真阅读，仔细寻找，并把错字找出并改正。

　　(　　　)——(　　　)　　(　　　)——(　　　)　　(　　　)——(　　　)

　　(　　　)——(　　　)　　(　　　)——(　　　)

　　2.我给小马画张像。

　　_____

　　_____

　　3.说说小马是个"马大哈"。

　　请写出自己最大的三个特点并选择其中一个或两个,用事例来说明一下,当然你愿意画画也可以(见图3-4)。

我的自画像

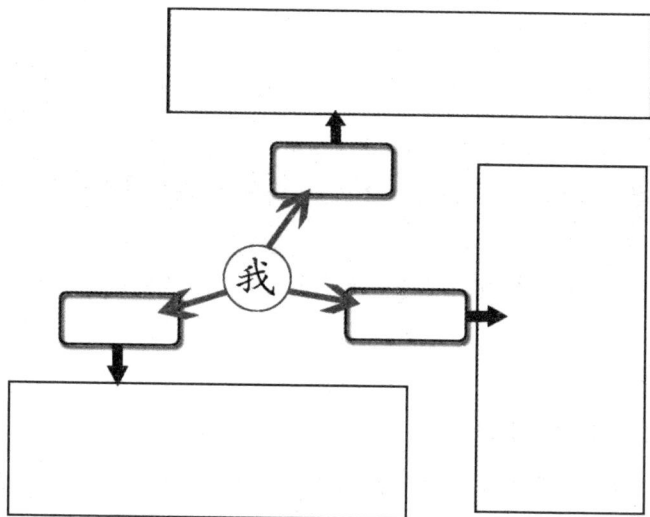

图3-4　《我的自画像》写话单

教学课例二

人教版四年级上册"导游词"教学设计与评析

【设计简说】

　　"学写导游词"是小学四年级语文上册第五单元安排的习作内容。本组教材的主题是"我国的世界遗产",学写介绍我国世界遗产的导游词对于四年级学生来讲难度较大。这就要求我们在习作前做大量的"储备"工作。课前应布置学生多方查找,收集有关世界遗产的资料。习作要求先确定自己要介绍哪一处世界遗产,然后选取最有特色的内容向大家介绍。可以讲景点风光,也可以讲与景点有关的故事、传说,还要提示参观游览的注意事项。在提高学生习作能力的同时,尽可能多地培养学生了解我国世界遗产的兴趣,激发学生的民族自豪感,培养自觉保护文物古迹和风景名胜的意识与习惯。

四年级的学生在写景主题文章的学习上已有一定的学习积累,尤其是基于《长城》《颐和园》《秦兵马俑》三篇课文的学习,对写景文章移步换景的方法有一定的习得。再者,作为杭州的学生,就生活在世界遗产——西湖这个人间天堂之地,因此本课教学旨在引领学生运用自己收集整理的桂林一处景点的资料,从景点风光或景点知识或与景点有关的故事、传说写导游词。

在教学中,基于学生的生活实践,推荐景点,收集资料,运用探究性学习策略进行小组学习,了解导游词的特点,并且充分体现学生的自主和课堂的开放,设计分层习作内容,提供习作评价清单,让学生自由表达、自主评价、快乐分享。教学目标在教学过程中分步达成,目标具有统一性、延续性和纵深性。

【教学目标】

(1)依托阅读教材文本和导游词范本.通过小组探究,明确导游词的写作方法与内容。

(2)借助iPad电子资料书、习作小贴士为西湖十景之一创写导游词。

(3)参照习作自我修改评价单,自主评改,同伴赏析;学习翻转课堂,回家进行导游词演说。

【教学环节】

根据学情和教材特点主要安排四个教学板块(其中第四板块是机动板块):①聊文化遗产,感世界之美;②探讨词内容,寻习作之法;③学写西湖景,借力自主评;④练说导游词,选十佳导游。具体教学过程详见下文的第二部分。

【教学过程与评析】

板块一:聊文化遗产,感世界之美

每每假期的时候,爸爸妈妈总会带着我们外出旅行,去感受祖国大好河山

的美景,这不仅能增长我们的见识,还能愉悦我们的心情。那么,同学们都欣赏过哪些风景名胜呢?

同学们到过的地方可真不少,相信旅行中的所见所闻终将变成你脑海中美好的记忆。

其实我们所学的课文中,很多名家笔下也对名胜古迹进行了描写,让我们从文字中感受了祖国山川名胜的美景。下面这些插图你们认识吗?能说出是什么地方吗?(游戏、看插图、猜地名)

[评析] 调用原本所学的课本知识与生活经历,激发出学生对祖国山水的喜爱之情。兴趣是最好的老师,让学生怀着满心的欣喜之情步入习作学习,亦是一件愉悦的事情。

板块二:探讨词内容,寻习作之法

最后一个景点是哪里呢?哦!原来是我们刚学习过的课文《颐和园》里的万寿山。老师这里有一段介绍万寿山的视频,让我们一同去欣赏吧。

(播放微课)

听了刚才导游的介绍,最吸引你的是什么?美丽的风景肯定吸引了大家的眼球,不知刚才的解说词有没有吸引你的耳朵呢?

同学们,你们发现没有,刚才的导游词是老师参照《颐和园》第4自然段内容而改编的。所以平时我们习作时不仅要善于观察,还要善于倾听哦!请四人小组拿出课堂学习单,看看导游词和写景的文章什么相同点与不同点,把你认为重要的地方勾画出来,并在旁边写上你的感受。

【导游词】 请游客们跟上我的脚步,我们马上就要登上万寿山的山顶啦!大家真棒,一个都没掉队。瞧!山下一大片金碧辉煌、巧夺天工的建筑物就是刚才游览的皇家园林。饱览了建筑物的美景,再转过头来看,波光粼粼的昆明湖像不像一块碧玉呀?再看那边蜿蜒的十七孔桥像不像一条飞龙横卧在水面上?这里你们可能有所不知,万寿山是清朝乾隆皇帝为庆祝皇太后六十寿辰而更名新建的。后来清朝末年,慈禧太后为了享乐,挪用了建设海军的几百万两白银重新修建颐和园,这才有了如今的景致。好,那么接下来请大家四处走走看看,我们半个小时后再在这里集合。

【原文】　登上万寿山,站在佛香阁的前面向下望,颐和园的景色大半收在眼底。葱郁的树丛,掩映着黄的绿的琉璃瓦屋顶和朱红的宫墙。正前面,昆明湖静得像一面镜子,绿得像一块碧玉。游船、画舫在湖面慢慢地滑过,几乎不留一点儿痕迹。向东远眺,隐隐约约可以望见几座古老的城楼和城里的白塔。

交流反馈:

导游词注重互动,写风光景色,写传说故事,相关知识。

教师:同学们真能干,通过比较,与同伴共同寻找,找到了导游词写法上的特点。这里,语文书的编者也向我们提出了要求。

【相同点】

写风光:导游词很重要的一个要素就是写景色,将景点的特点介绍给大家。谁来画一画,这段导游词中哪里写景了?

有序:颐和园采用了移步换景的方法来写,我们的导游词也要注意顺序。站在万寿山上俯视颐和园,到不同的景点要交代所在的位置。

【不同点】

写传说故事,补充一些历史知识、传说故事,往往会起到锦上添花的作用。

注意事项:文明有礼,导游是服务性工作,也是城市的形象名片,所以要心中装着游客。

互动:文中哪里有互动?找一找。你还能想到哪些互动?互动有什么好处呢?

[评析]　此环节的设计,意在让学生采用自主探究的方式,将导游词和原本写景文两者进行对照。通过充分的小组讨论与探究,学生自主构建起导游词写作的要义,尊重了学生的学习规律,给予学生充分的学习空间,而非单一的告知方式。与传统的教师讲授写作方法,一句一句的内容分析有着截然不同,学习方式发生了转变。学生合作是基于学生个体思考后的多元思维碰撞的学习方式,利用图示将思维显性化,对文章内容及表达方法又进行了一次建构,这也是课堂中学习思维品质和能力培养的途径,更是一次充分展开的符合学生学习规律的语言文字实践运用。

在这个环节中,也适恰地运用微课的形式,通过一段简短的导游词视频,让学生身临其境地感知导游词在讲述过程中,景色与典故融合,导游与游客的互动,在无痕的观看之中逐渐感知导游词的习作方法。微课也在这节课中充分发挥了它简短、高效的特性,让学习方法以合适的媒体为载体,起到事半功倍的效果。

板块三:学写西湖景,借力自主评

看大家所想的,似乎和我们的编者想到一块儿去了。

编者要求我们写介绍我国世界遗产的导游词,并确定自己要介绍哪一处世界遗产。

而在这些历史遗产中,我们最为熟悉的非属西湖不可啦。前期的调查中我们全班都游览过西湖,而且对"十景"也都有一定的了解。这里,我还要告诉大家一个数字:1285万,2016年国庆黄金周西湖接待游客的人数。可见西湖美景得到了祖国甚至世界人民的认可,它是我们杭州人的骄傲,作为杭州的一员,我们有责任把西湖美景进行宣传,让西湖走向世界。下面同学们就在"西湖十景"中选择一处来写一则导游词。

预设:你会怎么写,写什么呢? 景色不能忘记。注意用上优美的语句,还要有一定的顺序。有余力的还可以加上传说。这里可以借用我们的iPad电子书,里面给大家准备了5个传说故事,还有照片。当然你也可以利用自己的预习单。只是我们时间紧张,要不要把故事再抄一遍啊? 这里有个小妙招,可以用插入符号来标明。

看来,不少同学已经跃跃欲试啦,那么我们利用10分钟时间,共同来创写我们四(1)班的"西湖十景"导游词。抓紧时间赶快动笔吧。

温馨提醒:

1.请参阅电子书《西湖十景》,其中有前三名景点的相关介绍、图片、诗句、传说,你可以作为一个参考。当然你也可以借用自己课前所收集的资料进行练笔。

2.写作纸的下方有习作小贴土,写之前可以先看看,打开一点思路。

教师选择1～2名学生进行讲评。

好,写完的同学,请你从信封里拿出黄色的修改评价表,依据表格上的每一条逐一对自己的习作进行评价与修改。

(1)我至少把所写的文章通读了一遍。 是( ) 否( )

(2)我写的导游词是光写风光的( ),或写传说故事的( ),还是既写风光又写传说故事的( )。

(3)导游词中有没有与游客互动?( ) 有( )次互动。

(4)哪里的介绍最吸引人?用"～～～～～"画出来

(5)所介绍地方的特点,你有没有写清楚?

好,那接下来请你自己参照这张评价表,自我修改一下。

同桌也可以交换欣赏一下,我们评价表的反面就是伙伴评价表,你也可以对照着评一评。

(1)我觉得他写的导游词是光写风光的( ),或写传说故事的( ),还是既写风光又写传说故事的( )。

(2)朋友所写的导游词中有没有与游客互动?( )

(3)哪里的介绍最吸引你?他写的景点写清楚了吗?你可以给他打几颗星。

★ ( ) ★★ ( ) ★★★ ( )

你可以夸夸他,也可以给朋友提点好建议。

[评析] 首先基于学生的预学单,从最喜欢的"西湖十景"入手,让学生有东西可写,知素材而后关注写法。通过前者的讨论之后,逐步给学生在写的过程中搭建扶手。扶手一:iPad电子书的运用,如果学生对"十景"有遗忘或者资料缺失,就请学生自主打开电子书,查阅教师所设计的电子课本,便于学生有素材可依。扶手二:习作小贴士,万事开头难,文章起头如何开,也是困扰学生的地方。习作纸的下方就给孩子提供三个不同的开头方式,让学生有弹性地选择。扶手三:让优生领路,让那些已经有想法的学生先述说写法,伙伴的力量能激发起同伴的学习欲望。教师想学生所想,从学生的角度出发去设计"扶手",无疑就是彰显以生为本的教育理念。

板块四:练说导游词,选十佳导游

导游词的关键还在于能够声情并茂地介绍给大家听,那么下节课的时候,我们就要请同学们来争当"星级导游员"。

评价标准:声音响亮;面带微笑;文明有礼;内容有趣;风趣幽默。

具体如何说好呢? 这里老师有个微课——导游词的练说,请你回家从班级群里下载收看并进行演说,看看哪些同学最终会被大家推选为我们班的"十佳导游"称号。

[评析] 通过习作自主评价单及习作伙伴评价单,这两张评价量表让学生有所依循地进行二次习作修改。通过两张评价单,学生在交流的过程中,借着评价单有话可循。这便是学法的无痕渗透,让学生关注自己的习作,让习作通过自我、他人的提点再深入,继而提高习作的能力。

课的容量是恒定的,如何拓宽课的延展度,微课无疑又是一个全新的媒介领域。最后让学生练说导游词,课堂上已经无多余的时空可以让孩子进行,如何再指导呢? 微课,老师课前录制的微课,让学生带着作业,回家依据微课的提示进行学习与练说。

【课例综述】

新课标指出,学生是学习的主体,教师的教学要始终做到以学生为中心。而要做到以学生为中心,单单依靠传统的多媒体软件、PPT 或者 AUTHOR-WARE 是根本没有办法实现的。因为,传统的多媒体软件大都是教师预先设计的,预设成分过多,基本上无法应对课堂上学生生成的资源。如果对多媒体软件应用不当,课堂教学还会出现以教师为中心的"满堂灌"现象。但是,交互式电子白板具有可随时在白板上书写、修改、勾画等功能,对于学习过程中所出现的问题可直接导入教学课件中去,使课堂成为思维火花、灵感律动的摇篮。并且,对于课堂中的突发事件,教师还能保存在课件中供课后参考。比如在本课中,导游词和写景文的比较中,学生的随机呈现、圈画批注都是依据学生的实时生成而教学推进,依据学生的学习情况而生发,真正以学定教、顺学而导。

更为重要的是它能改变传统多媒体应用过程中黑板与投影相分离的现状,大大降低了学生注意力分散的概率。而今,教师站在白板边任意拖曳、旋转、书写、勾画、播放等,增强了教学的趣味性、直观性、即时性、互动性。并且在此过程中,教师还可以利用肢体动作、面部表情、眼神等与学生直接交流,有助于吸引学生注意力,以及师生间的情感互动。

本课中最大的亮点则是微课的运用,延展了学习的空间,转变了学习的方式。学生可以利用课后的时间,回家观看微课视频来进行导游词的练说,大大提高了学习的效率与针对性,这是传统教学所无法达到的。此外,课堂中iPad电子课本的运用,"西湖十景"资料书的运用,大大丰富了学生的学习资源,助力于学生的课堂学习。可以说电子白板、多媒体的综合运用能够有效地拓宽学生学习渠道、改进学习方式、提高教学效果,更培养了学生的学习兴趣,有效地激发了学生的思维,使他们真正成为学习的主人,体验语文学习的快乐与成就感。因此,我们在日常教学过程中一定要充分借助多媒体信息技术的力量,让课堂教学在变革中发挥更强大的功效。

"导游词"相关课件、微课、练习等资料已上传,可通过扫描右边二维码下载。提取码:1a7u。

教学课例三

统编版二年级下册《大头儿子和小头爸爸》教学设计

【教学目标】

1.唤醒阅读书籍的经验,借助拼音阅读文字书,并采用微课学习默读法。

2.学看目录,猜读题目知大意,借用交互式电子白板技术激发阅读期待。

3.通过不发声、用眼读、用心想的方法读明白故事,并借助Hi-teach投票器感知故事,分享精彩情节。

【教学过程】

课前猜图,唤醒阅读经验

1.小朋友们,今天我们一起走进故事屋,先猜猜这些故事是否听过?

(根据封面猜《爱心树》;根据扉页猜《有个性的羊》;根据故事情节猜《我爸爸》)

2.课堂小调查:用举手的高度表达喜欢读故事的程度。

一、回看封面,学看目录,初识文字书籍

1.借用图片,揭示主人公。

(1)你看过《大头儿子和小头爸爸》的动画片吗?

点拨:动画片已经出版500多集,是国产动画片中的佼佼者。

(2)那你看过《大头儿子和小头爸爸》的文字书吗?(举手表决)

提示:采访看文字书的孩子,为什么选择看故事书呢?

点拨:故事书可以慢慢地看;故事书可以展开自己的想象去看;喜欢的故事可以反复读;等等。

2.书籍呈现,推荐故事书。

老师推荐《大头儿子和小头爸爸》系列故事书,全套有5本,今天我们一同来看其中的《星星灯　月亮灯》。

3.细看封面,提取信息。

一拿到书,首先看到的就是封面,从封面上,你知道了哪些信息?(学生交流)

点拨:利用交互电子白板中的放大镜,关注图片和文字信息,并回忆二年级上册已经学看过《没头脑和不高兴》的封面知识。

4.学看目录,了解故事大概。

(1)一看目录,你在哪里见过?(链接儿童阅读的经验)

(2)二看目录,大概有什么作用?

提示:页码,方便查找;题目,可以了解大概讲的内容;数量,知晓书的容量。

(3)三看目录,你最想看哪个故事?(用电子白板笔依据学生回答,相应地做好记号)

点拨:看来取一个好题目多么重要,一下子就能吸引读者的眼睛。

(板书:看目录 猜故事)

二、回想默读,学习默读,分层指导落实

1.读读故事题目,质疑问题。

(1)齐读题目"买回家来的小狗"。

(2)读着题目,有什么疑惑。(用电子白板,标注"?")

(3)梳理问题,告知读法。

点拨:这些小小的"?",在阅读过程中,就是我们一个个最感兴趣的地方,用心读,你会把这些"?"读成"!"。

2.回想默读方法,回忆旧知。

(1)如此长的故事,我们该怎么读?

(2)什么是默读?

(3)我们学过默读,呈现统编版教材《风娃娃》《纸船和风筝》的课后学习提示。

点拨:两篇文章告诉我们,默读就是试着不发出声音地读,遇到不认识的字先猜一猜,再和同学交流。

3.借用默读微课,再学默读。

今天,我们还邀请"围裙妈妈"给小朋友们送上默读的方法,请大家仔细听。(播放微课)

4.共同默读一段,牛刀小试

(1)看明白了吗? 那我们先来默读一小段。(借用电子白板的录屏功能,将PPT中默读小测做成动画的形式,文字一行行地呈现,让默读速度可显性化地呈现)

（2）默读速度小调查,看完这段话的,请点点头;能跟上刚才文字呈现速度的,请举手;能超过刚才文字呈现速度的,请起立。（关注学生默读要有一定的速度）

（3）课堂小测验,关注默读有质量。

题目:买回家来的小狗分别是什么颜色?

A.一只白,一只黄,一只棕

B.一只白,一只黄,一只黑

C.一只黄,一只棕,一只黑

提示:用Hi-teach投票器直接选择答案B,并依据投票结果,再次呈现该段落,看来默读不仅要用眼睛看,还要用心去感受。

（板书:学默读,不出声,用心去想象）

三、回敲默读,分步交流,感受阅读快乐

1.独立默读前半个故事,大屏幕呈现计时器。（默读第1~5页）

2.教师依据学生速度,依次分发"阅读对话单"。（查看附件一）

3.点评默读情况,并关注默读质量,投票器答题。

题目一:大头儿子一把将小头爸爸的帽子拽掉,这是为什么呢?

A.大头儿子想跟爸爸开个玩笑

B.大头儿子想把帽子送给小狗

C.大头儿子想方法让爸爸买狗

提示:用Hi-teach投票器选择答案,并依据投票结果,说说各自理由。

相机点拨:依据学生回答,相应呈现故事中的文字,大头儿子怕小狗冷,想让爸爸也感觉到冷。追问大头儿子这个方法怎么样? 你是否喜欢大头儿子?

4.再次默读余下故事,分层分配任务。

层次一:未读完的孩子,继续默读。

层次二:刚默读完的孩子,完成"阅读对话单"。

层次三:默读完的孩子,可到教室前后方,那里设置有"聊书吧",找到话题和伙伴聊聊书。教室前方为"大头儿子聊书吧",后方为"小头爸爸聊书吧"。

聊书吧的宣传单上贴着老师事先预设好的聊天话题。例如,你喜欢大头儿子吗? 你跟小伙伴说说喜欢的理由;你给小头爸爸几颗星,说说你推荐的理由等。

5.再次交流大头儿子,丰满人物形象。

通过再一次默读,你觉得大头儿子怎样? 你觉得哪里特别有意思?

点拨:关注故事中的有趣情节,留下大头儿子"善良、聪明、可爱"的形象。

6.聚焦小头爸爸,评析好爸爸形象。

如果你就是小头爸爸的儿子,你会给小头爸爸评几星级的好爸爸?(   )

A.一星好爸爸   B.二星好爸爸   C.三星好爸爸

D.四星好爸爸   E.五星好爸爸

点拨:小头爸爸很善良、有爱心:把小狗买回家;小头爸爸善解人意,有一颗童心:帮助大头儿子隐瞒养狗的事等。借用"故事屋"中的糖果,奖励敢于表达的小朋友,读书能读出不同的美好滋味。

(板书:快乐分享,故事有味)

四、照应目录,唱响歌曲,再激阅读期待

1.今天我们读了其中一个故事,我们再看题目,刚才的问题是不是已经都解决了?

提示:默读文章,我们在不知不觉中就能将初始问题解决,如果还有问题,就可以再读读相关的段落,或者和朋友交流分享。

2.再看目录,再激阅读期待。

提示:目录上那些记号都是小朋友们刚才特别期待的故事,回家可自由选择地读喜欢的故事。想继续读的程度用你举手的高度来表达。

3.共同唱响《大头儿子和小头爸爸》的主题曲。结课。

【教学反思】

从"教过"到"学会"

——以统编版二年级下册"快乐读书吧"为例

在阅读教学中,教师只关注教,忽视学生学;只关心自己的教学预设有没有完成,不顾学生学的结果如何的现象还普遍存在,教学活动往往高耗而低效。"教过"表现的是以教师的"教"为主的课堂,关注教师自己的教路;而"学会",教师关注的是学生,是学生的起点,即学情,关注的是课堂生成的资源,这样的课或许总有磕绊,但这才是真实的课堂,是反映学生实际水平、体现学生学习过程与成长的课。

笔者有幸承担了统编版语文二年级下册教材研训的教学研讨任务,教学统编版语文二年级下册的"快乐读书吧",推荐学生阅读《大头儿子和小头爸爸》系列故事书。为了能更好地突出研究主题"关注语文要素,用好统编教材",就需要进一步关注语文教学的要义。在充分利用好统编教材的前提之下,如何抵达教学的峰顶?这沿途的路径,几次试教下来,个人的关注点更加聚焦在从"教为中心"到"学为中心"的转变,认为教师应该从自己的"教过"走向学生的"学会"。下面就以该课例简要谈谈个人的一些实践与思考。

一、教师要找准学生学习新知的疑难点

我们常说,"授人以鱼不如授人以渔"。"教会学生学习"已经成为当今世界流行的口号。陶行知先生有一个精辟的比喻:"接知如接枝。"他说:"我们要以自己的经验做根,以这经验所发生的知识做枝,然后别人的知识方才可以接得上去,别人的知识方才成为我们知识的一个有机部分。"任何有效的教学都始于对学生已有经验的充分挖掘和利用。

在第一次试教时,笔者就关注教师的"教",直奔阅读内容的教学,而忽视了学生的起点,二年级学生对整本书的认识以及这堂课最终的教学目标是什么?基于二年级上下两册的教学目标,不难发现二年级上《没头脑和不高兴》这本书侧重于学会看封面,利用插图去揣测、推想故事内容;二年级下册的"快

乐读书吧"则是关注目录的学习以及初步学会默读的方法。教学不是教师的一厢情愿,而是需要在换位思考下的"两情相悦"。

找准目标如此,学习新知的疑难点也是如此。默读对于二年级下半学期的学生而言是不陌生的,因为在二年级上册的《雪娃娃》和《纸船与风筝》课后练习中有要求,尝试不发声地读文章,不认识的生字可用猜读的方法。这两篇文章对默读法已有所涉猎,可仅靠两篇文章的教学,学生对知识的掌握还是不足的。为此基于学情,要提高学生默读的能力,需要为学生提供方法的帮助,搭建"学会"的支架。笔者就借用微课的形式,通过借用"围裙妈妈"这个人物角色,讲述默读的要领,不发出声音,用眼睛看文字,一行一行地看下去。默读还要看着文字,用心去想象等。正是借用这样贴近学生实际,也是学生所急需的支架,为学生学会默读法提供了强大的支撑。让学生借助于这些搭建的支架,内化方法,从而逐步形成学习的能力。

二、教师要落实学生能力形成的生长点

没有一个人是在沙滩上或者沙发上学会游泳技巧才下水的。要想学会游泳,必须亲自下水尝试练习,也就是要在水中方能学会游泳。学生的学习亦是如此。与此同时,任何能力的形成也并非一蹴而就,而是需要落实一个学习过程。一般情况下,学生学习一项新的语文知识,需要经历"认识—实践—总结"这样一个完整的认知过程。追求"学会",学生必须要经历亲身实践的过程,通过实践,起到自我感悟、内化的作用。《义务教育语文课程标准(2011年版)》在"课程基本理念"中提出:"语文课程是实践性课程,应着重培养学生的语文实践能力,而培养这种能力的主要途径也应是语文实践。"

在《大头儿子和小头爸爸》课例中,如何让学生真正学会默读法?笔者基于学生原有的知识基础,而后借用围裙妈妈的微课予以讲述,让学生对默读有一个概念化的认识。在这个阶段之后,不是让学生立马整篇文章的默读实践,而是通过"默读小试"的方式,让学生跟随屏幕上文字的呈现,共同默读一小段。这个环节既关注到了学生群体是否理解默读的要领,又高效地现场实践一番。紧接着则是通过评价的方式,再次反观默读。追问学生用眼睛看的时候,是否跟上屏幕上文字出现的速度,关注默读要有一定的速度;阅读小测一题:大头儿子买回家的三只小狗分别是什么颜色的? 通过答题器提交答案,在交流反馈中,再次回敲总结默读不仅要有速度,还要有一定的质量,要用心去默读。这样"认识—实践—总结"的流程,让学生依循认知规律,逐步学会默读法。

教师在解读2011年版新课标的时候,也许更多地把目光聚焦在"语言文字的运用"上,而忽略"学习"二字。"学习"二字看似毫不起眼,实则寓意深厚。冠以"学习"二字,自然强调学生才是学习语言的主体,"学"才是"教"的逻辑起点。对于低年段整本书的阅读,自然不是平日阅读教学那般关注听说读写,可在学理上却是殊途同归的。笔者在第一次设计时,将目录放在最后教学,仅仅让学生看看今天所读的故事在第几个,讲述目录的作用是什么,还想读哪个。这样一来,无疑就是教师的"教路",一则没有关注学生才是学习主体,二则没有积极调动学生学习的主动性。随后一稿中,在学看封面之后,学看目录。笔者设计了如下三个环节:一看目录,你在哪里见过? 链接儿童阅读的经验。二看目录,大概有什么作用? 提示:页码,方便查找;题目,可以了解大概讲的内容;数量,知晓书的容量。三看目录,你最想看哪个故事? 激发学生阅读的期待。这三个环节的创设,与前者相比,后者更能让学生主动参与,更能激发学生主动参与学习,从对目录的第一印象逐步生长出对目录的第二、第三印象。能力的形成不是教师的一味告知,而是教师巧妙实施任务驱动,激发起学生实践探究的欲望,在充分浸润的学习过程中,方能真正"学会",从而在学习能力上有新的生长点。

教师就应该严格按照上述认知规律来设计学习情境,提供丰富的听说读写的语言实践活动,让学生真读、真思、真议、真练,从体验到实践再达到迁移,变学习经验的积累为实实在在的学习技能。

三、教师要夯实学生内化知识的巩固点

新课程标准明确指出:语文课程是一门学习语言文字运用的综合性、实践性课程。在从"教过"到"学会"的过程中,适度进行运用至关重要。通过运用检验学生"学会"的程度,学生在运用中进一步形成"学会"的能力,提升语文综合素养。

　　在教学《大头儿子和小头爸爸》的过程中，为了让学生学会默读法，除了前面的"默读微课"与"默读小试"外，紧接着便是2145个字的默读实践。为了能够更好地内化默读法，将整个故事一分为二，先共同默读前5页，用计时器显示时间，先读完的学生可以完成教师所提供的"阅读对话单"，完成相应的题目。这张"阅读对话单"，无疑是通过问题的设计："大头儿子一把将小头爸爸的帽子拽掉，这是为什么呢？""如果你就是小头爸爸的儿子，你会给小头爸爸评上几星级的好爸爸？写出推荐理由。"来检测学生默读的质量，让学生在默读时关注相应的文字与细节，而不是草草扫过；与此同时，通过计时器的计时功能，则是提醒学生默读要有一定的速度。前5分钟的默读之后便是交流分享，侧重于大头儿子的人物形象，交流"阅读对话单"的第一题，而后带着阅读的期待继续默读。接着则采用分层的方式指导默读。

　　层次一：未读完的孩子，继续默读实践。

　　层次二：刚默读完的孩子，完成"阅读对话单"。

　　层次三：默读完的孩子，可到教室前后方所设置的"聊书吧"，找到话题和伙伴聊聊书。"聊书吧"的宣传单上，贴着老师事先预设好的聊天话题。例如，你喜欢大头儿子吗？你跟小伙伴说说喜欢的理由；你给小头爸爸几颗星？说说你推荐的理由；等等。这样充分给予每个学生交流的时空，无疑是让每个学生都有不同层次的语言实践。这正如上海师范大学吴忠豪教授指出的："一定要保证学生'实践'活动时间。'实践性'是语文课程的一大特点。教师必须明白，学生的语文能力是在语文实践过程中'习得'的，不是教师'讲会'的。"

　　运用是检测"学会"的标尺。学生在运用的过程中内化方法，形成能力，为后续的深入学习做好准备。这实际上是一个不断螺旋上升的过程。"学会"通过运用来检测，运用为新的"学会"做好准备。当然，我们在进行运用的过程中，要注意激发学习的兴趣，创设运用的情境，搭建展示的舞台，实现方法向能力的蜕变、课内向课外的延伸。

《大头儿子和小头爸爸》相关课件、微课、练习等资料已上传,扫描右侧二维码即可下载。提取码:4156。

从"教过"到"学会"强化的是学生的语文实践,实践性是语文学科的基本特点。语文课不是教师练表演、练口才,而是让学生扎扎实实地学会。让我们切实转变观念,找准学习疑难点,落实学习生长点,夯实学习巩固点,如此这般,从"教过"到"学会",让每一个学生都能学有所得。

【信息技术小百科4:录制微课软件、App汗微·微课宝】

1.外部视频工具拍摄(摄像机+黑板或电子白板)

工具与软件:摄像机、黑板(电子白板)、粉笔、其他教学演示工具。

使用建议:可录制教师画面,微课类似于日常讲课,黑板上的内容与教师画面同步。但需专门的环境与设备,须多人合力才能完成微课视频的拍摄,同时教师上镜会降低上课效率,授课内容不够集中。

2.便携视频工具简单拍摄(手机、相机+白纸)

工具与软件:可进行视频摄像的手机、白纸、几支不同颜色的笔、相关主题的教案。

微课特点:便携摄像工具对纸笔结合演示、书写的教学过程。

使用建议:一些操作性强,需要实物演示的内容,可采用现场纸笔演示的拍摄录制,但只能表现手写内容,无法实现其他多种效果。

3.屏幕录制(屏幕录制软件)

工具与软件:电脑、耳麦(附带话筒)、视频录像软件Camtasia Studio6.0.3、普罗米修斯白板等录屏软件,PPT或其他软件制作的课件。

使用建议:在电脑屏幕上同时打开视频录像软件Camtasia Studio6.0.3或

普罗米修斯白板等录屏软件、教学课件,执教者戴好耳麦,调整好话筒的位置和音量,并调整好课件界面和录屏界面的位置后,单击"录制"按钮,开始录制,执教者一边演示,一边讲解,可以配合标记工具或其他多媒体软件或素材,尽量使教学过程生动有趣。对录制完成后的教学视频进行必要的处理和美化。该方式录制微课较快捷方便,个人电脑上即可实现。

4.App软件:汗微·微课宝

这是一款纯国产的苹果App,同时支持iPad、iPhone,功能非常简单,也很强大。有基于电子白板的纯板书讲解录制,可以从相册选择图片进行讲解录制,可以拍照裁剪题目进行讲解录制,也支持对PDF的导入进行录制(这点做得非常好,老师的PPT课件直接转为PDF即可,提供幕布效果可以实现部分遮罩讲解),可以将微课表现得更加丰富。更难能可贵的是,它直接支持录制好的视频后期编辑,如文字、图片水印添加,片头片尾的添加,无效片段的删除,大视频的切割,说错话部分的再配音等。编辑功能目前是所有录制微课软件里面最强大的。最后录制好的视频可以非常方便地分享出来,如分享到QQ、微信、邮箱等,也可以保存到自己的相册里面。

类似App软件还有ShowMe、荔枝微课、微课掌上通、绚星微课等制作App,此外,WPS演示工具也可以选择直接录制微课。录制微课的工具众多,可依据教师个人喜好选择使用。此外,硬件方面,若学校有条件,还可采购e板会微课大师、微课视频录制一体机以及iPad等。

第 二 节

电子书包：资源统整，化铁为金

一、电子书包的优势与困境

电子书包是一种以网络、移动设备为基础，促进学生有意义学习的软件为构架，动态开放教学资源为灵魂，支持移动学习甚至终身学习的数字化学习空间。电子书包除了传统家校通包含的家校沟通功能外，还提供更加丰富的教育信息化功能，如数字化教育资源、学生成长史等，让其真正成为学生学习和生活的信息助手，一个真正的"数字化书包"。

电子书包的运用能够实现教学模式的创新，改变以往教师直接灌输与学生机械学习的课堂教学方式，能够满足小学生在新课程改革背景下的发展要求。因此，小学语文教师应熟练掌握相关信息技术手段，运用电子书包进行小学语文课程资源的有效整合，提高小学语文数字化资源的利用效果，同时为学生营造快乐的语文课堂，集中其注意力，突破教学难点，实现语文课堂教学的优化。

（一）电子书包多样的功能设备，激发学生学习兴趣

电子书包是一种利用信息化设备进行教学的便携式终端，不少电子书包就是iPad，当然也有单独研发的移动小电脑或平板电脑，总之，其中蕴含着丰富多样的数字化资源。教师应该从教材内容与学生接受能力的实际情况出发，对电子书包的数字化资源进行适度运用，充分发挥其优势。借助电子书包

的语文教学能激发学生的学习欲望，并促使学生自主学习。例如在部编版教材《荷叶圆圆》一课教学中，借助电子书包所自带的学习平台，调用与本课内容相符的教学资源直观地呈现给学生，让学生轻松、高效地学习。比如学习词语"停机坪""歌台""摇篮""凉伞"等词语，通过系统自带的游戏活动，学生一边移动操作电子书包，一边将知识生动地内化吸收。借助平台精心设计的动画效果，既可感官刺激学生的视觉，又可反复操练相对应的本课知识点，使原本枯燥机械的识字记词环节，充满个性、人文、情趣、高效的特性。

（二）电子书包丰富的数字资源，拓展学生学习空间

电子书包带给师生的是一个全方位的数字化学习环境，学生通过网络教学资源库中大量可用资源，可充分开展自主学习，提高学习兴趣；利用电子书包，学生可自主阅读各种与课文相关的拓展资料，培养阅读兴趣，使学生的阅读面更广阔；运用学习软件，使不同层次的学生可以选择不同层次的学习内容，而且可反复学习使用，找到自己的"最近发展区"，获取自身最大的发展，做到因材施教，促进学生个性发展；通过网络平台，可分享个人语文学习成果。例如基于电子书包的课前学习，学生在课前借助文本教材和电子书包的课前学习，学生在课前借助文本教材和电子书包中的学习任务单、微课、自主学习资源等数字资源，利用碎片化时间，按照自己的需求、进程和方式自主学习。学生在课前的自主学习过程中，若遇到困难，可以请求帮助。教师可借助微信群、QQ群、在线学习平台等方式，为学生完成课前的学习提供支持。

（三）电子书包强大的交互功能，提升学生创新思维

电子书包在语文课堂教学活动中分为课前、课中、课后、课外四个方面或阶段，"电子书包+智能手机"将老师、学生、家长之间的互动合作贯穿整个教学活动的过程中。备课时，系统将为教师提供基于平板的无线备课功能，应用目前较为成熟的几种互动教学模式，如主题探讨法、问题归纳法、典型案例法、情境创设法、多维思辨法等，支持教师进行互动式教案设计。预习时，教师可给学生布置预学任务，由家长监督和辅导学生，并将学生的预习结果反馈给老师。课堂上，师生之间、生生之间通过电子书包特有的交互功能实现师生课堂交互，如屏幕广播、演示、分组、文件分发等，建立起学生与教师之间、学生与学生之间一对一、一对多、多对多的练习,开展以学生为主体的互动学习。课后作业,老师给学生布置的在线作业流程或线下作业,通过附件的形式传送提交。课堂回顾中,学生可按需求播放课堂视频,强化知识点的记忆。

电子书包学习平台的交互功能为学生提供了自主学习的空间,尊重学生不同的学习方式、学习方法,给学生更多体验的机会。学生从被动学习转向利用资源的主动、自主地学习,学习不再受时间和地域的限制,拓展了合作、研究性学习的空间,学生可随时利用学习终端提供的学习平台进行生生间的讨论、师生间的交流、生本(文本)间的互动,极大地提升了学生的创新思维能力。

(四)电子书包多元的评价方式,提高课堂有效教学

评价反馈是语文课堂教学中不可或缺的环节,只有通过教学的反馈和评价,才能了解是否达到预期效果,以便调控、修改和完善教学方案,使课堂教学不断优化。在小学语文的课堂检测中,电子书包教师端的后台可以统计数据,并且及时反馈信息,这便于教师及时了解学生是否已经掌握知识点或者掌握了哪些知识点,进而有针对性地展开课堂上的习题讲解。比如在课堂中开展赛诗会,教师可让学生借助电子书包中的问答板块进行各种古诗的收集,电子书包可将对应的问题及时地反馈给教师。教师则可利用互动题板将诗人对应朝代与字号进行拖选,通过游戏的方式让学生掌握诗人的背景及相关知识,并且予以巩固。同时可插入一些超链接,鼓励学生在网络上进行搜索,对课外更多的古诗进行赏析与学习,将课外的知识内化为自身的知识,拓宽其视野的同时,也拓展自己的知识体系。

(五)电子书包强大的技术支持,优化课堂教学环节

电子书包是一种很好的电子辅助资源,教师在整合其资源为教学提供服务时,可充分发挥其功能优势,优化课堂教学环节,让学生直观地理解课本中难以理解的知识,降低学生对语文知识的理解难度,实现复杂教学内容的简化。与此同时,电子书包还可让学生根据自身知识的掌握程度进行学习内容的选择,满足不同层次学生的学习需求,使教学内容能够更加丰富。例如部编版教材二年级下册《青蛙卖泥塘》,当学生通读、了解整篇文章之后,借助电子书包中的教学课件,让每个学生在座位上一边滑动课件,给泥塘不断装饰——

撒草、引水、栽树、种花、修路、盖房,一边讲述故事——泥塘是怎样一步步变美的。这样的讲述,让学生凭借图像的支撑和文字的提示,能将整篇文章讲述出来。教师还可让学生通过录音功能,让每个学生回家之后边滑动边录音,随后上传学习平台,相互欣赏点赞。这样的教学环节设计,与传统相比,更关照到每个学生的自主学习,同时生动形象,激活学生言语的表现欲。

"电子书包"一词起初是1999年在新加坡出现,由于便于携带、资料可以随时更新而受到广泛关注。但当时技术并不成熟,设备与资源的更新速度也跟不上,在一定程度上限制了使用的效果。当下,信息通信技术飞速发展,移动设备的性能日臻完善,电子书包又再次兴起,并受到很多人的关注,但对于电子书包的使用,还是存在很多争议,也暴露着电子书包在实际教学运用中所面临的种种困境。

困境一:电子书包运用与教师使用的偏离

我们常言"技术以人为本",信息技术是为生活提供更好、更便捷的服务,可这句话在实际教育教学中却不能一概而论。电子书包在实际教学中,教师会花费大量的时间和精力在前期教案、课件的准备工作中。在利用电子书包进行教学时,需要在课前准备大量的材料,如设备及平台的运作情况、给所有设备充电、事先培训学生使用方法等。即便是在正常授课过程中,教师也要临时处理个别学生技术使用不规范、死机等技术性问题,基于这些切实存在的实际问题,教师往往选择规避,既不愿被新技术所累,又对自身的技术水平不够自信,生怕因为技术使课堂不在教师所能调控的范畴而慌乱。

困境二:电子书包技术与教育实际的偏差

电子书包拥有各种综合功能,种类也是各式各样,商家为了吸引消费者,必将开发很多有趣的功能,使其更加倾向于娱乐化。这就可能造成学生上课时将电子书包当作娱乐工具,破坏教学的正常秩序。

电子书包目前尚不成熟,在软件和硬件上都有待突破,不具有可选择性,更新、升级的功能也相对较弱。与此同时,电子书包在开发上,很多时候未能与学生使用的教材版本所匹配,有些功能的开发又与学习没有关联。在硬件方面,也是学校实际存在的一个大问题。学校若让学生自行购买,对于校长而

言,那会引起不必要的麻烦。可若走程序,招标采购,一方面采购来的不一定是学校所期望款式型号的电子书包,另一方面采购的数量也就够一个班级使用。为了教育均等,电子书包往往放置在微格教室或信息教师那儿,有需要的教师可以申领使用。设备是用着用着才会渐渐习惯的。这种难得使用一次的状态,使电子书包很难在实际教学中推广开来。

困境三:电子书包推广与家长认知的偏执

大部分家长对于学校使用电子书包进行教学存疑。由于目前网络对青少年带来的不利影响越来越大,有些甚至达到难以控制的地步,所以当学校采用电子书包进行教育教学时,往往会受到家长的质疑,认为这种学习方法弊大于利,在这样的信息社会,更加不利于家长监管小孩的学习。同时孩子还处在生长的关键时期,倘若长时间面对电子屏幕,对眼睛又是一种额外的伤害。家长的这些顾虑是合情合理的,任何新事物都有其利弊两面。作为教师只能尽量规避不好的方面,发挥它好的方面,以更好地为语文学习活动服务。要推进工作,自然要有所行动,一方面对家长进行心理安抚;另一方面要得到家长的信任,将教育研究的成果展现给家长,借助家长开放日、家长会等活动契机展示课堂教学,并在不断沟通交流中消除顾虑,达成共识。

总之,要让电子书包真正在一线教学中落地生根,其间的道路且长且艰辛。

二、电子书包在语文课堂教学中的应用策略

电子书包进入课堂教学最为核心的是要考虑它对教学过程设计与实施的影响,最根本的是要让学生借助这个工具或资源平台,开展有意义的学习和深层次的学习,从而实效语文教学的高效。

"有效地教,高效地学"是每个教师永恒的追求,任何课堂教学改革追求的都是这种"轻负高质"的课堂。电子书包在课堂教学中的运用,倘若仅仅是停留在技术使用的层面,未能结合语文教学的实际,未能有效提升学生的学业,那么如此大费周章的革新,注定是一场失败的变革。因此在基于电子书包的语文课堂上,要注重学生自主建构的过程,为学生创设互动激发的环境,营造

一种愉悦共享的氛围,搭建一个高效生成的平台,引导学生自主学习、探索学习、发现学习。

(一)注重自主建构的过程

意大利著名教育家蒙台梭利说过:"我听见了,就忘记了;我看见了,就领会了;我做过了,就理解了。"辩证唯物主义认识论也告诉我们:实践是认识的来源,更是认识的目的和归宿。在学习中,只有让学生亲身经历探究的过程,才会产生强烈的个人体验,才会留下深刻的印象。作为老师应当把爱心献给学生,把读书、思考的时间留给学生,把学习方法传给学生,让课堂中的自由之风劲吹。基于电子书包的课堂,教师通过学习软件和学习平台为学生提供大量的学习资料,为学生创设自主探究的环境,引导学生自主学习、探索学习,从而发现知识、建构知识,使学习真正成为带有强烈的个人参与和体验的社会活动。

如教学部编版三年级下册《昆虫备忘录》一课,我们根据教材的特点和学生的年龄特点分成三个步骤进行教学:其一,自学微课,通过电子书包观看"复眼"文段的微课教学,习得学习方法;其二,自学"花大姐""独角仙""蚂蚱",将感兴趣的句子画找出来,写上批注,并将信息发布到平台交流互动;其三,教师提供其他昆虫的相关资料,学生自主选择其中最感兴趣的昆虫,结合个人经验和所收集的资料,采用表格、图配文等方式,尝试制作一份个性化的昆虫备忘录,完成之后,拍照上传平台。

"未来的文盲不是不识字的人,而是不会学习的人",让学生自主学习,主动求发展,真正成为学习的主人。在教育信息化的今天,一个优秀的教师不仅要研究教学方法,还要尽自己所能为学生提供大量的学习资源,引导学生去探索、去发现、去建构,在整个过程中,教师只是孩子学习活动的参与者、组织者和引导者。

(二)创设互动激发的环境

前面章节中所讲到的交互式电子白板,其最大的优势就是交互,在传统的师生互动、生生互动的基础上提出了"人机互动"的概念。可是,不管是师生互动、生生互动还是人机互动,都只是一对一或是一对多的线性互动,老师在上

面操作,学生在下面看,或者一个学生在上面操作,其他学生在下面看。即便是多点触控的电子白板,操作的仍然是少数,大多数学生依旧是观众,没有真正参与到学习中来。基于电子书包的课堂互动是立体的网状互动,课堂上人手一机,借助活动软件和学习平台,每个人都可以和其他任何一个人互动,甚至是家长都可以参与到这个互动环境中,这就形成一个人机互动、人人互动的立体网状的交互环境。

教学统编版三年级上册《胡萝卜先生的长胡子》一课,品读课文内容之后,设计这样一个话题:这根又长又牢固的胡萝卜先生的胡子,还会被谁利用,用在哪里呢? 请大家发挥各自的想象写一写。话题发布到平台上,学生结合对课文内容的理解写下自己的想法。这里,很多教师会担忧学生过早使用电脑输入,会淡化书写功能,同时三年级学生也不会电脑输入。笔者采用纸质书写,随后用拍摄功能将文字拍摄成图片的形式上传平台。这样的交流互动,既可欣赏到他人的创意表达,又可发表个人的观点,汲取优点,修改并完善个人的练笔,在互动交流评价的过程中激发了思维,启迪了智慧。

基于电子书包的语文课堂,不仅是人机的互动,更是资源的交互、思维的交互。在立体多维的交互过程中,潜移默化地升华了学生运用知识的能力和探究学习的能力。

(三)营造愉悦共享的氛围

创新课堂需要营造平等、民主的教学氛围,而电子书包所营造的多元互动的学习环境,让学生真正享有与老师平等交流的自由,通过师生间共享式交流,使学生自由、自主发展,让语文课堂涌动生命的灵性。借助电子书包的功能和平台,可让学生与大家分享个人的学习成果,同时也可分享伙伴的学习成果,体验分享的快乐,这就是共享,共享学习资源,共享学习成果,这是网络环境下学习的最大优势。这种分享也满足了学生内心深处被关注的渴望。

教学三年级下册六单元习作训练"未来的……"时,学生从介绍未来物品的外形、功能两个方面,选择其一进行创写。如若按照传统课堂教学,教师在学生练写的过程中下去巡视,随后挑选典型练笔,便于后续集体评讲所用。这样的操作,教师只能关注到个别学生的练笔,绝大多数学生处于听众状态,时间长了容易养成光听不想、光听不说的习惯。这里基于电子书包的语文课堂,学习任务发布之后,每个学生都动笔练写,随后拍照上传至班级平台。这时写完的学生可点击查看班中同学已上传的练笔,并可在下方点赞、评论,如果觉得特别优秀,还可直接推送给老师或其他同学赏读。在这样的学习环境中,每个时段,学生都处在学习当中,人人都有事可做,时时能被关注,这样共享的课堂学习环境,使每个学生都能成为学习的主人。

"关注"一词在词典里的解释是"关心重视"。每个人都渴望被关注,每个人都应该学会去关注身边的人和事。作为教师,"关注"更是一种技能、一种本事。在现实教学中,一名教师面对一群学生进行授课,的确在不断关注,可很难做到关注每一个学生的发展,为每一个学生提供均等的发展机会。借助信息化技术,在立体交互的网络环境中,能激发学生学习的热情,能把学习成果与大家分享交流,能通过平台把最好的一面展示出来,更能被老师、同学所关注,从而营造出愉悦共享的课堂氛围。

(四)搭建高效生成的平台

学生在运用教师提供的学习资源进行学习的过程中又生成了新的学习资源,这些资源平台和系统会自动保存下来,既利于课后复习回顾,也可为他人的学习提供借鉴,所以我们说学生既是知识的消费者,同时也是知识的创造者。这些生成的学习资源也是教师后续进行数据分析、反思自己教学行为的重要资料,便于教师有针对性地进行下一步的教学设计,这也体现了因材施教的教育思想。

英国剑桥大学把古希腊一位哲学家的话作为校训:"大脑不是一个等待填充的容器,而是一支等待点燃的火把。"课堂教学能够高效生成,是因为电子书包点燃了学生学习的热情。笔者几次采用电子书包进行授课,学生学习的热情都异乎寻常的高涨。如若换成平日的纸质练写,总会看到个别学生漫不经心、思维阻塞、眼神迷离。采用电子书包进行学习,只要老师一发布完指令,学生立马就行动起来,目不转睛地盯着平板电脑,赶紧看题思考、写答案提交,然后目不转睛地盯着大屏幕或者查看别的同学的学习情况。这种彼此监督、相互竞争的氛围在悄无声息中生成。有时会担心这样的投入热情会逐渐平淡下

来,可事实却是热情如旧。这和学生所处的时代有关,他们一出生接触到的便是各类电子产品,对这些电子产品有着某种与生俱来的情感,可以说他们是互联网的原住民。

教学课例一

人教版三年级下册"未来的……"习作导写课

【教材分析】

本组教材围绕"神奇的科技世界"主题编排。其中《太阳》《月球之谜》写的是人类对宇宙奥秘的探索,《我家跨上了"信息高速路"》《果园机器人》展示了现代科技发展给人们生活带来的便利。这种安排一方面可以让学生获得相关的科学知识,另一方面可以激发他们对科学的兴趣。本次习作就是在这样的基础上要求学生写一篇科学想象作文,具体内容是想象未来的一种物品,写清楚未来物品的外形和独特功能。

【设计理念】

本课采用了电子书包在课堂教学中的运用,学校采用的电子书包为iPad平板电脑。在信息技术协助下的课堂,又是如何彰显学生自主学习的理念呢? 首先,运用课前预学单激发学生的习作热情,让学生课前进行奇思妙想。在课堂上,老师利用iPhoto图片软件梳理作业,帮助学生进行归类。同时从学生的画作切入,从说的角度入手,从学生原有的习作起点出发,一步步无痕地引入本单元习作教学的目标上。其次,在习作方法的指导上,借助视频《神奇的电脑》中的电脑功能,共同练笔,在练笔基础上,选用学生佳作为范文,指导写作方法的落实。在指导过程中,分层设计更是顾及每个学生在不同空间的发展。再次,借助iPad,让小组讨论、推荐欣赏等环节更体现出信息技术支撑下机动、交互与灵动的课堂教学。借助iTeach软件,在推送的过程中,有效地完成自我欣赏与欣赏他人的学习动作。最后，在自由创作过程中，教师随机拍摄成像功能以及运用 Note anytime 软件导入学生习作，让学生直接在 iPad 上圈画、点评。相信这就是电子书包技术使语文课堂显得越发灵动与高效的原因。

【教学目标】

1. 利用"预学单"谈谈所描绘的未来之物，能从外形、功能等角度说一说。

2. 凭借"神奇的电脑"图片与视频，激发想象的兴趣，并在练写、评价中，进一步明晰"写清楚功能"的习作方法。

3. 借助 iPad 电子书包交互功能，创设"自我评价""伙伴评价"等欣赏性评价的机会，培养习作自信，提升评价能力。

【预设教程】

一、用学生之画，激习作兴趣

1. 呈现预习作业，交流展评

2. 推荐绘画佳作，口头讲述

二、借神奇电脑，学习作之法

1. 观看视频——《神奇的电脑》

2. 交流视频——外形独特，功能神奇

3. 分层习作——借助 iPad，自主习作

4. 交流反馈——利用 iPad，互动评价

三、明习作要求，写未来之物

1. 明晰习作要求，圈画关键词

2. 互说未来之物，畅写功能

3. 巡视拍摄佳作，欣赏交流

四、结想象之旅，激创造之心

【预设详案】

一、用学生之画,激习作兴趣

1.分类赏析,未来之作

科技日新月异,相信未来的生活肯定会更加缤纷多彩。课前请同学们畅想未来生活,大家更是将各自的想象落笔成画,这里让我们一同来欣赏。

(教师利用电子书包iPad中的iPhoto图片软件,将学生习作扫描、分类呈现,如服饰类、交通类、建筑类、电子产品类等)

2.采访互动,解说产品

这些未来之物的绘画创意,每一幅都很棒!不过仅仅是图画,很多观众还不明白这些未来之物的神奇之处。这里谁愿意先来开个未来之物的发布会,给大家介绍介绍?(师生合作,教师当记者,学生为设计师)

教师问题设计:你未来之物的名称是什么? 你为什么要设计这样一个物品? 它的外形有什么特点? 这项设计有什么特别的功能?

(四个问题分别从名称、原因、外形、功能四个方面来提问)

3.基于调查,聚焦难点

如果此刻请你来介绍,你觉得最不会介绍的是哪一个部分?

若要把每一项都写得出彩,那么每一项都有难度。昨天老师看了大家的预习单,已知晓大家最有困难、最不会写的就是"功能"。

(教师呈现写作调查统计图,学生课前勾选最难写的方面)

从同学们的创意绘画中,我们不难发现,大多数同学都在功能上下足了功夫。有的同学设计的帽子,足足有20多项功能,就是把这么多功能名称写一遍,那也有百来字。这样写成吗?

如何把功能写清楚,把功能写得吸引读者,就是这次习作中最难的地方。

二、借神奇电脑,学习作之法

1.初识电脑,关注外形

前不久,老师在网络上看到一台神奇的电脑。(出示电脑展开图,请学生描述电脑的样子。引导学生说完整的话)

看到它打开的样子,你有什么想说的吗?

预设:很普通,跟平常的电脑并没有什么两样。(实话实说,作文就要表达真情)

教师出示电脑收拢图,引导学生发现电脑的独特之处。(板书:独特)

这回看到它合拢的样子,你又有何感受?

预设:出乎意料,它居然是可以卷起来的,跟刚才的样子迥异。

(这款电脑的出现,颠覆了我们对电脑的认识。原本以为电脑总是硬邦邦的,没想到居然能像毯子一样卷起来)

2.播放视频,关注功能

播放电脑的宣传视频:你观察到这台电脑特别神奇的功能有哪些?

呈现关键词:画板、音响、携带方便、外套换色。

如此神奇的电脑,如果能介绍给更多朋友就更好了。这里就让我们用几句话把电脑神奇的功能写清楚。

3.小组交流,共商写法

如何写清楚功能,如何写得吸引大家,你有什么好的建议? 这里请大家再次打开各自的iPad,点击播放视频,边看边想:你有什么好的办法把功能写得吸引大家? 你会怎么介绍?

交流预设:

(1)当人来写:武功、身怀绝技、变身。

(2)比喻:像地毯一样卷起来。

(3)做比较:它跟平常在纸上画图画一样,非常方便,而且不用担心颜料弄衣服上,画错了只要用电子橡皮一擦就没有了。

(4)关联词:长句子……

4.独自练写,拍照上传

这么多的方法,光说不练假把式,老师已经写了半篇作文《神奇的电脑》,这里就请你把中间的功能尝试着用这些办法来写一写,时间5分钟。选择其中的一项功能来写。写好后,请四人小组组长审阅,同时拍摄组内好的文章发送给老师。

【课件呈现】

神奇的电脑

2040年,我已经是一名科学家,并且实现了小学时的一个梦想——发明了一台神奇的电脑。这台笔记本电脑打开时的样子跟普通笔记本没啥大差别,可若将它合上,那真是别有一番天地。它不像以往的笔记本那样盖上,而是像地毯似的卷起来,变成了小巧精致的"旅行包"。

不仅如此,它还集聚着不少功能于一身。_____。

电脑的神奇之处还有很多很多,我超喜欢这台神奇的电脑,因为它倾注了我很多的辛劳,希望它也能成为你要好的新伙伴。以后我要学习更多的电脑知识,让它的神奇功能继续发挥!

师指名学生朗读习作片段,引导其他学生参与欣赏性评价并归结写法。

预设1:第六组的课文图片,结合学生习作评点。

预设2:习作方法——能当成人来写;比较地写;打比方;举个例子,如果……能有条理地写。

三、明习作要求,写未来之物

1.明确要求,圈画要点

明确了这些方法,让我们再来看看本次习作要求,呈现单元习作要求。

请你默读习作要求,把关键词圈画一下。

标注:最感兴趣、展开想象、说、写、改。

2.小组交流,互说功能

同学们展开想象所设计的未来之物,肯定是自己最感兴趣的,刚才已经由一位同学给大家介绍了,现在我们小组内互相交流一下各自设计之物的功能。互相倾听对方的优点,也可以帮助那些说得还不够好的同学,让他介绍得更加清楚。

3.独自创写,拍照上传

学生独立畅想和习作:请将其中的一项功能写清楚、写明白。(8分钟)

教师巡视指导，并将优秀习作单独拍照；写好的学生，自主上传学习平台，点击伙伴习作，赏析评点；师生共同点评交流。

四、结想象之旅，激创造之心

想象是通向科学探索和发明创造的桥梁，期待在未来的世界里，大家的奇思妙想能够结出累累硕果。

【教学反思】

笔者在2013年开始尝试将电子书包的信息技术运用于课堂教学之中，当年工作单位为全国信息技术示范校，电子白板技术早已在该校得到普及。在"未来的……"习作教学课上，采用了当时学校正在积极研发的课堂iPad教学技术。正因为教学媒介的不断更新，促使课堂再一次革新。

首先，以学定教，明晰起点。以学生为本位是在备课时，不断告诫自身的原则，也是教师教学之初最不可遗忘的准则。为此，在课前预学单的设计上，给予学生一张白纸，让他们的想象得以驰骋，并用文字标注所开发的功能。得益于学生的资源，教师就能找准学生的起点，切准学习的难点。在教学预案中，就明确知晓本次习作的难点在于功能的描写上。在课堂上，老师利用iPhoto图片软件梳理作业，帮助学生进行归类。同时从学生的画作入手，从说的角度入手，从学生原有的起点出发，一步步无痕地引入并达成本单元习作教学的目标。

其次，巧用资源，分层有法。在习作方法的指导上，引用一段吸引学生的视频《神奇的电脑》，借助神奇电脑的功能，共同练笔。在练笔的基础上，选用学生的佳作为范文。在学生练写的基础上，通过小组合作交流，继而习得写作方法。这无疑体现着基于学生的起点，源于学生的课堂，让学生真正成为课堂的主人。这里不得不提到在教学过程中的分层与自主。当学生看完第一遍视频之后，在学生开始写作之前，有一连串的分层动作。对于优生而言，可以直接落笔写作；对于中等生或后进生而言，可以自由选择打开小组的iPad，依据图片讨论所要写的某项功能，而后再次观看视频，或者借助功能示意图进行写作；对于特别弱的孩子，还给予了习作小锦囊，可谓面面俱到。这样的分层处

理是基于对技术的信任,也是基于学情有的放矢地进行教学,使学生能站在不同的肩膀上,跳一跳,摘到学习成果的"红苹果"。

再次,信息平台,多维互动。借助iPad中的学习平台,在小组讨论、推荐欣赏等环节上,更加机动、交互与灵动。学生四人小组交流,推荐佳作发送到老师的iPad上。这就是学生自主甄选。借助iTeach软件,在推送的过程中,有效地完成了自我欣赏与欣赏他人的学习动作。

最后,在自由创作的过程中,教师的随机拍摄成像功能以及运用Note anytime软件导入学生习作,让学生直接在iPad上圈画、点评,信息技术使语文课堂显得越发灵动与有效。

应该说,"以生为本"的教学理念,外加新媒体技术的运用,使语文习作课堂在新颖中扎实有趣,在互动中真实高效。在iPad等一系列电子书包的开发运用上,要在以学生学习为主体的前提之下,更好地去研发,从而使语文课堂教学越发自主、有效。

"未来的……"习作课相关视频等资料已上传,扫描右侧二维码即可下载。提取码:jxwt。欢迎下载。

教学课例二

《天蓝色的彼岸》班级阅读交流课

【教学目标】

1.以阅读有关生命与死亡主题的儿童文学作品《天蓝色的彼岸》为基础,重读相关章节,再次享受阅读交流的快乐。

2.结合自身的生活经历，并借助iPad电子书包学习平台，在交流互动中，理解"礼物"的深刻含义并感悟生命的真谛。

【预设教程】

一、答题检测，梳理初读疑惑

1.独立答题，监测阅读情况

前不久，老师推荐大家一同阅读《天蓝色的彼岸》这本书，都读过了吗？这里我们来做个小测试，打开各自的iPad，在学习平台上独立完成3道选择题。

题目设计：

第一题：《天蓝色的彼岸》是作家艾利克斯·希尔的作品，她是哪国人？

A.美国　　　　　B.德国　　　　　C.英国　　　　　D.瑞士

第二题：小说主人公名叫哈里，他在另一个世界遇到的好朋友阿瑟一直在等他的妈妈，他一共等了多少年？

A.50年　　　　　B.100年　　　　　C.150年　　　　　D.200年

第三题：哈里生前在班中一直有一个死对头，但死后发现他并没有想象的那么糟糕，他是谁？

A.彼得　　　　　　　　　　B.杰菲·唐金斯

C.阿尔特纳蒂姆　　　　　　D.鲍尔·安德森

2.呈现结果，核对梳理梗概

全班提交了答案，我们先来看看各题的正确率，再来看看全对同学名单。

这里我们不妨再一同来核对每道题的答案。

第一题的答案是：C。作家还写过不少作品，推荐《神秘的易拉罐》《躲藏的人》两部作品，有兴趣的同学可以看看。

第二题的答案是：C

阿瑟最终等到妈妈了吗？

是的，最终他们三人一起走向了天蓝色的彼岸。

第三题的答案是：B

是的，这个死对头，其实很想和哈里好好相处的，他还出了一个好点子，是什么？给哈里种一棵树,做一个念想。

3.冥思静想,质疑小说

整本书已经读完,那么请合上书,静静地回想一下,你还有什么疑惑吗?

学生小组交流,利用iPad将疑问发送到评论区,教师梳理并将关键词板书到黑板上。

预设一:发现很多同学都关注到封面的一句话,"关于生命和死亡最深刻的寓言,送给孩子们最美好的礼物",这句话就是编者写在封面上的评价语。

预设二:大家提的问题都不错,有的关注到小说人物情节上的问题,有的关注到作家为何要写这本书,有的在思考这本书能带给我们怎样的启发。这些思考都极有价值,是我们重读这本书的意义所在。

二、交流汇报,展示书中"礼物"

1.聚焦"礼物",寻找难忘场景

这节课,我们就围绕编者的话——关于生命和死亡最深刻的寓言,送给孩子们最美好的礼物,一同重读这本书。首先我们来看这个最简单的关键词:"礼物",你觉得这份"礼物"会是什么?

预设:给我们的启示;告诉我们的道理;精彩的故事;一些有哲理的句子;一个最有感触的情节……

相信这份"礼物"就隐藏在你最难忘的那个场景之中,这里让我们再一次打开书籍,去寻找让你最难忘的一个场景。

2.交流汇报,寻找阅读伙伴

让我们一起来交流让你最难忘的场景。

(有没有同学和发言同学所讲的场景是一致的,如果想与他成为阅读伙伴,请坐到他的小组)

班级同学按照情节,划分为若干个小组,小组成员推选阅读组长。

3.组内交流,合作准备展示

刚才说这份"礼物"就隐藏在让你最难忘、最有感触的那个章节,如何寻找呢?交流便是一个最便捷的方法。

小组合作任务:

任务一(必选):将特有感触的句子或组内体会书写在纸条上。

(特别强调"凝练",不要整段摘抄,书写关键词,把字写大)

任务二(自选其一):选择下列展示汇报的方式进行小组汇报。

朗读与背诵:朗读或背诵喜欢的语句。(个人或集体)

批注与感悟:结合个人批注,联系生活谈感受。

提问与回答:解决小组存疑,接受大家提问。

表演呈现:将精彩的故事片段再次演绎。

采访呈现:拟好问题并选好采访对象,进行实况采访。

(要求:汇报时间控制在2分钟左右,准备时间为10分钟,学生自由组合,教师巡视指导)

4.交流展示,感知美好"礼物"

学生张贴关键语句的词条。

预设:真心对待每一个人;珍惜生活中的每一天;善待生活就是善待自己;活着,真好! 亲情胜于一切;大声说出心中的爱⋯⋯

让我们一起读好这些"礼物",书中的"礼物"就是源于我们内心的感触。

学生上台展示汇报,教师引导。

预设反馈一:特别怀念风吹在脸上的感觉,特别希望再牵一次爸爸的手,这些平时我们司空见惯甚至微乎其微的小事,不要等它消失了才懂得珍惜。"珍惜"就是我们寻找到的一份礼物。

预设反馈二:"我爱你",多么简短的三个字。相信我们每个人都爱自己的父母,可生活中总避免不了磕磕碰碰,有时就因一件小事而闹得大动肝火。我想我们应当怀有一颗感恩的心,去珍爱身边的每一个人。"学会爱"是寻找到的一份礼物。

预设反馈三:生命是多么美好,请好好珍惜生活中的每一天,因为每一天的你都是全新的你,"生命"又是一份礼物。

谢谢同学们与大家一起分享阅读后的礼物,这份礼物源自你内心的感触,相信一千个读者就会有一千份不一样的礼物。

三、引申问题,感悟生命的真谛

1.聚焦生命和死亡,点明主旨

让我们再来看看"生命"和"死亡"这两个词,其实在刚才的交流中,同学们也都涉及了这个主题。

不知大家是否还记得我们四年级时有一个关于生命的主题单元?

在那一个单元里,我们学习了《触摸春天》《生命生命》《花的勇气》《永生的眼睛》,感悟生命的意义。

砖缝里顽强生长的小苗,绝境中奋力求生的飞蛾,花丛中感受春光的盲姑娘……一篇篇课文为我们讲述了生命的宝贵与美好。

这里老师还要向大家介绍一个我们熟悉的人,他就是为人民谋幸福的雷锋。他短暂的一生,生发出了巨大的精神价值,即便50多年过去了,雷锋精神历久弥新。可以说他生命的长度是短暂的,但是他生命的宽度却是宽广的,他将永远活在人们心中。死亡并不可怕,可怕的是没有真正意义地活过,只是庸庸碌碌地荒废生命。

在书中,阿瑟妈妈则以"生命之树、落叶归根"的故事,为我们诠释了生命的意义。

2.发表个人见解,升华主题

此刻,你对"生命与死亡"又有什么新的理解?这里请你拿出iPad,点击班级《天蓝色的彼岸》阅读分享区,在下方评论区发表个人感受。发表之后,可阅读其他同学的评论,为特别喜欢的评论点赞或回复评论。

3.推荐相关作品,丰厚感知

刚才的评论非常精彩,这就是重读的意义。当然,还有不少问题值得我们在重读中去解决,也希望你能够通过重读,与朋友分享阅读的感受,来获取更多的收获。

接下来你可带着问题再次重读,在重读中去解决那些存留在心中的疑惑;也可阅读相关"死亡主题"的文学作品,在iPad中已为大家推荐《一片叶子落下来》《爷爷变成了幽灵》两本绘本,同时推荐阅读英国作家克莱儿·麦克福尔的小说《摆渡人》。

希望每一次阅读后，你都可以写写关键词、关键句，让这一本本书籍的阅读促使你的生命之花越发绚丽多姿。

【教学反思】

阅读完了一本书，人人都有说话的冲动，阅读交流课就为学生搭建了这样一个读后说话的平台。课外书阅读交流更为学生提供了深入理解文本和交流表达的平台，能有效激发学生的课外阅读兴趣。小学阶段的阅读交流课应指向语言能力的提升，通过交流关键信息、发现表达密码，训练语言综合运用能力；指向思维品质的锤炼，让质疑、辩论等成为必要手段；指向主体情感的深化，在表演展示、个性释放、迁移延伸中得到精神世界的丰富。

在《天蓝色的彼岸》阅读交流课中，从一篇课文到一本书的教学转变，也是一篇阅读课文教学方法的演变。例如提问教学，从一开始的质疑到最后带着问题走出课堂，在交流课中仍然贯穿使用；交流汇报课，体现本课的特性，让学生交流展示，运用多种展示的形式呈现学生的阅读成果；培养一种阅读习惯，重读、精读、选读，带着问题、带着思考去读书。本堂课中，更为亮眼的是借助电子书包等信息技术的辅助，让阅读交流课真正在课堂上"交流"起来。

一、技术贵生本，人人来参与

"一切为了每一个学生的发展"是新课程改革的核心理念。如何在课堂教学中调动全体学生的学习积极性，使他们主动参与、全面参与、全程参与，兴趣盎然地学习，积极主动地发展呢？这里就借助电子书包（iPad）中的"问卷星"，一上课就让每个学生参与完成选择题，通过这样迅捷、高效的方式，立即收集所有学生的数据，同时也避免学生课外阅读中的"滥竽充数"，教师能够准确获取每个学生的阅读情况。关键是这样公正、便捷的方式，也深得学生的喜欢，乐在其中，人人参与。在随后核对讲解中再补充一些资料，让学生对该书的认知又有新的提升。

课堂上现场采用"问卷星"答题的方式，对选择题做了当场反馈。随后让学生再次回想小说、质疑问难时，采用了问题发布的方式。读完一本书并不表明学生已经读好这本书，真正让学生吸收这本书的营养，则是解开那些滞留在

学生心中的疑虑。本堂课的质疑借助于电子书包的信息发布功能,告别以往只让个别学生发言的教学方式,因为要顾及课堂时间有限,无法让每个学生发表个人观点。若课堂上采用电子书包直接发布,给予每个学生展示的机会。当然,这样大量信息的迅速发布,也考验着教师课堂教学的应变和统整能力。倘若将该环节前置于课前,教师设计好"问卷星"的相关内容——与阅读有关的选择题+编辑阅读疑问+选择最感兴趣的章节,将这三类题目课前就让每个学生独立完成。如此一来,教师就可立即获取学生数据,并在课前依据学生提交的数据,对课堂教学做相应的调整、应对和改进。课堂教学中,教师也会显得更加从容、有底气。

二、交流贵生成,人人来互动

在教学过程中,需要考虑不同层次学生学习的不同能力,注意层次和梯度,有针对性地组织教学,这也是激活学生主体意识的行之有效的方法。在阅读交流课中,最核心的部分就是交流。如何让交流更为有效,在本节课中采用了任务驱动的形式。布置给学生两个任务。任务一(必选):将特有感触的句子或自己的体会凝练书写在纸条上,特别强调凝练,不要整段摘抄,书写关键词,要求把字书写得大一些,方便大家阅读。任务二(自选其一):选择其余展示汇报的方式进行汇报,这里任务二的具体操作,可以是朗读与背诵——朗读或背诵喜欢的语句(个人或集体);批注与感悟——结合个人批注,联系生活谈感受;提问与回答——解决小组存疑,接受大家提问;表演呈现——将精彩的故事片段再次演绎;采访呈现——拟好问题并选好采访对象,进行实况采访。最后补充要求:汇报时间控制在2分钟左右,给予学生10分钟的自由讨论环节。先前依据相同喜好而坐到一起的伙伴,组成新的小组,并在共同推选的组长带领下开展小组合作学习。

小组学习中的课堂展示,使得每一位同学都有机会受到大家的关注,这就使他们不得不努力,自然学习效率就提高了。在展示环节,教师一方面借助于电子书,将相关文字、图片再次呈现;另一方面依据学生的合作呈现,给予合适的评点,并相机点明小说的主旨,照应文眼"礼物"。

学生的交流汇报充满了灵动,各种学生的生成是课堂的闪光点。该课的另一个发光点，在于阅读后的自省交流。"一千个读者就有一千个哈姆雷特"，对相同文本而言，不同层面的学生就会有不同的感受和体验。新课程标准指出："阅读是学生个性化的行为，应珍视学生的独特感受、体会和理解。"这就要求老师要鼓励学生对阅读内容做出有个性的反应，不以标准化的解读去规范学生的阅读理解，应引导他们积极主动地发现、建构意义，甚至创造意义。

本节课"生命与死亡"的主题交流，结合四年级主题单元的课文，引用学生熟悉的雷锋语录来介绍，最后补充书中的资料。让学生在有感触的情况下，结合生活经历，再来写写对生命与死亡的感悟，这样的全班练笔写话可谓水到渠成，情动辞发。这里借用电子书包中的班级论坛，让学生直接发布个人所感，通过互动点赞、回复，让交流在信息平台更畅通，也让每个学生都能动起来，并享受这样互动交流带来的快乐。

三、阅读贵思考，人人乐阅读

课堂教学中，学生在参与中不断体验到成功与收获的愉悦。成功与收获的愉悦对学生的影响很大。如果学生常常失败，势必影响其积极性。只有体验到收获的喜悦，才能激起学生参与的积极性，使之树立起成功的信心。该课借用电子书包中的相关功能与平台软件，使学生在课堂教学的每个环节都参与。与此同时，在这样一个可视化、公开化、及时生成的网络环境中，学生置身其间，能通过伙伴、自身以及其他资源，不断汲取、反思、创生，从而不断提升个人语文素养。当然，在这样的信息环境下，教师的有效设计与指导，让学生学得轻松、学得有效。

《天蓝色的彼岸》阅读交流课相关课件、电子书、绘本等资料已上传，扫描右侧二维码即可下载。提取码：khfj。

此外,阅读贵在思考。很多学生读完小说就觉得大功告成,殊不知,读书贵在思考、感悟。这堂阅读交流课就是让学生养成重读的习惯,在思考中不断去走进小说、走进人物、走进自己的内心世界。此外,课后教师推荐相关主题书籍,电子绘本直接推送在电子书包中,方便学生课后就能阅读。文字书籍《摆渡人》,教师依旧推荐学生阅读纸质书籍,虽然电子书方便快捷,但它无法替代纸质书特有的优势:纸质阅读印象更深,便于标注留痕,减轻视觉疲劳,同时翻阅纸质书能带来愉悦感,那种书的质感是电子书所替代不了的。

【信息技术小白科5:共享热点】

手机和计算机彼此之间可以分享网络。前者只要有足够的流量,电脑便可上网;后者只要能上网,手机亦可上网。

手机给电脑输送网络,需要凭借热点分享。手机分享热点的优势在于只要手机有网络,就可给任何笔记本电脑、平板电脑带来方便的网络共享。手机热点的操作非常简单,不需要专门软件,无论是安卓手机还是苹果手机,都自带该功能。

安卓手机共享热点的方法:

在安卓系统下,进入系统设置,然后点击"更多",找到并点击"移动网络共享"。在"移动网络共享"中,可设置三种共享方式,包括"便携式WLAN热点""蓝牙共享网络""USB共享网络"(只在电脑使用USB连接时有效)。点击"便携式WLAN热点",进入热点设置,包括名称、密码等,然后打开热点开关即可。

苹果手机共享热点的方法:

在苹果系统下,进入系统设置,然后点击"个人热点",在个人热点中设置好密码,打开个人热点开关即可。

计算机分享热点的方法:

手机热点虽然方便,但毕竟使用的都是数据流量。有时某些地方有有线网络,却没有Wi-Fi,电脑可用网络,然而手机却不能,此时就需要让计算机产生热点，手机搜索这个热点来连接上网。

　　这里可通过安装360免费Wi-Fi、猎豹免费Wi-Fi、电脑管家Wi-Fi等软件的方法实现。例如，360免费Wi-Fi可在360安全卫士软件中获取。当然，这里的前提是电脑要有无线网卡。一般笔记本电脑都自带无线网卡；如果是没有无线网卡的台式机，就需要安装一个USB的网卡（见图3-5）。

　　具体打开软件，设置Wi-Fi的名称和密码。为了方便查询与连接，第一次使用时，要修改好Wi-Fi的名称并设置好密码。

　　若多个设备同时连接到Wi-Fi时，可剔除不想连接的设备，也可对某一个设备进行限速操作。

图3-5　360共享热点截图

第四章

信息技术有效支持，助推灵巧性学习方式

第一节

翻转课堂:精准教学,化雨春风

　　翻转课堂,也有研究者将其称为翻转学习、翻转教学、颠倒课堂等,其主要含义为在教学之前,学生便通过教师提供的学习材料(如音频课件、视频课件等)自主学习教学相关知识,在课堂教学中,通过师生互动共同完成教学的一种教学模式。

　　翻转课堂是教师借助教学工具和现代化教育技术,改变学生的学习方式和学习环境,在课堂中利用有限的教学时间,师生之间深入沟通,在课后对教学效果进行检验和总结。对学生而言,需要自主熟悉教学内容和教学环境,因此改变了传统被动的学习方式。

　　传统教学过程通常包括知识传授和知识内化两个阶段:知识传授通过教师在课堂中的讲授来完成;知识内化则需要学生在课后通过作业、操作或者实践来完成。在翻转课堂上,这种形式受到了颠覆——知识传授通过信息技术的辅助在课前完成,知识内化则在课堂中经老师的帮助和同学的协助而完成,从而形成了翻转课堂。随着教学过程的颠倒,课堂学习过程中的各个环节也随之发生了变化。

　　翻转课堂的重要组成部分是微课,也称作微型视频课程,主要是以视频教学作为主要载体,用于记录教师就某个知识点或者教学环节开展的简短且完整的教学视频。因此作为翻转课堂教学下的微课教学,必须满足时间短、内容少而精等要求。将翻转课堂教学模式和微课两者相结合,为小学语文课堂教

学提供了新的教学思路,教师可将教学中的难点知识和因为课时限制无法在课堂中讲授清楚的重要内容制作成微课并上传至网上,或借助微信推送等方式,便于学生在家观看学习。

基于翻转课堂教学模式的小学语文教学主要是以提升学生能力为核心,跟传统的教学模式各要素相对比情况如表4-1所示。

表4-1　传统课堂与翻转课堂教学要素比较

比较要素	传统课堂	翻转课堂
教师	知识传授者、课堂管理者	学习指导者、促进者
学生	被动接受者	主动研究者
教学形式	课堂讲解+课后作业	课前学习+课堂探究
课堂内容	知识讲解传授	问题探究
技术应用	内容展示	自主学习、交流反馈、习作讨论工具
评价方式	传统纸质	测试多角度、多方式

一、翻转课堂的特征

(一)教师角色的转变

翻转课堂使教师从传统课堂中的知识传授者变成了学习的促进者和指导者。这意味着教师不再是知识交互和应用的中心,但教师仍然是学生进行学习的推动者。当学生需要指导帮辅的时候,教师便会向他们提供必要的支持。自此,教师成了学生便捷地获取资源、利用资源、处理信息、应用知识到真实情境中的"脚手架"。

在翻转课堂中,学生成了学习过程的中心。他们需要在实际的参与活动中通过完成真实的任务来建构知识。这就需要教师运用新的教学策略达成这一目的,同时通过对教学活动的设计来促进学生的成长和发展。小学语文教学中,由于其对象的特殊性以及语文学科本身的学科属性,笔者认为并不是所有课型都适合采用翻转课堂。例如,阅读课的学习,需要课堂上师生、生生之间的朗读、对话交流,在活动交往中才能对言语有更好、更多元的理解、感悟与积累。再如,第一、二学段的学生还没有一定的自主学习能力,若采用翻转课堂,无疑是加重家长课外辅助学习的负担。因此,教师若在语文教学中采用翻转课堂,应面向第三学段,同时在语文内容的选择上,可在习作教学、复习课、语文综合实践活动等课中予以运用。

(二)课堂时间的重新配置

翻转课堂的第二个核心特点是在课堂中减少教师的讲授实践,留给学生更多的学习活动时间。这些学习活动应该基于现实生活中的真实情境,并且能够让学生在交互协作中完成学习任务。将原先课堂讲授的内容转移到课下,在不减少基本知识展示量的基础上,增强课堂中学生的交互性。最终,该转变将提高学生对于知识的理解程度。翻转课堂,在很大程度上利于教师"以学定教",能够基于学生自学的起点,进行后续跟进、巩固、延展的教学手段。也正因为其针对性,学生也能更为客观地了解自己的学习情况,从而掌控好自己的学习。

学习是人类最有价值的活动之一,时间是所有学习活动最基本的要素。充足的时间与高效率的学习是提高学习成绩的关键因素。翻转课堂通过将预学时间最大化来完成对教与学时间的延长。其关键之处在于教师需认真考虑如何利用课堂时间来完成课堂时间的高效化。传统课堂往往是优生的主场,部分学生容易在课堂上思维游离、懒于思考,更多学生的"学"成了被学,降低了学习效率。翻转课堂自学在家中,可依据个人学习能力反复学习,再通过完成学习任务来反馈学习成效,课堂时间更多基于学情,有针对性地交流互动。这样的学习效率明显会提升,变低效为高效。

(三)学生角色的转变

随着技术的发展,教育进入一个新的时代,一个学生可进行自我知识延伸的时代。教育者可以利用云盘、微信等技术工具高效地为学生提供丰富的学习资源,学生也可以在网络资源中获取个人所需的知识。在技术支持下的个性化学习中,学生成为自定步调的学习者,他们可以控制对学习时间、学习地点的选择,可以控制学习内容、学习量。然而,在翻转课堂中,学生并非完全独立地学习。翻转课堂是有活力的,并且需要学生高度参与的课堂。在技术支持下的协作学习环境中,学生需要根据学习内容反复地与同学、教师进行交互,以拓展和创造深度的知识。因此,翻转课堂是一个构建深度知识的课堂,学生便是这个课堂的主角。

翻转课堂是在建构主义理论的支撑下,变先"教"为先"学",而一切教师的"教"都要依循于学生的"学"。学生通过动脑、动口、动手等思维实践活动,总结出一般规律,然后再利用规律进行运用实践。这样的学习过程更符合一切规律都是从实践中来和到实践中去的哲学原理,从而诠释了教的真正含义乃是让学生真正地学。

二、基于翻转课堂教学模式下小学习作教学的策略

相比于语文其他内容的教学而言,习作教学的繁复性更为突出,并且学生畏难情绪更强,在很多时候一堂课只够习作导写,抑或几篇典型文章的讲评,甚至只够写一个片段练习。针对这种现象,借助翻转课堂教学模式,可将内容制作成微课视频,然后上传至网络平台(如微信公众号推送),由学生课前自主学习,创写或修改习作。课堂中有限的教学实践主要用于教师典型习作的评改,习作方法的片段练写,或者以小组合作的形式探究性学习并改写习作,从而实现习作知识的内化。课后,学生再对本次习作进行修改或誊抄,教师则总结教学经验,希冀在下一次翻转习作课中有更好的学习成效。根据上述步骤,翻转课堂习作课堂流程如图4-1所示。

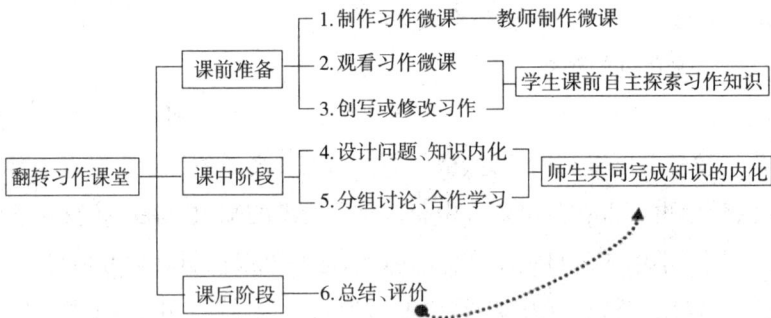

图4-1 翻转课堂习作课堂流程

(一)立足视频制作,做好课前准备

翻转课堂教学成功的关键在于课前准备,作为教师应该根据习作教学的内容借助多媒体资源和课件设计微课,然后将微课视频发布至网络教学平台(如微信、QQ群等),以便学生在课前自主学习相关知识。作为学生,要自觉在课前收看教学视频,并根据视频要求自学相关习作内容。在观看过程中,学生可依据个人学习状况,合理安排学习时间和进度,不懂的地方暂停、回放,并做好记录,待掌握教学内容后,再依据要求完成习作创写或修改习作。

习作教学无疑解决"写什么"和"怎么写"的问题。习作导写课,重点在于解决"写什么"的问题,很多时候学生不知道可写什么,面对习作要求一筹莫展。课堂上的导写往往一次而过,或紧接着习作练习,对于个别学生而言,还是觉得无从下笔。这里借用翻转课堂,教师的导写置前,将相关习作要求及相应要求,通过微视频翔实告知,给予学生一定自学空间,随后依据要求独立完成习作。习作评改课,重点倾向于"怎么写"。每一次习作往往可侧重一个习作训练点。例如关注点面描写活动作文,学生在课堂上已经完成一次活动的完整记录,课后让学生观看"点面描写"视频微课,随后自行用不同颜色的笔修改个人习作。

(二)紧扣习作问题,注重课中实践

课中阶段作为教师实施习作教学的具体阶段,也是知识内化的阶段。在这个阶段的初始阶段应该用于交流和讨论学生课前自主创写存在的问题,然后教师根据学生自主习作阶段存在的普遍性问题、重点知识、教学难点进行讲解,从而帮助学生将知识点逐步内化。在课中阶段,教师和学生的位置均比较自由,方便师生、生生之间根据习作内容开展交流和沟通,以便在交流活动中提升习作水平,将习作知识内化。

以导写为主题的习作翻转课堂,学生基本处于盲写状态,是基于自身实际水平创写的最真实习作。这类文章也是最容易暴露习作问题的,教师可在课前收集并整理学生习作,归类典型问题,随后再依据实际教学目标做相应的教学跟进。例如,学生在写读后感的过程中,暴露出只谈感受,而未能紧密联系生活实际。即便描写了相关生活中的事例,但内容又显得过于空洞、干瘪。针

对这样典型性的问题,教师可拿学生资源在课堂上进行着重展开教学环节,通过小组讨论、互动评点,到随后的自我修改。这样的习作翻转教学,让习作课堂更为高效。

在习作课堂上,学生依据教师的要求进行了练笔训练,但一堂课最多40分钟,不少学生要完成全篇习作,需花费整堂课,甚至更长时间。如此一来,习作的评讲时间只能挪到下节课。这时采用习作评改翻转课堂,就能趁热打铁,让学生先在家自行修改,在第二天的习作交流课中,则会呈现二次自我修改痕迹,也能按照教师翻转微课中的要求,有针对性地对某个片段进行修改。如此一来,学生也能更有自信,与第一次落笔相较,已有自我提升。再一次的交流评改,相信会有更多的习作感悟与提升。

(三)跟进习作微课,关注课后评价

在课后阶段,教师可在批阅习作之后,将优秀习作作为范文进行赏析品读,习作改进空间较大的学生,可进行单独辅导,以便因材施教,实现知识的内化。这里教师不仅可以根据学生习作过程中反馈的信息,及时调整课前导写或评改课的微视频,做好相关素材的积累,为后续使用带来更好的成效。课后阶段并非意味着习作教学的完结,而应该将基于翻转课堂教学模式下的微课教学形成一个具有积极反馈效益的良性循环系统,以此提高习作教学的效果。教师可在每一次习作教学之后,对本次习作进行一次评选。可评选出"最佳选材奖""最佳题目奖""最佳描写奖""最受读者欢迎奖"等奖项,通过网络平台推送文章,随后利用"问卷星"即刻投票生成。这样公平公正的方式会激发学生习作的热忱。

翻转课堂在小学习作教学中的运用,应该是颇有成效的,它改变了传统教学模式中教师的教与学生的学相分离的弊端,有效发挥了学生课前自学、课后评改的作用,对于"以学定教、教学相长"目标的实现有着重要的推动作用。教师可在习作教学中采用翻转课堂的教学模式,并在课前、课中、课后三个环节做好相应的完善工作,从而提升小学习作教学的实效性。

三、翻转课堂在语文教学中有效实施的五大要素

翻转课堂源于美国的教学方式,在我们借鉴和引进的过程中,必须结合我国国情加以研究和改进,具体到小学语文学科,更要因地制宜、因时而为。必须全面、深刻地研究翻转课堂的构建之"本"、发展之"脉"和成功之"道"。翻转课堂如何有效地应用于语文教学实践中,笔者认为需要关注以下五个要素。

(一)转变教育理念,深刻理解翻转课堂的教育本质

眼界决定境界。不学则退,疏学必庸。教育理念决定我们教育教学的行为,对翻转课堂有清晰而深入的认识,才能使教学走得更好、更远。翻转课堂与传统教学在教学理念上存在着本质的不同,传统教学是教师为中心,学生处于被动学习,以讲授知识、学生理解和记忆为主。翻转课堂以学生为中心,以学生主动学习、自主学习和合作探究为主。翻转课堂教学要求教师退居幕后,从原来的一讲到底转变为引导和鼓励学生积极学习。

翻转课堂的优势,为何不能在一线推广,为何课堂教学的模式总是"老方一帖"? 究其原因,笔者认为有如下三个方面:其一,思想层面。要让学生成为学习的主人,必须先培养学生这种学习能力,老师需要付出努力。再者,让学生成为学习的主人,而老师这个导演既要吃透剧本,又要为学生演好剧本,做好大量前期工作,翻转课堂需老师付出大量劳动。其二,制度原因。作为公办学校,老师认为领取工资是国家理所当然给的,管好个人的一亩三分地即可,作为学校管理者,目前也没有什么措施能有效改变这种现象,简言之,工作没有危机感。其三,奖惩机制不完善。常言"多劳多得",可教师这份职业完全是良心活。很多时候很难考核,即便有教师愿意努力付出,采用翻转课堂进行相应的教学改革,但未能得到相应的劳动报酬,仅凭一腔热血,怎能将先进的教育理念和教育措施普及开来?

教师教育理念的更新是有效实施翻转课堂的关键点,也是难点。当然,要让更多老师能够更新理念,加入翻转课堂的行列,那就得从思想、制度和保障三个方面予以落实。

（二）精心设计活动，有效推进互动合作探究的课堂

翻转课堂教学中获得成功的教学方法和策略有：同伴教学法、及时教学法、案例教学、基于问题的教学、小组讨论、小组合作、课堂演讲，等等。在翻转课堂教学实践中，教师需要依据课程性质和教学目标合理选择、组合使用这些方法和策略，接下来的重要工作是设计教学内容。翻转课堂将学习中最容易的部分——知识的传递移到课外，教师必须依据课程核心内容和学生学习情况精心选择与设计课堂活动的内容，从而实现有效的活动和合作探究，引导学生完成高层次的学习任务。

语文学科有其特殊性，并非所有课程内容都适宜于将知识的传递移到课外，教师在内容的选择上要适恰。例如语文综合实践活动，有趣的对联，可将相关对联知识在课外习得，收集相关资料并创写对联。在课堂上采用小组交流汇报、互动展示的形式予以开展。再如语文主题复习课，理解含义深刻的句子，相关知识的传递可在课外，并完成精选练习。课堂上采用例题讲解、小组讨论、巩固延伸等教学环节。翻转课堂的教学设计是一个动态的过程，即使是相同的课程也应依据学生的学情变化而变化，需要教师依据学情而设定。另外，课堂上的交流互动、质疑问难等环节，总会生发出很多新知识、新问题，教师更需充分备好每一节课。

（三）改变学习方式，引导学会自主学习和合作学习

翻转课堂教学变"教"为"学"。在教师做出调整的同时也需要学生改变学习的观念和习惯。国外研究表明，学生在翻转课堂教学模式中遇到的困难有：自主学习负担变重；学习过程需要更多的自律；必须付出更多的努力；看视频很无聊，网络信息过多，遇到问题缺少及时的解答；学生开始对这个教学方式感到痛苦，但可以调整。因此，在学生自主学习的过程中，一方面需要学生转变学习观念和学习习惯；另一方面也需要教师为学生搭建"脚手架"，有效地支持他们学习。

对于小学生而言，这样的学习方式更需要提前告知，并培养相应的学习习惯。如果开始使用，可事先告知学生这样学习方式的好处，应该如何学习。在整个教学过程中，教师要收集学生中做得好的案例分享给全班同学，动员、肯

定和纠正应该渗透在整个教学过程中。只有学生真正去做,新的教学方式才能实现。另外,还要设计适合自学的任务单,提供多样化的自学资源,利用网络实现师生、生生之间的问答互动。课堂教学中,教师更要基于学生的自学情况,充分利用学生资源,这样有针对性地展开教学,才能让学生觉察自学的价值所在。课堂上,教师更要充分引导和组织学生进行合作学习。合作不是与生俱来的能力,需要在教学中培养。在使用翻转课堂教学过程中,教师需要了解合作学习和小组讨论的教学目标与意义,学习和理解学生小组讨论的基本规则,而学生需要掌握讨论和合作学习的技巧。

(四)使用多元评价,基于及时反馈助力教学的改进

课堂评价是教育教学活动中极为重要的一环,对教育和教学活动具有极强的辅助与导向作用,教学方法的改革必然伴随着评价模式的改革。

使用翻转课堂教学,教师在设计教学的过程中,必须了解学生的学习是否真正发生,已经掌握了什么,学习中还有什么困难以及怎样能更好地帮助他们,教学的每一步设计都依赖于学生学习成果的评价。因此在传统教学中,常用的只关注最终的学习成果,强调甄别与选拔的终结性评价不再适用。我们在翻转课堂教学实践中使用以形成性评价为主的多元评价模式,以学生的学习成果作为起点和核心,收集学习证据、安排教学内容、提供反馈、进行反思,在整个教学活动流程中,评价与学习、评价与教学之间的界限逐渐模糊,评价完全融入教与学的过程中,贯穿教学始终,成为促进教与学的强有力的策略。

(五)借助信息技术,提供学习资源并拓展学习时空

信息技术本身并不能带来教育的创新,但它能够突飞猛进地发展并促使教育者思考如何创新教育,同时为创新教学模式提供无所不在、方便快捷的技术支持。翻转课堂中,利用视频技术可让教师更有信心地将自己的课程内容移至课外,空出宝贵的课堂时间,尝试使用新的教学方法,发现其中的价值。利用信息技术可扩展学习的时间和空间,带来多样化的学习资源和学习材料的多重表征形式,以适应不同学习方式的学生,实现异地的和不同时间的互动合作。

语文教学就其本质而言,即是"对话"。具体到一堂课的教学中,"对话"涉及学生与文本的对话、学生与学生的对话、学生与教师的对话、学生与自己的对话。课堂上面对面地交流和讨论问题是同时同地发生的对话,它带给学生的共振效应是在线交流中无法实现和替代的。因此需要理性看待信息技术在翻转课堂中的作用和地位,在深刻理解翻转课堂的本质基础上,利用其优势支持翻转课堂的教学。

四、翻转课堂在语文教学中的使用建议

(一)不是所有的语文课型都需采用翻转课堂

翻转课堂作为一种新兴的对话教学,是教师、学生、教材、编者之间的多重对话。翻转课堂有其独有的优势,但笔者认为该教学模式并不适合所有语文课型。不少教师认为在语文阅读教学的过程中采用翻转课堂的教学模式会对阅读教学有一定的促进作用,促进教学相长,提高阅读教学的效率。笔者却不以为然,在阅读教学中采用翻转课堂,无疑在课前预学中通过微视频的方式进行导学。预学固然重要,通过预习学生明白学什么,需要怎么学。教师还可利用学生的预学反馈,为上课提供依据,使课堂教学具有针对性,能更好地以学定教。平时的预学,基本包含朗读课文,标注自然段,圈画难读、易错字并抄写若干,有心的教师还会请学生提出阅读问题,将此作为教学的资源。倘若采用翻转课堂,将阅读教学内容过多地讲授、告知并完成相应练习,这无疑加重了学生的课业负担。因为当下的翻转课堂,很多教师仅仅是将教师课堂讲授过程录制下来供学生学习,相比传统的灌输式的教学方法,这样的翻转只是将教学任务在时空上进行互换,在教育理念、教育目标和教学方法上并没有产生真正意义上的变革。阅读教学更关注师生、生生、文本之间的对话,在思维的碰撞中感悟、体会,从而习得言语。翻转课堂中,所采用的微视频技术只能是知识的灌输,未能产生很好的互动,故而翻转课堂并不适合所有语文教学课型。

除此之外,种种因素也制约着翻转课堂的使用。首先,翻转课堂教学中,微视频是依托信息技术和多媒体设备的信息化的教学手段。在现实中,一线语文教师大多肩负着班主任的重任,每天疲于应付学校、班级、学生以及家庭的各种琐事,无暇制作微视频。其次,尽管微视频有助于提高教学质量,但由

于许多教师在技术的使用上还不熟练，光靠一个人的开发制作，着实不切实际。因此在教学中，还不能在所有语文课型中利用微视频，更无法将所有教学内容采用翻转课堂的模式进行实践。

（二）不是所有的翻转课堂都要借助信息技术

翻转课堂的本质意义是什么？眼下最朴素的解释是：将课上的任务——教师的讲授，利用视频技术移至课下，让学生课前观看讲课视频，课上完成原来课下的学习活动——复习和写作业。这种层面的理解，笔者认为不够全面甚至有些偏离。英特尔全球教育总监布莱恩·冈萨雷斯(Brian Gonzalez)对翻转课堂所做的描述是：翻转课堂是指教育者赋予学生更多的自由，把知识传授的过程放在教室外，让学生选择最适合自己的方式接受新知识，而把知识内化的过程放在教室内，以便学生与学生之间、学生与教师之间有更多的沟通和交流。从布莱恩·冈萨雷斯的解读中，翻转课堂是将讲授内容放在课前，而利用课堂上师生面对面的时间进行更多的沟通交流，如反思、小组活动或讨论。翻转课堂的核心思想包括布置课前学习内容，形成性评价，致力于学习差距，发展能力，教师在其中扮演指导者的角色。

翻转课堂是一种教学模式，可用多种教学方法实现，通常的做法是要求学生上课前阅读学习材料或观看课程视频等多种方式进行自主学习，在课堂上师生之间、生生之间共同交流、探讨、合作学习。例如语文"主要内容"概括的复习课，课前学生阅读教师提供的概括主要内容的方法概要，而后完成两篇不同类型文章的主要内容概括。在课堂教学中，则根据学生的概括，组织全体学生进行交流、讨论，共同发现并达成概括主要内容的相关要领，从而自我修正，提升语文概括能力。这样的学习方式，与传统教学相比，变"教"为"学"，是对传统教学的全面改革，本质是强调以学生为中心，问题引导，学生自主学习和合作学习的主动学习模式。从这一点来看，翻转课堂并非全部仰仗信息技术，关键在于核心要义上的变革。

（三）不是所有的视频授课都能提高学习成效

国内关于翻转课堂的研究与国外相比有着20余年的差距，有些教师和研究者对于翻转课堂的理解更多地停留在信息技术层面，片面地认为翻转课堂

是由信息技术触发而且靠信息技术支撑的新的教学模式,将制作课程视频、微课等作为翻转课堂的核心。于是乎,翻转课堂成了某些教师一吐为快的场合,将知识点等信息借助微视频,打包灌输给学生。这样的做法,明显收效甚微。我们的教育对象是小学生,而他们的自制力较弱,抵挡不住网络的诱惑。加上学生已经习惯于传统课堂的束缚,一下子给予他们空间让其自己探索发现,他们对于这一转变一时难以适应。面对大量的自主学习的空间和实践,他们不能很好地利用,很多时候进行的是毫无目的、杂乱无章的视频观看。

基于此,教师更重要的工作在于翻转课堂之后,如何培养学生在自主学习的过程中逐步发展自己的学习策略,反思和调适自己的学习过程,监测学习进展,自我评估,从而对自己的学习负责。教师只在启发和支持学生自主学习方面发挥重要作用。因此,微视频不是提高学习成效的关键,关键是教师借助微视频,引导学生进行基于问题的自主学习和合作学习,从而激活学生的学习动力。

第二节

线上课堂：时空对接，化危为机

2020年，新冠疫情暴发的特殊时期，让教育不得不快速转型优化，让宅在家里的学生也能享受到优质的在线教育。在线教学并非替代线下教学的所谓教学变革。应该说，线下线上的整合才能解决各自的短处和发挥各自的长处。教师需要避免用替代式的思维方式去看待线上教学，教师使用技术，不是用来取代现有的教学方法，而是改造并优化现有的教学方法，使之更高效。

一、线上教学中的诸多问题

（一）线上直播课程整体效果不如线下

线上直播教学的技术平台已经较为成熟，而且与线下教学相比，线上独有的多媒体手段、娱乐化教育手段、社区化教育手段理应达到事半功倍的教学效果。只可惜当下的这些线上教学工具，反而成了教师上课的一种心理负担。但这个问题会随着时间的推移得到解决。线上教学的教研工作需要大面积全面铺开，显然这一点线上平台做得还很不够。也正因为如此，学生对线上授课抱有松散心理，逃避了老师"眼神"的监督，也缺失线下教育的仪式感，学习成效自然不如线下学习。这方面的问题笔者认为主要还在于老师不能很好地利用平台，其实，线上教学可以通过网络数据等手段来代替原本的"眼神"看顾，用技术优化线上教学，好的直播课程照样能发挥出事半功倍的神效。

（二）线上授课平台卡顿现象频发

卡顿与直播时听课者的网络有关，总体来讲，线上直播平台在目前的网络环境下卡顿是出现概率很高的一件事。卡顿造成了教师授课PPT展示的不连续，影响了整个课堂的连续性。并且，伴随着视频使用得越多，卡顿现象越明显。好一些的平台出现卡顿时不会影响教学，差一些的平台出现卡顿会导致教学中断。这也不能怪当下全民上网课，突如其来的大容量，网络带宽一下也承受不住。相信随着科技的发展，尤其5G时代的到来，卡顿的问题也将迎刃而解。

（三）线上直播授课效果两者皆难评估

线上直播课程的效果很难监管与评估，一方面是针对教师而言，学校无法有过多的精力去考核老师线上教学的质量，亦没有合适的维度考核标准说明线上教学的好坏。线下多年的教研和培训积累，让我们很容易从几个维度对教师教学做出全面评价，可一旦转移到网络上，类似的客观评估标准还比较滞后，教研等活动更难以展开。另一方面是针对学生而言，老师隔着屏幕讲授，不太会利用技术来管理线上教学，于是对于授课效果心中也没底。

（四）线上直播课程形式单一质量参差

线上教学教师往往只采用单一的授课模式，一种直接视频通话，抑或微视频播放，没有形成理想状态中的线上与线下相结合、直播与录播相结合、直播课堂与考试作业系统相结合等多个教育形态和工具的有机结合，也就难以实现理想中的讲堂效果。尽早开启若干教育模式和系统的结合是未来在线教育发展的必经之路。这也是前面所言，在线教学并不能代替线下教学，而应该是线下线上的整合才能解决各自的短处并发挥各自的长处。此外，这次疫情迫使全体教师转战线上教学，这当中不乏平日抵触信息技术的老教师，这些老师虽强硬扭转教学观念，但信息技术水平绝非一朝一夕能提升的，需要不断累积与运用。

综合上述，虽然线上教育还存在诸多问题，但我们不得不承认随着互联网技术的发展和人们学习方式的改变，线上系统开发的"直播+教育"模式已然对传统教育造成冲击。2020年的疫情，加速了线上教学应用的进程，上述问题也在不断改进和完善中,相信线上教学必将成为线下教学的一个补充、一剂催化剂。

二、开展线上教学的五个流程

流程一:调试硬件环境

网络是确保开展直播教学的首要条件,谁也不希望直播的时候卡顿。故而要选择达标的网络,若能选择网络最优时间、网络最优区域进行直播,就更能确保直播网速的流畅。为了保障直播的音质,需要录制环境相对安静,采用麦克风、可收音耳机等外接录音设备。

流程二:选择直播平台

有了网络等硬件设备后,就要选择合适的直播平台,这里主要可分成三类,具体见表4-2。

表4-2　网络直播平台简介

类型	功能
通用型	指QQ、微信等社交软件。这些软件对硬件要求低,以微信群或QQ群为依托,随时随地进行互动。操作便捷,但毕竟不是为直播授课所设计,仅能提供有限的辅助教学功能,缺乏过程性数据
专业型	指CCtalk、Classin、雨课堂、UMU等,能够为教师提供丰富且实用的教学及课堂管理工具等。可实现的基础功能包括:音频直播、课件演示、电子白板、资源发布、举手发言等(画重点),并在满足教学基本需求的基础上,各自发展出了特色功能,适用于不同的教学任务
商务型	指晓黑板、钉钉、Zoom等办公软件。这类软件功能丰富,有稳定的双向视频、多人通话等功能,效果稳定且简单易用,构成了在线课堂、协同教研、家校沟通及学校管理等一站式解决方案

针对三类平台的分类,再做进一步的对比分析,不难看出,通用型的平台,硬件要求不高、操作难度低,但是参与人数、教学工具的支持等方面则较低。相对而言,专业型的硬件要求高、操作难度高,但具备丰富的教学工具,支持课程录制回放、数据统计等功能。商务型平台的特性介于通用型与专业型之间。教师可对照表4-3的分析和自身教学的需求,选择合适的直播工具为其所用。

表4-3 各类网络直播平台性能比照

性能	通用型 QQ、微信、腾讯课堂等	专业型 CCtalk、Classin、雨课堂、UMU等	商务型 晓黑板、钉钉、Zoom、腾讯会议等
硬件要求	低	高	中
操作难度	低	高	中
参与人数限制	无	无	有
教学工具支持	低	高	中
课程录制/回放	无	有	有
数据统计	无	有	有

具体到平台的选择上，建议选择能满足学科内容呈现需求的、符合自身使用习惯，并在能力范围内的专业型直播平台。为了确保直播有序、有效地开展，还建议老师提前使用，直播前可再进行试播、调试等工作。

常用直播平台举例见表4-4。

表4-4 常用直播平台举例

腾讯课堂 https://ke.qq.com	教师在腾讯课堂，建立班级授课群，既可群内分享课件、课程资料，在线讨论等，也可通过QQ电话、白板教学、屏幕共享进行在线授课。操作简单易上手，能够实现基本直播功能，但支持教学工具较少。推荐教学设备条件有限、时间紧张的教师使用
晓黑板 https://www.xiaoheiban.cn/	晓黑板App的同步课堂和在线课堂功能，可快速获取学习资源，教师可以轻松地进行远程直播授课。晓黑板在线直播操作快捷，支持上传各种文件，师生互动充分，上课内容可录制，学生可回放，还可以在线统计数据，了解学习情况。推荐已有晓黑板应用基础的教师使用
CCtalk http://www.cctalk.com/	CCtalk能够为教师提供众多在线教育与课程管理工具。教师通过构建CC群，作为学习社区，保障课堂教学中师生线上线下的交流互动。CC群与QQ群类似，但提供了专业的教学支持，这种"社交+学习"的教学形式，使教学更有温度、更有效率。CCtalk特别适宜语言类课程的讲授，因此语文教学首选这个直播平台

UMU互动教学平台 http://www.umu.com/	UMU是知识分享与传播的互动学习平台。在UMU互动教学平台上,教师可以通过组建班级、部署课程、课程发布、课程学习和课程统计等几个步骤,快速搭建互动网课

流程三:建立虚拟班级

教学班级授课群的建立,方便了教师、学生、家长三者之间及时沟通,有利于师生线上教学的顺利开展。教师可通过线上虚拟班级及时发布直播预告,提前告知授课时间和内容,发放拓展资源,指导学生做好相应的预习、复习,组织好线上答疑,接收并解答学生的疑问,等等。

流程四:备课

备课是教学环节的重要一环,包括备教材、备学生等。线上备课与平时课堂教学还是有诸多不一样的。线上直播教学的备课要备足教学资源,重视课前预习,控制授课时长。

具体来讲,备足教学资源,相较于传统的课堂,面对线上教学的屏幕,教师容易忘词、断片,这里要克服面对屏幕的陌生与慌张。首先,教师需要提前准备好较为详细的教学大纲和课件资源。适当地提前排练,心中有数才能临阵不乱。其次,要重视课前预习。将讲义和资源提前发放给学生预习,还可避免上课过程中,资源下载不畅的问题。再次,要控制授课时长。建议直播课堂同样以知识点为单元,20~30分钟为宜。最后,要提前准备一些练习作业,用于直播期间发布给学生,能够及时监测学生的学习掌握情况。

流程五:直播

在直播过程中,要做一个好"主播",那就得关注以下几点:第一,要保持文明形象。面对屏幕要衣冠得体,端正坐姿,不打电话,举止文明。第二,要把握语音语调和肢体语言。直播教学过程中,老师应尽量克服面对电脑教学的不适应,想象学生就在你面前的状态,自然微笑,平时怎样教学,线上也如此。直播授课时,学生很容易精神疲劳,并且难以把握老师讲授的重点。直播教学缺失了师生之间的眼神交互,隔着屏幕,学生只能通过老师的语速语调来了解重点。老师应在重、难点的地方放慢语速,加重语调。另外,在讲义或电子白板上做好重、难点标注。第三,要鼓励提问和互动。学生面对屏幕容易走神,这时候教师就要想办法,积极调动学生听课的积极性。问题的设置和鼓励性的话语往往能提高线上教学的参与度。第四,要收集反馈多反思。课后老师要收集学生反馈,及时调整改进。老师讲得怎么样,学生有发言权。课后可以发一个简单的问卷,调查一下学生的感受。至于这份问卷,设计要简单明了,不填写姓名,可以真实了解到线上教学所存在的问题,以便后续的改进。

"台上十分钟,台下十年功。"做好教学线上直播课,既要熟悉直播平台等硬件环境,又要精心备课,更要学会组织管理线上教学活动,可谓是教师信息技术应用能力的一次全面提升。

三、上好线上教学的四条建议

在信息技术不断发展,各种在线教育工具越来越便捷的当下,在线教学能力已经成为老师们的必备能力。2020年突发疫情,更是迫使老师们不得不转型为线上远程教学,更有诸多老师开始尝试线上直播教学。当然,在实施过程中,也是状况百出,这反映出老师使用信息技术开展线上教学的能力还是有所欠缺的。

如果仅从技术工具的层面而言,这都不算什么大问题。眼下的技术开发都是遵循着"Keep it Simple, Stupid"(傻瓜操作)原则,技术就是一个熟能生巧的过程,只要熟悉平台后,老师们就会觉得操作挺方便的。技术层面不是大问题,最关键的还是教学环境上的不适应,让师生产生一种焦虑感。老师移到线上,感觉教学功力减半,无法与学生眼神交流,讲得心慌不已;学生一天到晚盯着屏幕,又累又低效,觉得还不如在教室好;网络也着实委屈,网络再发达,带宽也是有限的,全民上网直播,能不卡顿吗?

形式枯燥,经常卡顿,那么线上教学又该如何优化呢?首先要明确"同步授课"不等于"视频直播"。同步授课是在规定的时间里(如35分钟),师生同时在线的一种授课方式。虽然老师一直强调"眼睛是心灵的窗户",但线上教学缺失了课堂上眼神的交流,感觉心中没底,其实眼下的各种线上平台的功能,还是能够很好地弥补这一点的。

面授课堂移到线上教学,对于最基本的线上教学模式,可以采用如下环节。

课前导学:推送学习任务与资源,类似于预习。

课上精讲:就是采用直播方式开展。网络好时视音频在线,不好时只用音频。精讲控制在20分钟以内,其他时间留给学生,教师进行在线答疑。

课后作业:利用讨论区、作业提交等功能,学生完成做作业、开展讨论或其他活动。

当然,教学有法,教无定法,语文课的教学类型众多,阅读精讲课、口语交际、习作课、练习课、复习课、综合实践分享课等,老师要根据平台与教学的特点,不断去探寻新的线上教学模式。但无论采用怎样的在线教学法,都要遵循如下四个实施要点。

(一)结合平台功能,磨合可行教法

在线教学,老师不是一个人在战斗,而是和平台、工具一起去战斗,做到"人机合一"是第一步。因此,老师在开展在线教育的前期,要熟悉学校所采用的平台。这里建议学校采用统一的平台,方便后续集体备课、教研和管理的实施开展。这里可结合上面所介绍的各款直播平台,按图索骥,用功能匹配理想教法。老师要根据学科、学段、在线教学的经验、教学风格等来寻找相匹配的平台功能,这里建议最多选用两个平台相结合,过多的平台跳转,无疑会影响在线教学的实施效度。

(二)关注预设与生成,设计在线教学

所有能够预先设置或提前上传的材料,全都事先完成。预设得愈翔实、愈具体,在直播教学过程中,老师就有一种"手中有粮,心中不慌"的笃定,同时也能避开网络的卡顿。

(三)兼顾导学与助学,组织实施教学

在线教学过程中,老师要具备"隔空导学"的本领,具体指的是老师要将学习指令说清晰、准确、具体。例如,在启动某项功能、转换其他平台时,必须要有相应的导学语。举一个实际的例子,语文在线课堂上,采用的是CCtalk平

台,针对某个问题,大家有不同的观点,你赞成哪一个呢? 如果是第一种观点,请在讨论区发送"1";如果选择第二种观点,请在讨论区发送"2"。然后老师根据学生发送的信息,进行点对点邀请发言。除了导学,老师还要兼顾助学,如采用范例、提示语等方式来支持学生自主学习。这里需要注意的是"指导语",学生可回看,这样学生需要的时候,可以返回重温教学视频。

(四)利用数据与分析,更好了解学情

在线教学中,老师的确无法通过确认眼神来判断教学效果,但平台上的测试工具可以弥补这个遗憾,而且拿数据说话,可以更加精准把握学情。在线授课的过程中,要把握阶段性的反馈,利用分析的结果,找准学生的薄弱环节,并给予精准的"补给"。此外,在平台上能够反馈的功能,也不仅仅是测验,还可以看学生的参与度、讨论交流以及作业作品等。这样几个方面综合起来,就容易形成学生的电子学档,便于老师、家长更好地了解学生的学习情况,也有利于老师进一步改进教育教学工作。

第三节

微信:时空延展,化腐朽为神奇

迅捷发展的信息技术为数字化教学带来了新的实现可能性,为实现"人人(anyone)、时时(anytime)、处处(anywhere)"的3A学习愿景提供了技术的保障。微信以一种全新的社交理念及强大的多功能设置,备受人们的喜爱。微信通过智能手机已经渗透到人们的日常生活和工作之中。微信具有发送文字、照片、音频、视频等功能,打开微信,人们就可以及时交流想法、交换信息。微信具有功能的实用性、参与的广泛性、使用的方便性、管理的可控性等特点,广大教师将微信作为一种新的教学手段应用到教学活动中,一来可以让学生随时随地地进行学习,提高效率;二来可以锻炼学生的学习能力,激发学生的学习兴趣,为高效语文课堂教学的顺利实现打下坚实的基础。

一、微信在语文教学中的优势与问题

(一)创建崭新的交互平台

新课程标准中指出,语文教师应高度重视课程资源的开发与利用,创造性地开展各类活动,增强学生在各种场合学习语文、用语文的意识,多方面地提高学生的语文能力。教师根据语文的知识模块特点,在微信上设置语文公众号,或者单独建立一个以语文为基础的"语文号"。教师不要用私人微信号发布语文资源,这样效果会大打折扣,甚至适得其反,导致学生精力分散,转移到与语文不相关的内容上。

微信公众号是一种以手机微信 App 软件为基础,个人网络申请的专属于朋友圈的媒体应用,它所承载的内容可以说是教师将各种课程资源相融的集合点。语文学习的重要方式是阅读与写作,在微信公众号上可以以一种全新的方式实现。每一期公众号所推送的作品作为老师课堂教学的延伸和拓展,可以让学生及时关注到发布的信息,对所发布的内容进行阅读、观看、聆听、评价等学习活动,并对微信内容进行再分享、转发、点赞、回复,体验互联网时代特有的多维交互体验模式下的快感,继而提升学生学习兴趣,让他们的知识结构实现跨越式的提升与发展。

微信平台借助于网络,在网络上,学生与教师的地位平等,学习以及接受知识上没有压力,较为轻松。微信语文内容设置在遵循新课标的基础上,可适当拓展,补充语文外的知识,可涉及德智体美劳各个方面。

(二)丰富并延展语文教学

语文是一个需要知识长期积累的学科。现行的课堂教学的时间是恒定的,教师只能按照教学大纲要求,讲解与课文有关的重点知识,很多内容无法进一步展开阐述。课堂知识的局限性,需要学生在课后自我学习,不断补充。语文素养培养是潜移默化的过程,教师可以将网络上的教学资源整合起来,通过建立微信群、开通微信公众号,把微信作为语文知识传授的另一个平台。例如,可以将学生的习作、阅读分享以及收集整理的"常见错别字、易读错字、名篇推荐"等各种学习资源、教育资源分享到微信平台,这样学生在家就可以学习,将有益的内容提供给学生学习,丰富并延展语文课堂教学。

(三)激发持续学习内驱力

兴趣是最好的老师。和传统的讲授、面对面学习、小组合作学习方式相比,微信公众号的学习需要学习者有更强的内在学习动机。笔者通过以下三种策略激发和维持学生的学习动机,保证了微信学习的真正发生。其一,让学习者认识到学习环境和学习任务的相关性。所设计的微信操作任务均与课堂教学内容、生活实践有着密切的关联,学习目标与学生个人成长、学习生活密切相关,是他们学习语文的好助手、好伙伴。其二,培养学生学习的自信。在老师的指导下,让学生明确自己在微信平台上学习展示的目标,教师要用自己的实际行动来推动学生的学习。为学生的习作做专题微信推送，为学生的个人展示做特色微信宣传，通过微信朋友圈对学生的作品进行转发与点赞，使学生感受到被他人认可、赞赏的喜悦，从而激发他们不断学习、继续学习的动机。其三，关注学生学习过程的满意度。通过微信对学习者的学习、展示进行评价和反馈，结合学校的评价机制，针对学生呈现出来的优势和问题进行剖析。制订出评价方案和改进措施，不断激励，充分调动学生学习的主观能动性。让学生根据自身的实际情况灵活地选择学习活动和学习路径，随时展示不同学生的学习进度，不断地向其反馈同伴、老师的情感认可和鼓励。

（四）凸显差异化学习过程

个性化教学就是尊重学生个性的教学，必须根据每名学生的特性而予以施教，学生完全是一种自主学习的状态。因此，教师在微信中所提供的可视化的学习内容，方便学生重复学习。尤其微课可以满足学生自主学习、反复学习的要求。教师也可将微信作为第二课堂，采取小组讨论、同学互助、学生求助、个别辅导等形式做到因人施教。特别是对班中的学困生而言，还可利用微信争取家长的支持和配合，根据学生特点布置具有针对性的作业，家校互动一起做好学困生的转化。

平日课堂教学中，教师对语文知识点的讲授尽量一次生成，视学生的掌握情况而适当补充，对于那些想再听一遍的学生而言，只待下课询问、反馈才可弥补。微信中的可视化材料就很好地解决了这类问题，学生可以通过不断循环学习，直到自己弄懂为止。这也就提高了学习的绩效。微信学习是人性化的学习，让学生按照自身的节奏学习。在学习的过程中，学习者和指导者还可通过微信进行交流活动，让学习变得方便、快捷、高效。

（五）强化并增进家校沟通

采用微信，可建立起学校、家长、学生之间交流的平台，学生在学校的表现，老师可随时与家长沟通，解决家访的不便、家校通短信的单向联系，使家校间沟通更便捷。教师根据学科知识推送的微信或微信公众号，让家长明晰教学内容，可将家长纳入老师共同辅导学生的同盟军。与此同时，教师也可适时发布相关教育教学方面的文章，对家长育儿方面也有所引领与启迪。利用这种互动平等交流方式,在家校间搭建起一座沟通心灵的桥梁,对于加强家校合作,提升育人质量起着积极的作用。

微信是对传统教学的一种辅助方式,教师不能完全依赖。微信在教学中应用,给教学带来新的生机,对教师教学和学生学习都起着很大的促进作用。当然,教师在使用中要注意如下问题。

问题一:疲于"爬楼",管理可控性缺失

教育部和一些地方教育局禁止教师通过手机微信与QQ等方式布置作业,其出发点是好的,是要减轻家长的负担,这一点毋庸置疑。可事实上,随着移动互联网技术的快速发展,教师不管是在教学中还是在班级管理中,引进和使用移动互联网技术手段都是不可逆转的趋势,教育事业不可能脱离当下的移动互联网时代。既然广大学校、教师通过微信、QQ等方式建立了"家长群""家校群",而且不少家长关心孩子每天的作业量,那么教师在教室里当面给学生布置作业之外,又通过微信群、QQ群给学生布置作业,这不是一件坏事。关键是群主要有效进行管理,例如发布信息,最好是@全体,不要让家长不断"爬楼梯",去寻找老师的信息,要一目了然,毕竟工作一天的家长,没有过多精力去翻看各种信息。这里建议信息的发送,最好是借助微信公众号,这样方便查阅,也便于后续言论的管理。微信群中更要确保信息的准确,营造积极、和谐的群聊环境。

问题二:累于"单干",团队合作性缺少

微信在语文教学中的使用,固然是大有裨益的。尤其是在班级微信公众号内容的研发制作上,牵涉教师大量的精力。教师要将信息化技术与教学融合。其一,要有足够的内驱力。笔者常常感到孤立无援,身边缺乏伙伴的支持,一个人单枪匹马地码字、修图、找素材、编排、录视频,要挤占不少业务时间。若是有一个团队,有一群志同道合的教师团队一同研发,相信所呈现的内容会更加精彩。其二,要追求终身学习的、发展的、超越的、有意义的职业理想,使专业发展不再成为额外的沉重负担。其三,要善于利用和转化外因,包括领导支持、同事帮助、家长配合、学生合作等,将个人发展与学科发展、学校发展、同事发展和学生发展有机地整合起来。若要解决"单干"问题,就需要增

强语文教师的事业心和责任感。

问题三:困于"适度",教学规划性缺位

在微信教学中利用微信发掘语文资源时,要注意一个"适度"的问题,既不能全面否定课堂教学、传统教学,也不能不重视微信教学。要注意发现学生的利用效率,确保学生是在学习语文知识而不是沉浸在其他方面。虽然微信功能强大,但在使用前要做好调研。首先是量的问题,究竟能有多少语文资源,哪类语文资源可融入微信教学,要严格删减,不要给学生添加过多学习负担。其次,教学内容要有规划性,不可"三天打鱼,两天晒网",最好能够形成一个系列的或者彼此约定俗成的微信教学。再次,微信教学的时间问题,在哪段时间,需多长时间,毕竟过度使用手机对学生眼睛等健康方面不利。最后,教师在微信教学内容的开发上,要依据学段学生特点、教学大纲要求来设置,不可过度拔高要求,亦不可将辅导责任转嫁于学生家长身上。

二、微信在语文教学中的应用

(一)语音示范,开辟拼音教学微渠道

汉语拼音是小学阶段开启语文学习的钥匙,是学好语文的基础。汉语拼音由于抽象、复杂,内容多,无规律,学生又是刚入学的一年级学生,学得较为吃力。家长在孩子刚入学阶段又格外重视,生怕自家孩子掉队,可是在家辅导,又存在拼音知识淡忘,检查拼读时更是一头雾水,担心读不准、拼不对,反而影响孩子。课外的反复拼读又是牢固掌握拼音及培养拼读能力的必经之路。微信在拼音教学中的运用,可谓如虎添翼。每天拼音课堂教学后,就将教学内容用语音范读或者拍摄简短的视频,教师指着课文朗读拼音,可让学生模仿练读。例如为了让学生尽快掌握"前音轻短后音重,两音相连不留空"的拼读要领,教师把拼读要领和范读音频发送到班级微信群,家长协助学生巩固新知识有章可循,更重要的是为没有掌握音节拼读要领的学生家长提供辅导的依据。同时家长要上传学生拼读音节的视频,教师及时给予点评指导,还可个别化辅导。在这样的互动中拉近彼此距离,激发学生学习语文的兴趣。

陶行知先生说:"生活即教育。"语音示范,开辟了拼音教学的"微"渠道,链

接了生活,构建了"交互性"学习方式,拓宽了语文学习时空,并由单向的"接受性学习"向"多元互动"学习转变,从而有效提高语文拼音教学的质量。

(二)多元鼓励,开启语文学习微评价

清代教育家颜元先生说过:"教子十过,不如奖子一长。"由此可见,表扬和鼓励对学生的后续学习显得尤为重要。特别是低年段学生,教师的一个肯定能使他一节课都处于亢奋的学习状态。基于此,教师要不吝表扬,要有一双发现学生闪光点的眼睛,并用手机随时记录,发送到微信群里,即刻表扬。例如今天课堂上精彩朗读,拍下视频,课后上传群里。今日被评为"书写小能手"的,合影并编辑配上醒目的文字等,而后再次上传群里。这样简单的一个"微镜头"操作,让家长洞悉孩子在校的情况,更关键的是那些受到嘉奖的学生,后续学习的信心和动力更足。

低段采用这样的微评价,已然是教师组织教育教学的重要手段。低段学生注意力不易集中,这时若教师说:"某某同学坐得多端正啊,肯定会是今天的'上课之星'。"其他同学纷纷挺直腰杆。在朗读、写字、问答等环节中,屡试不爽,因为孩子们都是向善并渴望被肯定的群体。在这样的评价中,教师也要关照到个别学习能力弱的孩子,要有意识地借机甚至创造机会让他们上镜头。关照每个学生的发展,才能将这样的微评价发挥到最佳状态。

除了关注课堂上的微评价外,教师还可以将学生的作业、写字等学习情况,在微信群中予以展示。通过这样全面、多元的评价与鼓励,让家长成为最忠实的欣赏者,双向互动评价,有效地促进学生的学习与发展。

(三)交流展示,开创教育互动微窗口

微信平台能突破时间和空间的限制,开展丰富多彩的班级活动,学生在活动中挑战自我、发展自我与完善自我,形成积极向上的班级氛围,促进学生全面发展。例如部编版教材一年级"和大人一起读"的《拔萝卜》一课中,让家长和孩子在家中一同讲故事,甚至可以用上家里的玩偶边摆弄、边讲述。特别能干的小朋友可以续编故事。家长把学生讲故事的小视频发送到微信群,一同分享,一同点赞。这样的展示能培养学生敢于展示自我、挑战自我,并在聆听同伴讲述的过程中再次自我提升。这种与课本紧密相连的小故事讲解、古诗吟诵、亲子对话等内容,不仅以文本为依托,关注到学科资源的渗透整合,还训练了学生的语感,同时将口头作业真正落地,有所依循。

交流不仅在于学生层面,亦可开设家校间的交流互动窗口,打通学校与家庭学习的最便捷路径。当下的教育,不再是教师独自撑起的一片天,只有与家长达成教育的共识,形成教育的合力,才能更好地促进学生学好语文。例如班级微信群中,可依据班级具体情况,开设微信沙龙,让教师和家长探讨语文教育教学的相关问题。在互动交流中,教师做好引领者,引导大家朝着我们所希冀的方向前行,让班级教育的向心力更凝聚,解开家长对某些教育问题上的心结。例如班中学生喜欢听爸爸妈妈读故事书,不愿自己看书,这对于低年段儿童而言,阅读刚起步,常依赖父母,不愿自行阅读。有何妙招?这样一个问题提出来,一石激起千层浪,大家纷纷献计献策,查找相关策略,链接分享到群里,还会将具体实操问题再提出,大家就在这样一言一语的碰撞中,寻求到适合自家孩子独立阅读的良方,达成了教育的共识,而作为教师我们也会颇有收获,这就是"教学相长"。

交流展示,为家校开创了教育互动的微窗口,可展示学生学习的风采,也可展现家长育儿的心得,更可展露家校合力的美好。

(四)口头作业,开设语音传达微通道

目前口头作业在现实教学中,往往存在着低效、被动的局面,教师更是难以监控学生在家实际完成情况。利用微信平台,将学生的口头作业以视频、音频的形式来完成。学生也乐于用这种充满新鲜感的方式,同时能在同伴中引起关注。

在口头作业的设计上,要依据学情,并根据教材特点,围绕着自主、生活、有趣三个要素来设计。"自主"要关注学生的自主性和差异性,在充分尊重学生、了解学生的基础上,根据不同学生的知识储备、接受程度、兴趣爱好等来设计多样化、分层化的口头作业。例如部编版二年级下册口语交际"推荐一部动画片",课堂教学完成之后,肯定无法满足人人宣讲。这时教师就可布置选择性口头作业:①录制音频或视频,分享到班级群;②点评伙伴推荐,讲述听到的内容(二选一)。这样的操作,既让那些乐于展示分享的孩子有了交流的平台,

又让伙伴之间锻炼倾听与点评的能力。至于"生活"和"有趣"这两点，部编版教材在选材上，重视学生生活实际言语的运用，话题也更贴合儿童的童真、童趣。

在口头作业的反馈上，一方面可直接点赞鼓励，对于不足的，可私下再予以辅导；另一方面也可将学生的优质资源作为新的教学资源，在后续教学中再利用。此外，教师也要灵活、适恰地运用微信群，不要徒增彼此间的负担。例如简单的背诵作业，学生回家背诵，教师可采用摇号方式，抽取其中几名学生进行背诵，将音频发送给老师。这样既减轻老师反馈的量，同时又让未被抽中的孩子松口气。

（五）课外阅读，开展阅读打卡"微"平台

《义务教育语文课程标准（2011年版）》明确规定，从小学到初中阶段，学生总的课外阅读量应达到405万字左右，要求语文教师应致力于调动学生阅读兴趣、拓宽阅读范围、强化学生的阅读量等教学目标，大力倡导学生多读书，读好书。在微信软件中，可采用如下方式来调动起学生的阅读兴趣，并让阅读成为每天的生活习惯。

方式一：在微信小程序中开展"阅读打卡"

微信小程序中有一款"打卡"软件，登录微信，在"发现"栏目下方的"小程序"中搜索"小打卡"（见图4-2）。教师创建班级阅读打卡，添加班级群里的家长微信，从而组成本班微信打卡群。阅读打卡群可每天进行阅读记录，可编辑文字做记录，亦可上传照片、音频、视频等，一同分享同学之间阅读的情况。同时相互间可点赞、评论，形成良好的

图4-2　微信阅读打卡截图

班级阅读氛围。作为教师,可在微信打卡群里关注学生阅读情况和阅读书籍的门类,做好引导与鼓励的工作。每月月末,教师在管理后台查看本班打卡总体情况,并依据阅读分值,评选每月"阅读小书虫"。利用微信阅读打卡的方式,与传统的"阅读银行卡"的纸质记录相比,优势在于阅读情况可视化,彼此之间互相借鉴的同时,也是相互提醒的过程。因为程序有"积分""排名""评论"和"金币"等相关激励措施,更能激发学生阅读的热情与持续度。这里再推荐一款App"阅赞",这款App同样具有阅读打卡及听读书籍的功能。

方式二:在微信朋友圈中发布"朗读者"

著名散文家朱自清先生说过:"对课文内容的理解,其意义的获得一半在声音里头。"南宋理学家朱熹云:"使其言皆若出于吾之口,使其意皆若出于吾之心。"这些名人大家的言论充分证实了朗读在语文教学中的重要性和必要性。

朗读不是照字读音的简单活动,而是要求朗读者通过原作的字句,用有声语言传达出原作的主要精神和艺术美感。不仅要让听众领会朗读的内容,而且要使其在感情上受到感染。小学生更是需要加强朗读,通过朗读培养语感,进而更好地去品味言语的奥妙。这里可采用"荔枝FM"或"喜马拉雅FM"两款App。将个人朗读录音,然后配上音乐,转发到班级微信群中,以此带动学生在班级微信群转发个人朗读录音的积极性。这两款App不仅有录音、剪辑等功能,还可以收听各类音频资源。通过这样的音频录制,一方面是阅读的积累,有心的家长会敦促孩子录一整套的少年版《西游记》,这样的坚持录音,既可伙伴间分享,又可提升个人朗读与阅读的水平;另一方面可采用听读的方式,平日里可播放相关经典名著的录音,例如在接送孩子上下学时在汽车内播放,教师可在午间学生进餐时,同时聆听故事。这样的举措在无形之中营造了积极而浓郁的书香氛围,让学生在潜移默化中感染和提升语文素养。

(六)习作练习,开发多元写作微途径

传统的小学语文的日记或随笔练习,教学内容在很大程度上是教师事先设定的,学生写得比较被动,更为关键的是学生口头说话流畅,一旦落笔就词不达意。究其原因,其一,口头表述成书面,往往书写跟不上思维,字词不熟

悉,于是刚想好的内容,过一会儿就遗忘。其二,学生在活动当下感触颇深,描述起来更是眉飞色舞,可一旦事情过去,静下心再来回忆,又遗忘了诸多细节,觉得无素材可写。正因为如此,教师采用微信日记的方式来记录,这种微信小程序中的电子日记,采用的是现代虚拟打字记录方法,在很大程度上提高了学生的日记写作技巧,而且电子日记写作打出来的日记字迹清晰、工整,与手写的日记相比更加美观,可以更好地激发学生的日记写作兴趣。这里特别推荐使用语音输入法,微信中有这种功能,(推荐使用:讯飞语记App软件)方便学生将口头语言直接转述为书面语言,方便学生及时收录生活中的素材。有时真实写作前,也可先口头讲述一遍,转化为电子文稿后,让学生再读读刚才所说的,进行简要的修改,随后再在本子上书写。这种操作可破解学生遗忘、思维跳跃、字不会写等问题。

利用微信中的"日记"打卡小程序,用语音记录生活点滴,可将其作为习作的素材库。对于高年级学生而言,用语音去录制生活,用文字去记录生活,这些"记录"都是以后的写作素材。

三、二维码在语文教学中的运用

当前,以"微"为名的事物不断涌现,微博、微信、微电影等,我们进入了一个"微时代"。网络化、信息化、大数据时代影响着我们的学习与认知。在愈演愈烈的多媒体时代,小小二维码也摇身一变,活用于教学中,借助其特有的属性,在微信的助推下,语文课堂教学发挥其无限"微"力。

(一)二维码应用层面上的"道术"

二维码,又称二维条码(2-dimensional bar code),百度百科对其的定义为:它是用特定的几何图形按一定规律在平面(二维方向)上分布的黑白相间的图形,是所有信息数据的一把钥匙。实质是利用计算机的"0""1"比特流原理,将文字数值信息表示为若干个与二进制符号相对应的几何图案,并利用光电扫描设备或图像输入设备自动识读,从而实现信息的自动处理。

1.二维码应用模式的构架

多媒体教学能打破时间、空间和资源限制,实现网络资源共享,优化课堂教学过程。但根据多媒体学习的认知理论和认知负荷理论,缩短独立信息资源之间的空间距离可以减少外在的认知负荷,从而有效地提高学习效率。本研究就是将二维码和手持设备相结合,提出了多媒体学习环境下二维码技术的常规应用模式。该模式是通过手持设备的相机功能一键扫描课程知识点所附带的二维码标签,便捷地获取相关的在线多媒体学习资源,进而在最短的学习时间内获得最有效的学习资源。此外,基于二维码技术的多媒体学习模式能充分地利用移动设备的移动性和便捷性特征,将多媒体信息和课堂内容作为一个有机的整体融合在一起,继而缩短独立信息资源之间的空间距离,使学习者在切换媒体信息和课堂内容时,不易受外界干扰,从而提高学习者的学习兴趣,使学习者愿意投入更多的时间来开展自主学习。

2.二维码活动设计的框架

学习活动是一个包含主体、客体、工具、共同体、规则和分工的完整系统。笔者研究中的主体是指多媒体学习环境下应用二维码技术的学习者;客体是指学习对象,对于客体的设计主要根据主体的学习需求、个性特征和协作特征等因素对主体的学习目标进行不同层次的设置,从而满足主体的学习需求。工具则是指主体在学习过程中所使用到的软硬件工具。本研究中的软件工具指的是基于二维码技术的多媒体学习系统(微信公众号、二维码生成器、微课制作软件等),硬件指的是智能手机、iPad等手持设备;共同体是指主体共同开展学习的参与者,包含学习伙伴、教师及技术人员等;规则是指可以协调学习主体与学习客体的一种约定,其约定学习活动中的学习活动规则、评价规则、任务规则、激励规则等;分工是指不同参与者在基于二维码技术多媒体学习活动过程中的任务分工,教师、同行伙伴及技术人员等需要对学习活动进行指导、设计和开发,学生的主要任务则是积极主动地参与到多媒体学习活动之中。

(二)二维码教学过程中的运用

课堂教学实践中运用二维码,通过扫一扫的方式,进行互动式的双向交流,并以多媒体的色彩纷呈的生动效果,来激发学生感兴趣的求知欲和创新激情,让学生多互动、多思考、多交流,使师生能够最大限度地增强课堂参与意识,营造一个在智能手机与二维码共同支持下,进行师生、生生之间多维交流的教学环境。

二维码作为一种全新的自动识别技术,引入语文教学中改变了原有的教学思想、方式方法,体现创新精神,对培养学生积极自主学习的习惯和创新能力具有重要的意义,大大提高了教学效率。

运用一:语文预学中应用二维码

往常的预习作业,老师往往会让学生回家朗读课文、布置抄写,偶尔另加一两项诸如内容概括、查找资料之类的附加作业。"千篇一律"与"额外负重"或许是学生提不起预习兴趣的症结所在。如若将所需要预习的知识点事先整理好,然后利用相关工具制作成二维码,以图片的形式打印出来,在新课开始前发给学生,让其回家后扫一扫,依据教师所提出的要求予以预习,相信定会事半功倍。

学生预习前,教师则依据个人对教材的理解以及从更好地了解学生起点的角度出发,将预习作业以微信内容推送到个人微信公众号中,所形成的链接则通过"草料"或"联图"二维码生成器,将地址转换为二维码,便于学生带回家扫一扫,轻松方便地找寻到所需内容。

1.内容分门别类,巧具匠心

如何让学生在预习课文时有趣而有效地进行?这就需要在设计预学单的时候思量清楚。例如课例《五彩池》预学时,通过"课文,我能读流畅""字词,我能读正确""学习小资讯""学习小感受""学习小互动"这五个板块逐一呈现。其一,朗读是学习的基础。其二,考虑是选学课文,不要求学生抄写字词,可文中一些难读的字音如"哄骗""柠檬"等仍需了解,以直接告知的方式呈现,减少学生课后查找的时间。再如"一亩"与"一丈"两者的数量关系,课堂上也不会花费过多的时间在这样的字词理解中,于是在预习中可将这些知识以图文的形式告知学生。其三,则是五彩池小资讯的补充,让学生真实地获取所需的知识。这一方式突破了传统平面静态书面呈现的限制,为学生带来了动态且内容丰富的预习体验。

2.设计以生为本,以学定教

在新课程改革的背景下,课堂教学正在实现由"以教定学"向"以学定教"转变。预学环节就是老师很好收集学生信息、了解学习起点等的重要节点。以往老师会采用课前发放纸质的预学单,而后收集上来逐一统计,这样虽然真实有效,可是教学时间紧张,往往有滞后的现象。在《五彩池》一课中,采用微信平台中的投票及

《苹果树上的外婆》预习二维码

回复功能,分别让孩子选择书写和注音都正确的选项,方便在课堂上及时反馈字词掌握情况;选择五彩池位于哪个国家级景区,可及时捕捉学生阅读材料的能力;选择最喜欢的段落,可掌握学生朗读的兴趣点;选择五彩池是一池怎样的湖水(多选),可了解学生朗读之后的初步感知,让老师及时了解班中孩子掌握的情况,真正达到以学定教的目标。在班级读书会学习《苹果树上的外婆》一课时,往常在交流分享课前,总会让孩子做一张阅读学习单,可是数据统计烦琐,一到大段誊写,学生就趣味减半,于是教师通过二维码加问卷星,两者有机结合,学生只需扫二维码,便可直接做一份网络调查问卷,后台立即生成大数据,方便又快捷,学生保有高涨的热情。

运用二:教学重难点中应用二维码

二维码虽然只是一个小小的方块,但是其背后却有着强大的系统支撑平台(如微信公众号、百度云盘等)。利用其呈现、交互、统计等功能,可以加强课堂互动,提高教学的有效性。

1.重难点微课助阵,锦上添花

在课堂教学阶段,在着重的知识点旁附上二维码图形(可将二维码印刷在练习作业纸上或嵌入教师授课的电子课件中),学生扫码便可直接获取,实现课堂和网络的同步学习。学生的学习突破了平面文字学习的限制,走向多媒体,拓展知识,达到充分理解的效果。在一些知识点讲解和视频教学上,学生若出现听不清或看不懂的可以反复学习,或进行相关知识的差选,实时解决了学生学习中遇到的问题,减少学习中的问题挤压。

上海师范大学吴忠豪教授指出："语文作为一种社会交际工具,其核心功能就在于能够熟练运用口头和书面语言参与社会交际。"由此可见,指导学生正确而熟练地运用语言是语文教学的核心与归宿。微课的设计无疑要紧扣文本语言,从关注言语的表达形式出发,探寻文本语言的组合"密码"。

在课例《大头儿子和小头爸爸》中,如何培养二年级学生的默读能力? 就采用微课的形式。通过学生扫二维码,自主观看"围裙妈妈的默读小课堂",将本堂阅读指导课的重、难点,在回忆默读方法、扫码观看默读法、全体看视频、小测默读速度、投票答题、检测默读质量这几个环节中,逐一将无法显现的默读予以真实的展现,将过往的"教过"转化为真正的"学会"。这无疑借助了二维码和微课的有机整合,既突破了教学的重、难点,又尊重个性差异,让每个学生都有不同的发展时空。

2.交互问答速反馈,横扫全码

想当堂了解本节课学生到底掌握了多少知识,做练习是最好的反馈方式。相信老师都非常渴望能当场获得学生做题后的结果,但大多数情况下却只能走下讲台,走到学生中间去看看,可这种方式很难掌握全班学生的整体学习情况。如果利用信息技术,效果就要好得多,每名学生一台平板电脑,老师利用平板电脑进行教学,可即时统计做题结果,但这种教学方式对教学硬件和软件的要求很高,很多课堂无法企及。那么有没有更方便的方法,不用网络,学生也不要任何设备,却又能实现想要的结果呢? 这里就借用一款App Plickers(或爱提问App)和一台智能手机就可以轻松实现扫一扫功能,班上每一名学生的做题情况便一目了然。

在《大头儿子和小头爸爸》教学中,想当堂测查学生认为大头儿子为何要拽掉爸爸头上的帽子时,三个选项,学生只需将老师打印好代表个人的二维码举起来,选A就将字母A朝上,选B则就将字母B朝上,以此类推。老师用智能手机一扫就能得到学生回答的统计结果。它不仅能显示学生回答的正确率,还能针对题目选项进行分析。这样轻松便捷的扫码,迅速快捷的生成,真正将课堂大数据在一线课堂上落地开花。

运用三:阅读延展中应用二维码

课堂教学时间是一个恒量,如何在有限的教学时间内将教学内容讲明讲透,这就考验着教师课堂教学的取舍与把握。这里的二维码可以很好地弥补课堂教学时间不足的缺憾,把上课时讲的知识点或需要拓展的内容以二维码的形式进行有针对性的补充。

换言之,教师可将一些补充知识点和拓展延伸的材料以适合的形式做成二维码,供学生学习;学生也可以将自己发现的问题和解决方案或者最近学习到的新知识做成二维码,发给其他同学,相互学习探讨。这个过程就由教师单一的教转化为学生的自主学习、独立思考。

1.知识补白展深度,创生内容

在书法和绘画中,留白是一种艺术,可以呈现出"无画处皆成妙境"的艺术境界。写文章时,作者也会有"文有以不言言者"的留白之处,不直接写明或点破意旨,而是留下耐人寻味的文字空白,召唤读者去想象、体味与感受。在教学中,教师要充分借助课文中的这些空白,在二维码的引领下启发学生对其进行补充、加工和改造,从而进一步丰富感受,深化理解,激活思维。

在《跨越百年的美丽》中,我们感受到居里夫人提炼镭这个过程的艰辛,文中仅仅用了"终于,经过3年又9个月,他们从成吨的矿渣中提炼出了0.1克镭"。

那是怎样的3年又9个月,那是如何从成吨的矿渣中提炼0.1克镭,这背后的留白值得学生去填补。然后利用二维码,可以通过观看居里夫人提炼镭的视频后进行创写,也可以扫另一个二维码,通过提供的文字材料,去补充了解这份艰辛。这样二维码的设计就是对课文"空白"内容的重要补充,学生通过视频、文字材料让人物形象更为丰满,从而感知居里夫人那跨越百年美丽的真谛。

2.知识补充拓宽度,分层有度

课后,学生该如何进行延续性学习,进行拓展阅读或读写结合的训练呢?仍借助于二维码。在教学《"凤辣子"初见林黛玉》一课时,由于课堂教学的量是恒定的,课堂必须有取舍。可课后的时间却是可以适恰地开发与利用的,从而拓宽学生学习的视野。在该课结束时要求学生：一是收集《红楼梦》中较易阅读的"黛玉葬花""刘姥姥进大观园"中相关选段进行补充阅读，引导学生拓展阅读并关注人物性格的多面性。二是课堂中无法对外貌描写做更深入的讲解，于是则采用微课的形式，一节"外貌描写三板斧"的微课来关注人物外貌描写的手法，从写法迁移的角度考虑，如何将作家习作的密码运用到自己的写

"外貌描写"学习二维码

作上。分层设计：其一，观看微课了解方法。其二，阅读相关外貌描写的语段，品味各自精彩之处。其三，可以选择一位人物进行外貌描写或者对原有的习作进行修改，补充适恰的外貌描写，来彰显人物的性格。

此外，教师可将课堂上了解的学生学习情况，利用平台进行消息的精准推送，并可以在后台对用户进行跟踪，查看用户对推送消息的浏览情况。教师可以利用这一功能针对某个学生在课堂未解决的问题，进行精准推送，查看其浏览反馈情况，并可互动答疑，从而进一步提高课后辅导的实效性。

(三)二维码教学背景下的"应对"

1.微时代教师的观念变革

二维码在课堂教学中的运用体现了其独有的功能魅力：所含信息量大，可以借助微信公众号、百度云等辅助平台将海量信息以二维码的形式存储；方便传播，容易推广，一个小小的二维码可以印刷在教材、作业单上，亦可以电子的形式直接发送，便于随时随地读取；成本低，易制作，持久耐用，利用网络软件直接将链接地址生成电子图片；技术成熟，应用广泛，适合学生群体，二维码的技术已相对成熟，大众认知度较高，同时也深受学生群体的喜爱。

微时代的到来，尤其是微信、微课、二维码的出现，彻底打破了原有教学的"宁静"，培养跨专业、全能型教师是适应形势的必然选择。有人说："这个世界唯一不变的，就是变。"教学也历经变革，"变"是要求、是趋势、是主流。因而教师要以发展的眼光，激活自身现有的工作经验和技术手段，进而才能创新课堂，谋定而动，顺势而为。在课改的浪潮中，教师不可故步自封，而需具备学习

的态度。英国语言学家柯里福说过："科技不能取代教师，但是使用科技的教师却会取代不使用科技的教师！"因此，以微技术(二维码)为代表的新教学手段必将成为教师执教的新技能、新语言。可以预见，在不久的将来，它必将指引教学走向成功的"康庄大道"。

2.微时代教学的团队合作

微时代的学生是这个时代的原住民，而作为教师，尤其是有一定教龄的老教师，需要思考的是如何适应信息化时代背景下的教育环境，成为一名数字移民。微信、二维码等一系列微技术来袭，将刚刚习惯PPT的教师们日子越发难过。让教师们放弃既有的教学方式，由教育教学的主导者转化为活动的组织者、资源的主要提供者、微技术的使用者，确实需要一定的过程，也考验着管理者与教师们的耐心和智慧。

尽管从趋势来看，技术真切地在改变我们的生活，影响着我们的生活方式，教学无疑也不能独善其身，但面临的现实困难是，让众多60后、70后、80后教师拥有90后的思维方式，做到步调一致地投身于新技术的学习使用，并且做到兼顾教学内容、教学技术、教学实效三者有机统一，其难度可想而知。培养跨学科、多重技术的教师应该是未来教师培养的方向，但是在今日，应对微时代挑战的解决途径必然是依靠教师团队的合作，甚至不同专业教师的团队合作。

只是现在仍然存在认识上的误区，过分强调教师个体学习的重要性，忽视合作的培养与激励。在社会分工越发细化的今天，学科间知识的相互渗透与影响，单凭教师个体的学习及能力来应对变化万端的时代变革，捉襟见肘显而易见。

四、微信公众号在语文教学中的运用

微信公众号的出现，以其旺盛的生命力，迅速渗透到学校教育领域，成为教学媒介的新宠。笔者尝试创建班级专属的微信公众号并运用于语文教学中，将课内与课外的教学相融合，初步探索出一条让微信公众号走进小学语文教学的新思路。

(一)微信推送是载体

微信公众号是笔者向微信公众平台申请的订阅号,每天可向朋友圈推送一条自己编辑的微信。学习者可通过扫一扫二维码或好友推荐的形式关注公众号,获悉内容。换句话说,教师借用微信公众平台,创设属于本班语文习作教学的数字化平台。零技术障碍的语文学习平台,只要关注公众号,点击微信里的订阅号,找寻到微信公众号方可查阅。有了这样一个载体,微信公众号走进小学语文教学才可能成为现实。平台也创设了班级习作训练营、班级习作广而告之、读后感暨好书推荐、行万里路·旅行纪实、生活成长、"我就是我"、好书推荐等不同形式的微信主题,多角度、多维度地挖掘微信公众号的功用。

(二)微课教学是关键

小学语文的习作教学,总是令师生头痛不已,而微信公众号则给教师和学生带来了一股春风,使死气沉沉的课堂变得生机勃勃。微课是微信公众号习作教学最常用的方式。微课以其"短、小、精、悍"的特点而助力高效教学。以往录制好的微课,只能通过优盘的拷贝、班级QQ群的上传让学生在家进行学习,具体操作起来还是有一定困难。而将微课嵌入式地编辑在微信内容中,文字与视频有机结合,学习者只要在有网络的情况下,用手机直接播放便可学习。

微课是基于学科教学知识点或学生学习的重点、难点、疑惑点进行选题、设计、录课,主题突出、指向明确,让学生能够花最少的时间学到最关键的内容。每一期的班级微信习作教学设计线条明晰、目标集中,弱水三千只取一瓢,贪多求全,反倒会使教学效果打折扣。例如,学习了五年级上说明文《鲸》和《松鼠》之后,笔者就推送了一期"《鲸》的改写"。首先,笔者要收集相关说明文的分类、写作注意事项、说明方法的应用等知识在公众平台上告知学生;其次,让学生比对上传的两段文字,感知文艺性说明文与科普性说明文的区别;再次,呈现教师的范文,将《鲸》的第一段"大"的特点改写成文艺性的表述,让学生直观感受到文艺性说明文的生动、形象性;最后,布置学生尝试将课文《鲸》的其他特性改写成文艺性说明文。在微信里看微课,学生的学习兴趣盎然、情绪高涨，教学效果非常好。这样的微课学习不仅让学生可以时时、处处学习，也克服了传统的语文课堂教学师生、生生交流方式的局限性，同时也极大地调动了学生学习语文的积极性。

（三）网络展示是平台

生活即语文。语文学习需要平台来展示，尤其是习作教学，而微信公众号便为学生搭建了一个记录生活、展现自我的舞台。习作教学的内涵在于把生活中矛盾的焦点摆在学生面前，激发学生思维的火花和写作的欲望；而外延则是培养他们热爱生活、观察生活的能力。要使学生笔下有东西可写，就要创造条件，让他们到广阔的生活中去积累素材。每每学生外出旅行，总是提点他们将旅途中有趣的所见所闻，图文并茂地记录，既是旅行记忆的留念，更是美丽心情的分享。暑期，笔者在学生中约了前三期的稿件，通过预约稿件在微信平台推送，学生阅读后，激发了习作欲望，陆续收到其他学生自发传送的邮件，这一篇篇文字、一张张图片记录下平凡生活的点点滴滴，亦是用文字记录生活的美丽。

此外，孩子的发展是多元的，孩子对自身的认知也是逐渐清晰、明朗起来的。高年段的孩子自我意识开始萌芽，于是五年级下学期，笔者在微信平台开设了"我就是我"的主题，让学生用文字记录自己不一样的童年。先后推送了绘画周、徐才子、女红俞、巧手宣（均为网名）等微信内容，深受孩子、家长的欢迎。

（四）课外阅读是扶手

阅读是吸收，是积累；写作是抒发，是表达。阅读需要一定量的积累，持之以恒，定能收到"读书破万卷，下笔如有神"的效果。为此，笔者在微信公众号开辟"好书推荐"系列，让原本学生最惧怕的读后感，用另一种方式呈现——将小作者的读后感配上精美的图片编辑成属于他个人的微信，这种方式的呈现不仅激发了学生习作的兴趣，还让学生心中的成功感油然而生，让学生继续、持续地阅读与习作。"好书推荐"栏目遵循"谁先推荐采用谁，书本不重复"的原则，班级在一个学期内先后推送11本课外书，同时在微信平台中推送的备用文章通过笔者精心编辑，图文并茂地推出。从原本教师的主观推荐变成学生的主动推荐,推荐学生喜欢的书籍,大大激发了阅读兴趣。课外阅读的不断推进、书香班级的营造大大增加了学生的阅读量,提升了学生的文化底蕴,而这恰是提高学生语文综合素养的必要途径。五年级上册第七单元习作要求是学写读后感,结果班中绝大多数孩子早就向微信公众号提供了优质的读后感,学优生更是推送了好多篇。通过微信平台同伴文章的学习交流,读后感的教学便是水到渠成之事。

(五)多方结合是亮点

亮点一:学生亮点勤表扬。语文教学资源是厚重的,也是零散的,不经整合的内容永远无法给予学生规律性、科学性的语文熏陶。要抓住平日零散的教育契机,智慧开发,利用微信平台予以呈现,而微信公众号信息的及时、有效,不受时空限制,便可以充分利用文字、图片、语言、视频等方式传送各类信息。两者相结合,则会达到事半功倍的效果。例如寒潮来袭,学生在家如何复习呢?利用微信收集班中学生在家复习的好点子,及时编辑发送"停课不停学"的微信公众号。让家长和学生及时了解同伴之间的复习情况,相互借鉴、学习。

亮点二:朋友转发集点赞。每一次的编者虽然都是笔者,但文章的作者肯定是在作者栏中呈现,让家长转发孩子的学习成果,让家长的朋友来为孩子的进步、成果点赞,继而树立学生学习的信心,有更持久的内驱力。

亮点三:积极营造正能量。利用微信公众号为班级学生学习语文提供快捷的平台,强调了群体性学习的重要性,这样更能实现团队学习效果,通过学生之间的相互感化和效仿,学生向善、向上的心被充分地调动起来,更能激发学生主动参与微信平台的展示。

(六)微信公众号在语文教学中的启示

随着技术的日新月异,短短几年间,从原先的腾讯QQ群,继而博客、微博的出现,到如今微信、微课的普及,可谓技术正悄无声息地影响着教育教学的方式方法。微信、微博等新媒体的广泛使用,促使自媒体时代的到来,可以说人人都有麦克风,人人都是记者,人人都是新闻传播者。这种媒介基础凭借其交互性、自主性的特征,使得新闻自由度显著提高,传媒生态发生了前所未有的转变,而这种自媒体在教育教学中的有效使用,无疑掀起了教育变革的新浪潮。

启示一：信息技术运用教学成为教师专业发展的生长点

多媒体的快速发展,给语文教学带来了新的面貌,并且不断推动小学语文教育教学方式的变革,提高教学效率。笔者结缘交互式电子白板,努力探寻改变课堂教学模式,又与微信公众号、微课联姻,融合课堂教学,多管齐下,让信息技术更好地服务于现代教育背景下语文教育教学的新模式,努力探寻并争取达到多方面的目标统一。让师生转变观念、走出误区、更新知识、掌握技术、学会方法、提高绩效、补强短板、认识专家、结交知己,最终在探寻的道路上促进专业化成长。

启示二：准确选取教学切入点是整合实践成功的关键点

整合实践需要找一个结合点,以点带面。语文学习的素材包罗万象,找准突破口,并持之以恒地坚持方可有所得。以班级实际教学需求为切入口,以班级微信公众号、微课为媒介,融合语文教学、信息技术教育、班主任工作、家校互助、知识管理等多项工作,最大限度地整合班级语文学习资源,放大班级微信公众号的功能,吸引更多的孩子、家长、同行参与到微信公众平台中来。从而提高班级教育教学质量,既培养学生学习能力,又有力促进自身的专业发展,还能带动更多的同事参与到微信公众平台中来。

启示三：微信公众号使用在日常教育教学中的限制点

班级微信公众号对小学语文教学有很大的促进作用,但也存在一些局限或不足之处。其一,手机的使用问题,班中也有小部分家长担心孩子利用手机去查看其他的资源信息,怕长时间地使用手机对视力有所影响,看班级微信内容成了他们偷玩手机的理由;其二,微信公众号互动性的开发上,还存在一定的困难,毕竟教师没有更多时间去后台管理,辅助技术功能也尚待进一步开发;其三,在机制方面,教师的工作任务较重,留给自身的工作时间较少,往往要利用工作之外的时间来完成制作,让更多的教师加入其间有点勉为其难。

尽管如此,但班级微信公众号走进小学语文教学的探索无疑让语文学习变得丰富多彩,变成学生学习的乐园,让微信公众号在小学语文习作教学中闪

光。要让语文课堂充满活力,就一定要把它变成学生乐于学习的场所,把学习的权利让给学生,让他们的个性在学习中得以张扬。

五、微展评在语文教学中的运用

微展评是指基于微信技术,对学生语文学习情况及学习成果通过微信朋友圈、微信群进行实时展示与评价交流。力求通过短、平、快的过程性展示评价,给学生搭建交流平台,打开新视野,提供新思路,并在展评中给予学生鼓励与启发,从而达到学生语文学习习惯的养成及学习能力的提升。

(一)微展评在语文教学中的积极作用

1.微展促动力,助推内驱力

微展评以其独有的展示与评价、交互与反馈、及时与便捷等优势,深受学生的喜欢,他们乐意将自己的学习成果与大家分享。在展示交流过程中,能够充分调动起学生的学习兴趣,将原本"要我学"的状态逐步变为"我要学"的充满内驱力的学习状态。

这一转变,与家长、朋友间对学生的点赞及肯定密不可分。正是有着旁人的关注与鼓励,让学生的学习更有动力。展示一段时间之后,学生也会以更高的要求落实在平日学习中,这种良性循环在班级中不断蔓延、滋长,从而更好地提升学生语文学习力。例如展示学生课外阅读的学习情况,阅读的物化成果如何来体现? 可以是一张阅读思维导图,也可以是自己编制的阅读小报。平日里,老师往往会借助班级布置墙壁的契机,展示优秀作业。与其相比,微展评实效性更强,同时展示便捷,还能让学生更富成就感。有时为了增加趣味性,还可以采用抽签的方式,抽到签的同学都要展示,这无形中让每个学生都有展示的机会,同时也鞭策每个学生,应当用心去对待课外阅读,并要形成物化成果。

2.微展评促教学,积累素材库

课堂教学的时间总是有限的,不可能把所有学生的学习成果逐一呈现与点评。这时教师便可利用课堂巡视时或课后拍下值得展示的作品,而后做相应的编辑整理,就可在微信、QQ中展示。教师在课堂上使用手机,这是课堂教学的一种随时记录，抓拍教学中的闪光点，为后续跟进教学、展示编辑等做好第一手素材的收集。这样可及时而又有针对性地收集学生学习表现的相关数据，又为学生学习表现做出了积极的展示及有效的反馈。持续进行的微展评让学生更加清楚地了解自己的进步，评判自己的成绩，监控自己的行为（见图4-3）。

微展评借助微信平台，收集展示、评价学生学习过程中

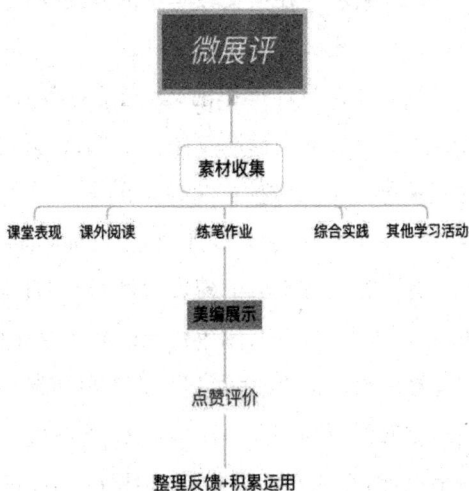

图4-3 微展评流程

的表现。教师坚持微展评，就是将学生学习成果有目的、有计划、有组织地汇集，反映学生学习的进程与成果，促进语文教与学的过程。手机拍下的各类照片整理分类，便可以建立相关学习档案，留下学生成长的足迹。

3.微展评促沟通，家校一条心

微信信息发布便捷，能迅速实现跨时空地域传播，传播速度快、影响面广，小学生很喜欢老师借助这种快捷传播方式，实现自我价值的存在。与此同时，微展评互动性强，能实现即时沟通。小学生正处于好奇心强、求知欲盛的时期，这种互动能拉近师生、生生以及家校之间的距离。

在家长QQ群及微信朋友圈中，进行语文学习展评，让家长们更加了解自己孩子及班级孩子的语文学习情况，及时表扬自己孩子的进步，也让优生资源更加明晰，优生资源也成了家长教育引导孩子的教育资源。

微展评搭建了家校沟通的好途径，合力改善孩子学习状态，提升语文学习能力。通过展评，形成家校合力，积极发挥其激励与启发作用，促进学生语文学习的发展。

(二)微展评在语文教学中的实践操作

1.有心多积累,素材多样化

微展评在具体操作前,首先得对微信群体扩建,主要是家长群体的添加,形成人数众多的微信朋友圈。当然,个人可在朋友圈中进行分组设置,单独特设某某班的家长微信组。这样的人员设定,是让圈中朋友都成为学生学习的欣赏者和评价者,通过展评,积极发挥其激励与启发作用。

有了微信群平台的建设,教师要在日常教学中做个有心人,在不同学习时段、不同学习情境中,用手机及时拍下学生语文学习经历中的相关素材。素材的选择可以多样性,也可以根据教师近阶段所关注的,有侧重地记录。例如关注写字教学,可拍摄写字坐姿、各类书写作业、每周书法作品以及学生在进行写字点评、交流时的场景等,拍摄的不仅仅是优秀的学生及作品,还有一些有进步的学生及作品,以及同一个孩子在不同时期展现的不同状态及不同水平的书写内容,为微展评积累多样化素材。

2.巧思归类别,展评有心意

收集完所需展示的素材之后,可进行整理编辑,编写好文字,即可展示在微信朋友圈或微信群,第一时间展评学生的学习情况。

展示内容:以系列主题来进行展示,例如班级一个学期共读3本书,而这3本书都将通过微展的方式,逐一进行展示学生的阅读成果。再如第一学段书写情况的系列微展,可从不同的维度选择展示的内容,比如,正确的写字姿势及握笔姿势;规范的书写练习,作业展示;听写满分,书写习惯好的;主动练写,有书法作品的;写字前后情况比照,有特别进步的……展示内容取材于一线,只要有心观察,更有一双善于发现的眼睛,便可觉察到教学中无尽的资源。学生也会幸福于有这样一位善于发现、乐于鼓励的老师。

展示形式:"教师大编辑"——老师直接选择内容,进行编辑展示;"快乐幸运儿"——准备学生学号,以"抽幸运儿"的方式来选择展评对象。毕竟每一次微展无法全班展示,个别内容可筛选性展示。这里就可采用抽签的方式,既公平又有趣。此外,班中还可设有自我推荐、同伴推荐、全班认定等形式,促进参与,营造积极向上的氛围。

3.展评贵互动,鼓励是关键

微信朋友圈、微信群的及时展示,让家长们更加了解自己孩子及班级同学间的语文学习境况。家长也能及时关注各类展示,并肯定自己孩子的进步,进行点赞、评价。展示的优生资源也成了家长教育引导孩子的教育资源。通过家长群体及微信其他好友的参与、互动,激励学生努力成为更好的自己。

与此同时,选择合适的时机,在班级给学生呈现朋友圈中展示的内容及家长等群体的点赞与评价,引导学生参与互动,让学生看到自己及他人的优秀,不定期评出相关的"学习之星",在多层面的互动评价中,激励学生高涨的学习热情,以最佳的状态投身于语文学习之中。

教学课例一

《五彩池》教学设计

【教学目标】

1.基于微信公众号反馈的预习情况,交流学习成果,产生学习期待。

2.有感情朗读描写五彩池神奇、美丽的语句,通过图文赏析,合作朗读,从色泽、变化、丰富、成因等方面,感受五彩池的神奇与美丽。

3.了解课文从颜色、形状、成因三个方面有序描写五彩池的方法,利用iPad微课,运用课文语言,自主选择一个五彩池的神奇之处进行表达。

【教学重难点】

通过圈画关键词句,比较句子,领悟从几个方面有序介绍景物,并了解产生奇异景象的原因,结合微课口头介绍五彩池。

【教学过程】

课前谈话,激发兴趣

同学们,你觉得仙境会是什么样?

我想我们大家都做不了神仙,仙境也是人们杜撰出来的。这里想问问大家,曾经去过哪里,那里的美景让你觉得像一个仙境吗?

今天,我们就要走进一个如同仙境的地方,那里风景如画,吸引了成千上万的游人,这个地方就是黄龙的五彩池。齐读课题"五彩池"。

一、预习反馈,整体感知

昨天,同学们回家都扫了二维码,预习了课文。

老师给大家准备了如下的预习材料,同时也回答了微信中的3道选择题。

正确的选项是:

1.请选择书写和注音都正确的一项(B)。

A.瑶(yáo)池　　　　滕云驾雾　　　　藏(cáng)龙山

B.一亩(mǔ)　　　　漫(màn)山遍野　　　小拇指

C.舀(yáo)水　　　　橄榄绿　　　　　瑰(guǐ)丽

D.细腻(nì)　　　　成簇(cù)　　　　拆(zhé)射

2.五彩池位于哪个国家级景区之中?(C)

A.四川青城山景区　　　　　B.四川四姑娘山景区

C.四川九寨沟景区　　　　　D.四川都江堰景区

(预设:五彩池位于九寨沟景区,大家看这是驴友提供的九寨沟景区地图,你们能找到五彩池在哪儿吗? 这个景区有那么多的景色,每个名称都那么独具特色,比如芳草海、天鹅海、五花海、长海,而我们今天要走进的是——五彩池。当我们读着这个课题,不禁会想为什么这个地方叫五彩池呢?)

这里就请同学们自由朗读课文,寻找描写五彩池"彩"的句子,想想作家又是怎么写的?

【设计意图】:课前通过扫二维码的方式进行预习,学生完成相应的题目,便于教师知晓学生的学习起点,真正在课堂上以学定教,在学生的起点之上进行

教学设计。随后则从课题入手,"五彩池"为何称为五彩,从学生最初的认知切入,一步步引领他们进入学习的佳境。】

二、聚焦神奇,学习语言

板块一:颜色

我们一同将描写颜色的句子找出来,有哪些句子是描写颜色的?

找到了这么多描写颜色的句子,那么你觉得五彩池的颜色怎样?

(1)"无数的水池在灿烂的阳光下,闪耀着各种不同的颜色的光辉,好像是铺展着的巨幅地毯上的宝石。"

闭上眼睛,遐想一下,你看到了什么?(光亮、光泽)

(2)有的上边的池水是咖啡色,流入下边的池就成了柠檬黄;有的左边的池水呈湖蓝色,注进右边的池却变成了橄榄绿;有的水池只有一种颜色,有的一个水池呈现出多种色彩。

对比句子,如果老师将这句话换一种表达,你更喜欢谁的?

我们结合图片,发现作家是有顺序地观察、描写。

是啊,颜色也会跟随着时间、光线,随时发生改变,或许眼前上面是、下面是,过一会儿就变成别的色彩了。五彩池的颜色还在变化着。

板块二:形状

课文写了五彩池的色彩,除此之外,还写了哪些内容呢?

(呈现电子课本,相机概括板块内容:形状、成因)

(1)这些水池大大小小、深深浅浅:用实例理解一亩,水深一丈。小的水池比菜碟大不了多少,进而感受水池的美丽、神奇。(抓特点)

五彩池有630多个大大小小的池子,为何只写了这两个呢?

(2)玲珑多姿、形状多样。池子的边沿是金黄色,像一圈圈金色的带子把池子围成各种好看的形状:有的像葫芦,有的像镰刀,有的像盘子,有的像盛开的荷花……(这里为何是省略号? 展开想象)

这段话也是我们班同学们最喜欢的段落,这里请大家推荐朗读、分角色朗读。

板块三:成因

这五颜六色的池水真的有这些色彩吗?(生:不是的)

如果把各池的水舀起来一看,却又跟普通的清水没什么两样,这是为什么呢?

请同桌合作学习,在第4自然段中,用序号标注原因,到底有哪些因素,才使清水变成了五彩?

(石笋、石粉、形成不平的反光镜,阳光照射,形成美丽的颜色)

在这四个因素中,你觉得哪个原因最重要? 其实五彩池之所以成为五彩,这四个原因缺一不可,少了谁,或许那绚丽的色彩就不复存在了。

【设计意图】:通过电子白板的圈画功能,逐一交流学生的学习成果,尤其是概括提炼每个板块的内容,学生从篇去整体认知。在不同板块的学习中,则是通过闭眼联想、图片链接、对比朗读等不同的形式来感知五彩池在色彩、形状、成因三个部分的神奇。】

大家看,作家就是从颜色、形状、成因三个方面来介绍五彩池的,看着这样的文字,让我们意犹未尽。下面让我们一同身临其境地边读边赏景吧。

【设计意图】:略读课文要略教,要做智慧地取舍。略读则不是粗略地读,而是重点突出、要点清晰地读。从五彩池的三个板块中去感知神奇,神奇的彰显离不开文字的表述,于是课堂上仍不能忽视形式多样的朗读。当粗读感知,精读语段之后,再在图文相结合的情境下,趣味盎然地朗读美文佳句。】

三、借助资料,介绍五彩池

怪不得作家会发出瑶池不在天上,而在人间的感叹。就如课前的小调查一样,大家觉得五彩池是一池怎样的湖水?

A.神奇的   B.美丽的

C.五彩缤纷的   D.形态各异的

E.其他(编辑文字,直接回复,也可以谈谈自己的感受)

不少同学纷纷留言。

如此神奇、美丽的五彩池,不介绍给大家,实在可惜。这里请同学们做题。

1.可以从形状、颜色、成因中任选一个;

2.利用 iPad 中的微课,可选用课文中的语句,也可用自己的语言进行介绍。

(学生练习,上台讲演,互动评价)

【设计意图:课中让学生自主选择最感兴趣的内容进行练习介绍,这里借助 iPad 中的微课,学生自主选择,将文本的内容内化为自己的语言。合作学习中,让学生既可以借助文本进行解说,也可以利用自己的语言来表述,教师通过示范引领、评价指导等方式,让学生敢于表达、自信表达、规范表达。】

正因为这几个要素,所以作者才在一个晴朗的天气去游览五彩池,才能目睹这一美丽、神奇的景色。那我们配合着读读这段文字,再次感受五彩池的美丽神奇。其实五彩池五彩的原因,我们还可以继续研究学习,只是课堂上已经没有更多的时间,所以老师给同学们一个二维码,大家回家去扫一扫,看看微信内容,里面还有一个科学小实验,有兴趣的同学回去做一下,好吗?

同学们,今天这节课,我们一同走进了美丽而神奇的五彩池,也和大家在书声琅琅中交流了写景文的特点,这些就是大家彩色智慧的体现,希望我们今后在写景的文章中可以有所借鉴。

今天课后,老师还给大家推荐了一组写景的文章,大家可以扫一扫阅读链接的二维码,感兴趣的同学也可以尝试完成阅读链接的3.0作业。

微课+科普知识　　　阅读链接

《五彩池》相关课件、微课、二维码等资料已上传,扫描右侧二维码即可下载。提取码:4x5c。

【设计意图】：利用二维码的技术延展了学习的时空，学生可以课后扫二维码，继续观看相关五彩池成因的科普知识，同时也可以参阅老师提供的相关科普知识。此外，语文以言语积累为本，本文为选学课文，因此阅读链接同样提供了同类主题的文章供学生学习，使学习不仅仅发生在课堂之上。】

【信息技术小百科6：在线制作二维码】

二维码在语文教学中的主要作用是承载信息，方便教师、家长、学生扫码获取知识信息。第一步：教师将需要呈现的素材（图片、文字、视频等）上传至网络空间，可以做成微信公众号、上传至云盘等，或者直接从网站上复制网址。第二步：将网络上的网站地址进行复制，而后登录"联图网"或"草料二维码"网站，直接将网址转化成二维码。第三步：直接下载二维码，为己所用。这里温馨提示三点：①一般复制过来的网址会很长，生成的二维码也会相对复杂，可先检索"网址压缩"，在线将长网址压缩成短网址，这样生成的二维码会更简约美观；②如若直接将文字、图片、音频转化成二维码亦可，只是相关服务平台要求注册成会员，收取一定的会员费用；③生成的二维码可在相对应的服务平台进行美化，例如二维码中间加Logo，二维码采用中国风、波尔卡圆点等风格。

教学课例二

《苹果树上的外婆》班级读书交流会

【作品简介】

其他孩子都有外婆，只有安迪既没有外婆，也没有奶奶，这让他很伤心。寂寞的安迪在苹果树上为自己幻想出了一个外婆。外婆来到了他常常玩耍的苹果树上，和他一起做一切他所盼望的事：去游艺场，神奇的汽车，到印度历险……直到有一天，安迪家旁边搬来了一位老奶奶。安迪很喜欢这位和蔼的奶奶,帮她搬家具、整理房间。他在幻想中找到了安慰,在现实中找到了自己,产生了真正的幸福感。

【教学设计意图】

选择《苹果树上的外婆》,让我们跟着安迪,走进儿童的童年生活,触及儿童的孤独心理,享受天马行空的想象中的外婆给予的安慰,体验真诚相待的真实的奶奶带来的满足,感叹自由与宽容在成长的过程中缺一不可,珍惜拥有外婆和奶奶的幸福。与此同时,在交流的过程中培养孩子阅读整本书的阅读能力,培养语文阅读的核心素养。

【教学目标】

1.通过交流品读,让学生明白神通广大的外婆给予了安迪快乐与自由,朴实无华的奶奶给予了安迪关爱与引导。

2.通过质疑与感悟,让学生领悟成长的过程中,既需要在想象世界里得到满足与安慰,也需要在现实生活中得到鼓励与认可。

【教学预设】

一、基于微信二维码反馈,整体交流初读印象
知识问答,书本相关知识的整体介绍与阅读经验交流。
二、畅谈书中的过瘾事例,走进安迪孤独内心
1.畅谈《苹果树上的外婆》中的过瘾事例,享受阅读的快乐。
2.走进安迪孤独的内心,聚焦想象中的外婆和现实中的奶奶。
三、自主选择外婆与奶奶,解读人物不同特征
1.学生自主选择,采用餐桌布式合作学习。
2.分组交流展示,教师随机互动点评。

外婆:关注外婆神通广大,给安迪带来快乐心灵。
奶奶:关注奶奶和蔼可亲,给安迪带来幸福生活。

四、头脑风暴辨析题目,领悟小说主旨

质疑题目"苹果树上的外婆",解读作者的写作意图。

五、借助微信交流平台,分享阅读启迪

【教学片段】

片段一:畅谈《苹果树上的外婆》中的过瘾事例,享受阅读的快乐

师:读完这部小说,某些章节你也许读得很过瘾,这里谁愿意与大家来聊聊那些难忘的故事情节?

生1:我读到外婆带安迪去游乐园的时候很过瘾,想玩什么就玩什么。尤其是吃香肠和棉花糖,还有拉绳的场景,特别有意思。

师:这种随心所欲的感觉真是美妙!关键外婆一把年纪还童心未泯。

生2:我读到外婆带安迪去套野马的时候很过瘾。那辆无所不能的汽车,用口香糖驯马,野马立刻变得很驯服了。

师:哦,真是不可思议!这奇妙的想象太有意思了。

生3:我读到外婆带安迪去海上旅行,很过瘾。他戴着海员的帽子,说着海员的行话,船长还抽着一支海员烟斗。他们一同与十二级台风抗衡,与海盗搏斗,看得特别过瘾。

师:男孩子或许都幻想着也有这么一次惊险、刺激的经历。这本书中有太多让人大呼过瘾的情节。课前我们还通过微信做了一次小调查,最受欢迎的章节是"去草原套野马"和"幸福的安迪",其次便是"不可思议的海上旅程"。当然一千个读者就有一千个哈姆雷特,每个人的阅读体验都是不一样的。因此,班级读书会的交流才显得那么有意思,大家可把读后感彼此分享。

4.4.阅读完,我最喜欢的章节是( )(多选)

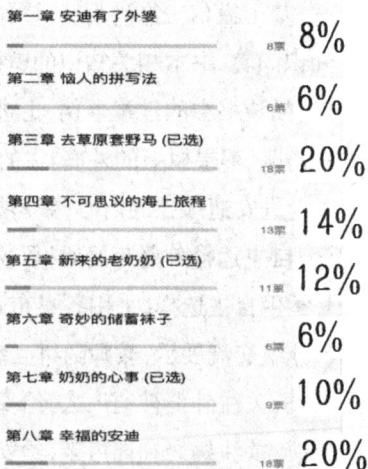

第一章 安迪有了外婆	8 票	8%
第二章 恼人的拼写法	6 票	6%
第三章 去草原套野马(已选)	18 票	20%
第四章 不可思议的海上旅程	13 票	14%
第五章 新来的老奶奶(已选)	11 票	12%
第六章 奇妙的储蓄袜子	6 票	6%
第七章 奶奶的心事(已选)	9 票	10%
第八章 幸福的安迪	18 票	20%

学生问卷喜欢章节的统计图

片段二:小组交流汇报,聚焦想象中的外婆和现实中的奶奶

步骤1:3~5人为一小组,"外婆"组PK"奶奶"组;

步骤2:各自独立思考2分钟;

步骤3:采用餐桌布式合作学习,填写关键词或页码,时间6分钟;

步骤4:梳理特点,寻找依据;

步骤5:轮流交流展示,教师互动点评。

聚焦外婆:关注外婆神通广大,给安迪带来快乐心灵。

师:文中的外婆不仅外貌与众不同,我们刚聊过的过瘾章节中还写到了她做的许多与众不同的事情。这里我们首先邀请"外婆组"的同学来跟我们分享。

生1:我们书写的关键词是"身手不凡""勇敢"。因为外婆腿脚非常利落,文中写她爬树、下树很灵活。

生2:说外婆灵活矫健,还可从她翻跟斗、一个人和海盗搏斗中看出来。

生3:我们组写的关键词是"稚气、贪玩、贪吃"。因为外婆叼着苹果,树上刚摘也不洗就吃。再如公交车里拎裙子,非要坐在二楼,这些行为很像我们小孩子的行为。兴奋地尖叫、荡秋千、翻跟斗、唱着歌。公交车上拉绳子,还假装开车,而且非常投入。木马坐到天旋地转,吃香肠、棉花糖来回吃了好几轮。

师:这些行为,活脱脱一个小孩子,真是稚气十足的外婆。

生4:我们组补充关键词"神通广大"。因为文中的外婆想要什么就有什么,无所不有,不仅无所不有,还无所不能。会开车,会马戏表演,会捉老虎,会套野马,什么都会干。这就是外婆神通广大的地方。

师:看着同学们"餐桌布"上写满了各自小组的关键词,"不拘小节""自娱自乐""喜欢冒险""夸夸其谈""爱炫耀""没有约束"……这些词都是大家阅读后的真切感触,很棒!读到这儿,你觉得这样一位外婆,给安迪的童年带来了什么?

生5:带来快乐,因为想要什么都给予满足,而且带到一个无拘无束的世界。

生6:带来幸福,不再因为孤独而伤心,因为有了苹果树上外婆的陪伴,而且外婆能理解安迪,走进他的内心世界。

师:这就是《苹果树上的外婆》,一个内心寂寞、孤独的孩子,在幻想拥有外

婆的世界里获得自由、快乐的故事。

聚焦奶奶:关注奶奶和蔼可亲,给安迪带来幸福生活。

生1:我读到了一位挺可怜的奶奶。因为我们组员发现她体弱多病,很贫穷,很忙碌,也很孤独。

师:这点和苹果树上的外婆正好相反,外婆无所不能,根本不需要安迪的帮助。奶奶却处处需要安迪,去超市买东西、整理花园、做饭、种花、拿钥匙、送果汁酒……奶奶需要帮助。

生2:我们读出了一位慈爱、善良、宽容、善于引导的奶奶。这位奶奶与另一位邻居佐伊伯利希太太也有很大不同。因为奶奶很会引导,总能循循善诱,让安迪在潜移默化中变得更文明懂礼。

师:这个改变很不容易,安迪前前后后不止一次发表对佐伊太太不满的言论,说她苛刻,不喜欢孩子,还给别人取外号。而善于引导的奶奶让安迪变得宽容待人、与人为善。

生3:有责任感、有爱心的奶奶,询问安迪喜欢吃什么蛋糕,并答应烤一个大的栗子蛋糕给他吃。送两双新袜子给安迪。攒钱帮助冬天受冻、没有面包、没有鞋子穿的人。

师:从你们的交流中,我们认识到这样一位助人为乐、待人宽容、与人为善、聪明节俭的奶奶。那么,这样一位奶奶又给安迪的童年带来了什么呢?

生4:是幸福,这不同于外婆的快乐,奶奶是现实存在的,给人更多的是一种真真切切的幸福之感。

片段三:质疑课题,头脑风暴,领悟小说主旨

师:看着黑板上外婆与奶奶"餐桌布"上满满的关键词,再看看小说题为"苹果树上的外婆",一个疑问不禁在我脑海中浮现,不知你是否也有这样的疑虑?

生1:题目明明是《苹果树上的外婆》,可小说却写了外婆和奶奶两位人物,作家在这两位人物的刻画上,笔墨平分秋色,前面四章外婆为主,奶奶则主要出现在小说的后四章。如果这样,题目中为何不加上"奶奶"呢?

师:你是把书读到更深层次了,这是一个特别值得研究的问题。

生2：虽然作家写外婆和奶奶都用了四章的篇幅，但仔细去看外婆，会发现外婆是安迪虚构出来的，这个外婆身上的很多影子，其实都是主人公安迪。

生3：其实"苹果树上的外婆"就是作家笔下的"安迪"，安迪才是小说真正的主人公。这里用"苹果树上的外婆"，一方面吸引读者，另一方面是一语双关。

师：你们的解读真让我钦佩。这里我想用我自己的感触与大家分享："每个人都是一座孤独的城。"每个人在生活中都会有自己的不如意，我们可以用想象去憧憬美好，亦可以用自己的言行去温暖周遭的人与事。要相信孤独时，仍要守望心中的思念，有阴影的地方，必定有光。这"苹果树上的外婆"讲述的便是面对孤独，如何学会成长的故事。

《苹果树上的外婆》相关课件、微课等资料已上传，可通过扫描右侧二维码下载。提取码：hx66。

【信息技术小百科7：微信公众号的制作】

微信公众号作为一个公众平台越来越受到人们的欢迎，下面介绍如何申请一个微信公众号。

第一步：网页查询"微信公众平台"，选择带"官网"二字的微信公众平台点击进入，或者直接输入网址https://mp.weixin.qq.com/。

第二步：进入后找到并点击"立即注册"，同时选择要注册的账号类型，点击进入。这里要区分一下"服务号"与"订阅号"的最大差异在于："服务号"一个月内仅可发送4条群发消息；"订阅号"每天可以发送1条群发消息。"服务号"发送给粉丝的消息，会显示在对方的聊天列表中，相对应微信的首页；"订阅号"发送给粉丝的消息，则会显示在对方的"订阅号"文件夹中，点击两次才可打开。"服务号"无论是否认证都会有自定义菜单功能，"订阅号"需完成认证才有自定义菜单功能。

第三步:填写资料,填写完点击"注册",选择注册地区、要注册的账号类型、账号主体类型(一般选择个人),填写主体信息(个人相关信息),最后填写账号名称和功能介绍,选择运营地区,点击"确定"便完成了注册。这里温馨提示,个人最多申请5个微信公众号,同时注册时需要注册者手机扫码认证,这主要是为了便于后续制作时,仍需用同个微信号进行扫码认证。

有了微信公众号,后续自然是编辑微信。若要把内容编辑得更加好看,那就需要借助微信编辑器。这里推荐几款较为不错的微信编辑器。

第一款:秀米。易上手的秀米,美观,自带小清新。不论是自己编辑页,还是修改查阅之前的保存为草稿,都要比其他体验好。在秀米的排版上可以共享给其他人,团队协作方便。在秀米上编辑好的图文信息,只需复制粘贴,就可以粘贴到微信公众号的编辑页面,具体可登录http://r.xiumi.us/。

第二款:i排版。整体风格轻松明快,页面也比较干净。并且排版团队会经常推出使用教程。可登录http://ipaiban.com/bianji。

两款都很不错,关键取决于个人使用习惯,此外,还可采用135编辑器、秒书微信编辑器,这些编辑软件都很不错,值得推荐使用。

教学课例三

"我和某某过一天"习作课

一、教材分析

本次习作的主题是"我和_____过一天"。这是四年级上册第四单元的一篇想象作文。要求选择神话或者童话中某一个你喜欢的人物,发挥想象,写一写你和他的故事,写清楚你们去了哪里,做了什么,发生什么故事。作文前要明确人物形象的特点,如葫芦娃本领高强、爱憎分明;神笔马良机智聪明、惩恶扬善……要试着运用从课文中学到的方法,写清故事的起因、经过和结果。要展开丰富的想象和联想,表达对人物的喜爱之情。

对于第二学段的学生而言,想象作文是他们喜闻乐见的习作选题。该习作正好位于第四单元的神话主题学习单元,前面单元神话故事的习得,为后续单元习作铺设学习基础。该习作难点在于为何选择这位神话或童话人物与他过一天,想象要结合这位人物的特点。例如某生选择和哪吒去游乐园玩,哪吒居然害怕坐过山车。这样的想象就偏离人物特点,同时找哪吒玩,跟找孙悟空玩,区别到底在哪里? 因此,在想象内容的创设上要让学生去辨析,怎样的想象更有趣味,更能凸显这位人物特有的本领、个性或品质。

二、教学目标

1.借助问卷星,了解童话和神话故事的人物角色,选定习作对象,并畅想与他过一天。

2.利用投票器,票选最佳故事情节,同时创想开头,创编个人最期待的故事片段,并挑战写"没有名字"的精彩画面。

3.在学生习作的评改过程中,不断完善习作,将片段写清楚,同时感知童话和神话人物身上的美好品质。

三、教学准备

学生课前扫描二维码,完成一份学前调查问卷;教师统计调查问卷,并制作交互式电子白板课件和Hi-teach软件,准备习作单。

四、教学过程

(一)聊聊故事人物,明确习作要求

1.课本画找,明确要求

这次习作的话题是"我和某某过一天",请把语文书翻到第56页,找一下教材中有哪些提示和要求。

预设:

选择神话或童话里的人物。——选材的要求

选择同其中的某一位过上一天,你会选择谁? 你们一起去哪里? 会做些什么? 会发生什么故事呢? ——内容的要求

2.呈现选择,审清题意

(1)齐看图表,发现选择差异

到底和谁过一天呢? 课前同学们扫描二维码,做了相关的调查问卷,让我们一起看大家都选择和谁过一天。

预设1:数据和人物的选择上,发现孙悟空的选择最多;

预设2:发现个别同学选择哆啦A梦、光头强这些卡通人物;

预设3:如果是平常习作,这样的选择可以,但这次是要求神话或童话故事中的,动画片的角色,我们不考虑,请选动画片角色的同学再换一个人物。

(2)交流人物,聊聊选择理由

这次习作要么选择以孙悟空为代表的神话人物,要么选择以白雪公主为代表的童话人物。看着大家的选择,不禁想问,你为何选择与他过一天?

预设:

我喜欢孙悟空,因为他神通广大,本领高强——本领高强、正义感。

我喜欢神笔马良,因为他的画笔很神奇,同时非常机智勇敢,惩恶扬善——神奇、心地善良。

我喜欢匹诺曹,因为他很可爱,很诚实——可爱、诚实。

我喜欢嫦娥,因为月宫特别神奇,还有玉兔——故事新奇。

(3)确定选择,补充完整题目

说了那么多,也看了大家的选择,确定好跟谁过一天了吗? 请你把最终的选择填写在习作单上。

(二)谈谈一天行程,明确想象内容

1.畅聊开头·相遇篇

(1)展开想象,创想相见方式

想好和谁过一天,那就开启我们的想象之旅。第一站"开头·相遇",你会和喜欢的人物怎么相见呢?

预设:时空隧道、做梦、吃仙桃、镜子穿越、生日许愿……

(2)畅所欲言,三两句说开头

想好相见的方式,这里请大家用两三句话说一说开头,你们是怎么相见的,说完就请坐下。

预设1:我们先请最先坐下的同学,来跟我们分享一下如何相见;

预设2:开门见山,直截了当,这样开头很好;

预设3:有创意,相信那肯定会是一个美梦……

2.畅谈经过·相处篇

(1)呈现问卷,阅读相见方式

课前大家完成调查问卷,其中有一道题是问大家想与喜欢的神话或童话人物去哪里,干什么? 大家也通过手机编辑文字,发送到问卷星。一同看大家的创想。

(2)分类阅读,票选喜欢类型

这里老师发现了一个秘密,大家的想象大抵可以分为四类。

第一类:去故事世界逛一逛;

第二类:去学习人物好本领;

第三类:带着人物游玩某地;

第四类:借助本领达成心愿。

(在这四类的下方,补充全班相关同学的想象内容)

如果这一天,只能做一件事,你最期待和他怎么过? 请投票。

预设:看来我们班最期待的是×类,不过只要是你最期待的,做哪一类事都可以。

(3)伙伴互谈,畅聊一天安排

具体怎么聊? 这里来看刚才投票器上的选择,上面一行是学号,下面的数值代表着大家各自的选项。

接下来请你就近选择和自己有着共同选择的同学,一同聊一聊,你们想象中的那件事,到底是怎样的?

(4)全班交流,教师相机指导内容

教师邀请三两个学生讲一天的安排。

预设:把怎么打妖怪的画面写出来,那肯定是大家都想看的;可以把马良怎么作画的,大家怎么惊喜的画面写出来……

(三)写写期待镜头,明晰习作方法

1.明确挑战要求

不写开头和结尾,请直接写与这位人物在一起,最期待的一个片段。

挑战一:不出现人物的名字,用"他"来代替;

挑战二:创写最期待的一个片段,把画面写清楚;

挑战三:时间8分钟。

预设:老师给大家提供一个习作小锦囊,可借用句子作为开头,也可参考词语仓库。

2.交流分享挑战一

教师邀请3位同学上台交流,用Hi-teach软件拍摄3位同学习作,并同屏展示。

学生分别朗读,教师相机圈画评点。学生猜测人物。

学生分享猜出原因:抓住人物特点,因为这些人物都与众不同,各具本领。

3.票选分享挑战二

全班投票,票选3名同学中,哪位最值得你欣赏,并说出投票理由。

预设1:能够欣赏别人优点,这说明你在这方面已经知道了写好习作的秘密。

预设2:能抓住人物语言、动作、神态去写,就能将画面写清楚。

(四)布置习作任务,明达习作意义

1. 习作进行时,布置课后任务

任务一:借助习作评价表,课后玩"猜猜他是谁"的游戏。

习作评价表,如果他做到了,请打上"√"
1.你是否猜出他想和谁过一天? 猜出( ) 没猜出( )
2.你是从哪里猜出这个人物的?   特殊的本领( ) 特色的语言( ) 特别的动作( )   特定的情节( ) 其他的描写( )
3.有什么地方值得学习,或者有什么好建议,请跟同桌交流。

任务二:选择习作纸,完善整篇习作。

习作纸A:补上开头结尾,完善课堂片段;

习作纸B:补上开头结尾,继续创写片段二或片段三。

2.习作总结时,希冀美好相伴

这次习作是想象和自己喜欢的童话或神话人物过一天,但老师希望,这些童话或神话人物能藏在你的心中,成为你童年的好伙伴、学习的好榜样,陪伴你成长的每一天。

【问卷设计】

1.下列哪位人物不是出自神话故事?( )

A.哪吒   B.女娲   C.神笔马良   D.司马光

E.嫦娥   F.孙悟空

2.下列哪位人物不是出自童话故事?( )

A.小人鱼   B.灰姑娘   C.叮当猫   D.卖火柴的小女孩

E.阿拉丁   F.皮皮鲁

3.如果让你选择其中一位神话或童话中的人物,与他过一天,你会选择谁?

4.如果你跟他过上一天,你打算去哪里,干什么?

5.这次习作之前,如果你选定好了那位童话人物或神话人物,建议你把相关故事再拿出来好好看看,相信会对你的习作有帮助。

【习作锦囊】

第一句参考:

一眨眼的工夫,我们居然到了……

真没想到我能和他在一起,我们……

这一天实在太宝贵了,我们立即动身……

词语仓库:

奇思妙想	灵光一闪	心驰神往	如梦初醒	浮想联翩
突发奇想	时光隧道	神乎其神	梦想成真	神通广大

【板书设计】

我和_____过一天

起因·相见　　经过·相处　　结果·道别

抓特点　　写清楚

此课为2019年10月30日杭州市小学语文课堂教学评比一等奖课例

"我和某某过一天"习作课相关课件、教案等资料已上传,可通过扫描右侧二维码下载。提取码:r23k。

第五章 信息技术提升效能，拓展可用性课程资源

在信息化时代，网络学习迅猛发展，数字学习工具已经走进人们日常的学习、工作和生活中，成为提升学习效能、效率、效益的好帮手。利用一个合适的数字学习工具不仅能充分表达自己的思想，还能促进个体修炼、团队协作，当然还能促进语文教育教学工作。

常言道："工欲善其事，必先利其器。"好的数字应用工具，对教学工作无疑是锦上添花、事半功倍的。教育信息化在教学上的应用主要采用平台教学的方式，比如各地正在应用和推广的电子书包系统平台，其提供了教与学的大部分功能。与此同时，一些平台也存在功能过于复杂、使用不方便、对软硬件环境依赖性高的问题，使得教师和学生产生畏难情绪，不能很好地使用教学平台开展教学活动。目前，另外一种教育信息化的方法正在日益普及，即教师和学生根据自己的需求，采用合适的专业学习工具，通过各种工具的组合使用来实施信息技术支持下的教学。

笔者比较喜欢各类数字工具来促进语文教学工作，这个章节，笔者将从多媒体素材制作工具、课件动画开发工具、语文学习专属工具及工作生活实用工具四个方面来逐一介绍，讲述其主要功能及操作方法，并结合语文课堂教学的实践给出应用建议。

第　一　节

多媒体素材制作工具

　　多媒体素材是指多媒体课件以及多媒体相关教学设计中所用到的各种听觉和视觉材料。多媒体素材是多媒体课件的基本组成元素,是承载教学信息的基本单位。素材的准备包括采集、编辑、制作等步骤,是整个教学课件先前制作中耗费时间、精力最多的工作。这里提供视频、图像的制作工具做简单介绍。

【信息技术小百科8:会声会影】

　　会声会影是一款功能强大的视频编辑软件,具有图像抓取和编修功能,可以抓取图像、转换格式和实时记录抓取画面文件,并提供了100多种编辑功能与效果,可导出多种常见的视频格式,还可以直接制作成DVD和VCD。其主要特点是操作简单,适合用户日常使用。

　　会声会影在专业视频编辑软件中算是比较简单的一款,适合刚开始使用视频编辑软件的用户。下面介绍"会声会影2019版"的简单操作步骤。

　　1.下载安装

　　登录官网http://www.huishenghuiying.com.cn/,下载安装之后,打开会声会影2019版,界面分成三大部分:界面左上部是显示添加的音频、视频、图片、文本等内容的窗口;界面右上部是软件的素材库,用户可选择并添加素材到相应的轨道上;界面下部是拖动素材后所在的相应轨道。整个界面中还有许多功能按钮,对于初学者而言,能使用到的功能只是一小部分,用户在掌握基本使用方法后,可自行探索和在网上寻找相应的教程来深入学习。

2.插入视频

在剪辑视频前,插入要剪辑的视频。右击素材轨道区,在快捷菜单中选择"插入视频"命令。选择要插入的视频后,单击"打开"按钮即可。视频轨道中可以有多个媒体文件,但文件之间不能有空隙。

3.插入文字

选择"文字"选项,双击画面,输入要插入的文字即可。

4.插入图片

在视频轨道下面的轨道右击,在快捷菜单中选择"插入照片"命令。选择想要插入的图片,单击"打开"按钮。

5.插入背景音乐

右击轨道,在快捷菜单中选择"插入音频"命令,选择"到音频轨道"可插入背景音乐,选择"到声音轨"可插入配音。

6.导出视频

剪辑完视频后,就需要导出视频。在顶部菜单选择"分享",单击"创建视频文件",选择想要的格式。设置导出位置后,单击"保存"按钮。

7.渲染视频

最后的渲染视频,无非就是软件将各种素材进行合成,这里需要花费一定的时间。

会声会影能够满足教师视频及影音剪辑的需要,甚至可以挑战专业级的影片剪辑软件。它操作简单易懂、界面简洁明快、功能丰富完备,在国内普及率较高。同时它提供了影片制作的向导模式,只要三个步骤就可快速做出DV影片,新手可在短时间内上手。除此之外,很多教师更喜欢在手机上编辑短片,这里推荐App会声会影、爱剪极、乐秀、彩视、iMovie等视频编辑软件。

扫一扫,查看会声会影
相关图文介绍

【信息技术小百科9:iMoive】

如果说会声会影属于在视频剪辑业余水准中的专业,那么iMoive,笔者认为是视频剪辑业余中的翘楚,因为它简单、灵活性强,可将随手拍摄的视频做成精彩的影片,软件功能齐全,还拥有个性化的自定义功能,做出的视频效果非常震撼。

iMoive是苹果系统专用的软件,安卓系统无法使用。苹果系统只需进入苹果商店进行搜索并安装即可。

iMoive提供了两种方式创建电影:一种是预告片,即内置的模板电影,这种方式非常适合视频时间不长、效果绚丽的电影;另一种是普通影片,即利用自己的素材创建不限时间的个性电影。

1.创建预告片(利用模板来创建)

启动iMoive,选择项目,单击"+"新建项目。在出现的"新建项目"中选择"预告片"。选择预告片的模板,模板决定了影片的整体风格。可以单击"播放"按钮,预览效果。

根据模板的要求,填写大纲信息,即一些关于电影制作的文字内容,这些信息会出现在电影中。例如片名、制片厂、导演、剪辑、编剧、美工、配乐等信息。

接下来,根据提示,填写故事板内容,也就是选择手机中的视频或照片替换模板中的视频或照片。故事板会提示你选择的是哪种类型的视频或照片,按照提示来选择,效果会更好。

单击故事板中的文字内容,可以修改文字。当照片和文字添加完成后,预告片也就创作完成了,播放试试看,效果很棒。最后可以将电影存储为视频文件,或者分享到其他软件中使用。

2.创建影片

iMoive中创建的普通影片没有时长限制,更加自由和灵活。当然,各类效果需要自己去设计。

选择素材:在创建新项目中选择"影片",即可开始创建影片。第一步就是选择用来创建影片的素材(包括照片、视频)。左侧是素材的组织形式,右侧是

选择窗口,你可一次性将需要的素材按顺序
选择好,然后单击下方的"创建影片"。

创建影片:此时会根据所选的素材生成
一部影片。如果想预览整体效果,单击屏幕
中间的播放按钮;如果要删除某个片段,选择
该片段后,单击右下方的删除按钮;如果需要
调整顺序,可直接将片段拖动到需要的位
置。当然,iMoive还允许你自由地修改这部

扫一扫,查看iMoive图文介绍

影片中每个片段的内容,以便生成更符合你要求的影片。

截取片段:选择需要操作的片段,通过调节视频片段前端与后端的黄色控
制柄位置,剪掉多余部分。

改变剪辑的速度和音量:选择需要操作的视频片段,然后单击下方的速度
或音量按钮,调整该片段的播放速度或音量大小。调整速度可以制作快动作
和慢动作的视频效果。

添加字幕:选择需要操作的视频片段,然后单击下方的字幕按钮,选择一
种字幕效果,然后选择位置,在预览区域输入文字内容即可。

使用视频滤镜:选择视频片段,单击下方的滤镜,即可为视频添加滤镜。

改变转场效果:单击两个片段之间的过渡图标,可以修改两个片段之间的
转场方式。

导出视频:设置完成之后,单击左上角的"完成",即可返回项目界面,这时
就可以导出视频文件了。

【信息技术小百科10:格式工厂】

作为教师,有时好不容易找到一个视频,可惜格式不兼容,无法插入PPT
中,又或者视频容量太大,设备没有更多空间存储等,这里推荐一款简单、快捷
的视频处理软件,它能轻松转换几乎所有的视频格式。

格式工厂,一款万能的、免费的视频转换工具,主要用于视频、音频及图片

格式的转换，以满足在不同场合或者不同设备上播放视频、音频的需求。

1.下载安装

登录官网 http://www.pcfreetime.com/，下载需要安装的程序，选择"软件下载"，而后单击"立即下载"，并选择相应的存储文件夹，即可下载安装。

2.功能使用

打开软件，界面上主要功能呈现如下。

工具栏：可直接打开输出文件夹，并在选项中进行各个功能参数的设置，也可对任务进行移除、停止和开始等操作。

功能选择区：提供各种视频、音频、图片等格式的转换功能。

转换状态进度区：在这里你可看到视频、音频及图片格式转换的进度及转换后所占空间的大小等信息。

1)视频转换

打开格式工厂，在左侧功能选择区选择要将视频转换为哪种格式，这里以将MP4格式转化为FLV格式为例。

选择要转换的视频文件，选中的视频文件会添加到转换列表中。

在对话框下方可以设置转换后的视频的保存路径，单击"确定"按钮，就会在格式工厂的主界面的转换状态进度区看到视频的信息，然后单击工具栏中的"开始"按钮，就可看到视频的转换状态。如果忘记视频转换后的保存路径，可直接单击工具栏中的输出文件夹进行查询，也可在该转换视频上右击，在快捷菜单中选择"输出文件夹"命令进行位置查询。

2)音频及图片转换

音频及图片格式的转换和视频格式转换的方式是一样的，可参照上面的方法进行转换。

3)添加字幕

在为视频添加字幕之前，首先要制作一个字幕，并将该字幕与相应的视频放在同一个文件夹中。

选择一个视频格式，并选择需要添加字幕的视频文件，单击"输出配置"按钮。

在输出配置列表中，选择"附件字幕"，其右侧的空白处就会显示出用于选择字幕文件的按钮。

　　选择需要添加的字幕,单击"确定"按
钮,后面的操作就和转换视频的步骤一样,
可在转换状态进度区中看到相应的转换信
息。这里需要说明:在添加字幕的过程中,
视频转换的结果格式可以和原来的格式一
样,也可和原来的格式不一样。在字幕添
加成功后,就可以看到视频中出现了字幕。

扫一扫,查看格式工厂图文介绍

　　除了上述功能之外,格式工厂还提供各种图片格式间的转换、PDF等文档
格式的转换、DVD/CD/ISO等格式的备份与转换以及音视频合并等多种功
能。这款安装简单、操作便捷、功能多样的软件,深受广大老师的青睐。

【信息技术小百科11:图片美化】

　　手机版的图片处理软件目前真的五花八门,而且功能越来越强大,操作也
越来越方便,这里就列举三个,供参考。

　　1.Snapseed

　　Snapseed是目前手机摄影修图中功能最强大的一款软件,很多功能很像电
脑用的Photoshop。因为所有应用程序都是用手指来点划完成的,所以中文名
也叫"指划修图"。Snapseed由工具和滤镜两个部分组成,可以对照片进行多种
细节处理,包括亮度、环境、对比度、饱和度、白平衡、锐化等,支持拉伸、旋转及
剪裁,同时提供了比较多的滤镜,以便给照片添加各种特效。

　　打开Snapseed将图片导入"Snapseed"中。在"Snapseed"的下方点击"工具"
选项,进入工具栏,在工具栏中找到"调整图片"功能。这里面有两个功能,一
个是"自动调整图片"一键式调色,系统自带,不过未必能达到个人理想的效
果。另一个就是手动调色。调整图片里面有亮度、对比度、饱和度、氛围、高
光、阴影、暖色调的功能,想要修出好的照片,那就得不断修改参数,从预览中
不断查看所要达到的效果。

2.PicsArt

PicsArt 又叫图像工坊，是一款功能非常全面的图片处理软件，同时凭借着对潮流的嗅觉和极富趣味性的编辑、合成功能，加上 PicsArt 也有与 Instagram 相似的社交性，用户可以拍摄、编辑图片，绘制图层，达成各种炫酷到匪夷所思的效果，再将图片分享到 PicsArt 社区或 Facebook 等其他网络。可以说，这是一款为"潮人"打造的 App。

打开 PicsArt，首先可看到已关注用户及推荐用户分享的图片。这里的图片大多离奇魔幻，有各种绚烂的背景或装饰，色彩自由不羁，醒目靓丽。或是通过富有想象力的创意，将多张图片合成在一起，达成各种奇妙效果。

在"工具"栏里，可以用"分散"做出化成飞灰的效果，可以用"克隆"生成另一个自己，还可以用"变形"对图片中的某个部分挤压、膨胀或者加螺旋特效。

在"特效"栏，可使用千奇百怪的滤镜/特效，让普通照片呈现出各种艺术效果。

在"剪影"栏，能用到类似 Photoshop 中的快速蒙版工具，迅速抠图。

还能用画笔涂抹出各种效果来遮挡照片中你不想展露的部分，用"添加照片"来进行多图层作业；还有美化、贴纸、遮罩等工具。

在"发现"栏中，能看到热门的话题，或是搜索自己感兴趣的图片、贴纸或用户，还能进入商店购买官方最新的素材。

在"挑战"栏里，则是官方组织的相关活动，或是以某一主题进行创作，或对给定素材进行二次创作。

扫一扫，查看图片修改App
相关图文介绍

总之，这是一款比较"潮"范的 App。

3.美图秀秀

美图秀秀应该是众多手机图片处理软件中普及率最高的。美图秀秀也有电脑版，其特点是特别适合处理人像图片，尤其是适合自拍。该软件独有的图

片特效、美容、拼图、场景、边框、饰品等功能,加上每天更新的精选素材,可以让用户一分钟做成影楼级照片,还能一键分享到微博、微信。

美图秀秀可针对各类照片,包括人像照片。打开 App,在首页上选择"美化图片"。选择手机中一张照片进行操作,可进行智能优化、编辑、增强、特效、马赛克、魔幻笔等操作。

拼图是指针对多张照片进行组合设计。拼图有模板、自由、海报、拼接等多种模式,操作非常简单。至于美化人像操作,相信爱美之人,无须多言。总而言之,美图秀秀有很多实用功能,操作不难,一学就会。

【信息技术小百科12:视频下载】

语文教师在一线教学中,往往需要借助网页中的小视频,这时就急需一款视频下载软件。下载软件也是种类繁多,比较常见的有迅雷7、快车 FlashGet、QQ 旋风、比特彗星等,这里推荐两款笔者比较常用的视频下载软件,仅供参考。

1. 维棠(ViDown)下载

维棠是针对 FLV 视频分享站的特点,由维棠开发小组共同开发的一套专用于 FLV 格式视频真实地址分析以及下载的软件,专门针对 YouTube、土豆网、56 网以及 Mofile 网等最火热的视频分享站的 FLV 格式视频的真实地址的分析及下载。利用维棠 FLV 视频下载软件,用户可以将播客网站上的 FLV 视频节目下载,保存到本地,避免了在线观看等待时间太长的麻烦;同时也为用户下载收藏喜欢的播客视频节目提供了方便。

将其特点用三个字概括:专、简、全。具体而言,专门下载播客视频网站的 FLV 视频;使用简单,傻瓜式操作;功能齐全,下载、播放、转换一条龙。

实际操作中分三步走。

第一步:要下载 FLV 视频节目,用户首先要找到节目所在的页面。

第二步:将页面地址复制后,在维棠工具上选择"新建"工具开始新的下载任务。

第三步:在填写好上面的内容后,单击"确定",维棠FLV视频下载软件即开始分析用户所选择的FLV节目的真实地址。找到真实地址后就开始下载用户所需的FLV节目。

2.硕鼠下载

硕鼠是FLV在线解析网站官方制作的专业FLV下载软件,提供土豆、优酷、我乐、酷六、新浪、搜狐、CCTV等80个主流视频网站的解析+下载+合并/转换一条龙服务。其特点就是专业的解析引擎,强大的批量下载能力,全面的后期处理工具,绿色轻盈小巧,无插件,无恶意代码。

第一步:找到需要下载的视频或专辑页面,并把地址栏中的地址复制下来。

第二步:访问FLVCD首页(建议下载并安装硕鼠客户端),将刚才复制好的专辑页面地址粘贴到框框里,单击"开始GO"按钮(稍等片刻即可完成解析,然后单击"用硕鼠批量下载本专辑"按钮)。

第三步:单击"硕鼠专用链下载"按钮,再单击"(推荐)用独立窗口的硕鼠Touch下载"按钮即可。如果批量下载专辑用Touch,下载单个视频用Nano,这样下载会更加便捷。

扫一扫,查看视频下载相关图文介绍

【信息技术小百科13:Apowersoft在线工具(录屏、截屏等)】

Apowersoft是一家专注于为全世界的用户提供智能多媒体解决方案的公司,主要为用户提供日常生活及工作中诸如录屏、音视频处理、多媒体转换、移动数据传输、管理、恢复等各类产品使用技巧及完善的客户支持。在这里着重推荐适用于教师微课录制的小工具——Apowersoft录屏王。

Apowersoft在线录屏是一款专业的屏幕录制工具,其间也包括截屏功能。使用它可轻松地将屏幕上的软件操作过程、网络教学课件、网络电视等录制成WMV格式的视频,还可连接摄像头进行录像。录制完成后可快速、无损地将

录制好的视频保存为 AVI、AMV、MKV、MP4、WMV 等格式。其简洁、易操作的界面能够让用户更直观地了解录屏模式。

使用指南：

Apowersoft 可以下载桌面版或者通过在线的方式录屏。相比较而言，在线录屏只需下载一个插件即可免费使用，下面介绍这个软件。

1. 启动器下载

进入网站首页（https://www.apowersoft.cn/screen-recorder），可直接选择"立即下载"，安装之后便可使用。

2. 开始录屏

开始录屏后，程序会自动启动导航条，用户可以根据需要来修改录制尺寸，控制麦克风、前置摄像头的开启以及使用更多其他功能。在录屏过程中，还可以根据需要添加一些标记、注释等内容。

3. 视频保存

录屏结束后，软件会自动打开刚录制好的视频，用户可以将录制好的视频保存为视频文件或者直接分享到网络平台供大家学习与参考。

4. 其他在线应用

如果要在后期对录制好的视频进行格式转换或者对音频进行处理等操作，在 Apowersoft 首页上单击相应的栏目即可。Apowersof 网站上提供了诸多不错的软件工具，笔者比较喜欢的是截屏工具，能够精准、便捷地截取图片，同时还具有在屏幕上进行粘贴等功能。

扫一扫，查看 Apowersoft
录屏王相关图文介绍

Apowersoft 录屏王以及其他由该公司开发的软件，每一款都设计精良、界面清新、操作简便，只可惜毕竟这是一家公司研发生产，也许在推广初期，很多软件都是免费的，只是眼下要注册为会员，而且不少软件都有限制权，若不注册为 VIP，那就只能使用免费试用版本。

第二节

课件动画开发工具

　　课件是根据教学大纲的要求和教学需要,经过严格的教学设计,并以多种媒体的表现方式和超文本结构制作而成的课程软件。动画则是为了吸引学生注意力或达到某些特殊教学效果、表达特定教学内容所制作的连续画幅。下列所介绍的工具都涉及课件制作、动画演示、动画制作、一键转HTML5等,相信掌握了这些工具,就可得心应手地制作课件、开发与导出动画。

【信息技术小百科14:101教育PPT】

　　101教育PPT是备课和授课一体的课件制作工具,该软件支持智能资源匹配、辅助工具及手机控制课件等,同时还拥有跨多个领域的优质3D、VR内容资源,为学生创设接近真实的学习环境,打造可沉浸交互的三维学习环境。

　　安装指南

　　第一步:登录网站https://ppt.101.com/,进入"101教育PPT"主页。

　　第二步:根据自己的使用坏境下载相应版本的软件,在这里选择"教师端+电脑版下载"。

　　第三步:安装完成后,直接进入软件界面。首先可根据自己的实际情况选择教授的学科和年级以及具体教授的版本、章节等内容,帮助教师快速接触到相应章节的资源。

使用建议

丰富的资源库：主界面右侧为教师提供了一个教育资源库，其中包括课件、多媒体、3D资源、基础习题以及趣味题型等内容，一站式提供了与教学相关的所有资源。例如课件资源，可直接搜索所需要教学的课题，随后单击搜索，下方立即会呈现相应的课件，教师可先预览，或直接下载并导入，在此基础上修改就可以，不需要重新制作PPT课件。关键整个系统是基于PPT软件之上，便于教师操作。

在教育资源库的多媒体资源中，为教师提供了章节内容配套的图片、视频、动画以及音频资源，教师在备课时将需要的多媒体资源添加进相应的PPT中即可。资源库中最有意思的是3D资源，这也是推出101教育PPT的福建网龙公司的特色产品之一。选择3D资源，可以首先预览一下效果，当然电脑的配置也要高一些，32位像素才行。

在教育资源库的基础习题中，教师可以插入准备好的练习题，还可以对习题进行编辑操作。此外，还有PPT主题，有多款主题便于教师选用。

强大的辅助工具：当PPT处于播放状态时，101教育PPT还提供了强大的辅助工具。

"学科工具"中提供了思维导图、生字卡、手写汉字、朗读工具和拼音拼读工具。作为语文老师最为好用的是"生字卡"，单击就会生成该课的生字卡，生字卡还可细化为汉字范写、笔顺教学等；"拼音拼读"工具也是非常棒的软件，可以点击声母、韵母和声调，组合成拼音进行拼读。对处于拼音起步教学阶段而言，这是不可多得的好工具。

"互动工具"中则分为常用工具、课堂活动、表扬鼓励、师生互动四个栏目。"常用工具"中放大镜、黑板、聚光灯、计时器、百科、划词搜索这些小工具，对于教学而言，真是方便、快捷，几乎将电子白板中的许多功能都囊括其间。特别推荐的工具是"连接手机"，手机扫一扫弹出的二维码，便可利用手机来播放课件并远程操控界面。"课堂活动、表扬鼓励"需要登录账号，导入班级名册，这样就能进行班级操作。"师生互动"板块中，不少工具需要借助于移动工具（iPad等设备）方可实施。

此外,还有画笔、橡皮工具,方便在播放状态下圈画书写。

除了"101教育PPT"提供的资源外,教师还可在登录后建立自己的校本库以及利用个人网盘上传和下载资源。同时教师可建立自己的班级群,在里面发布作业、统计结果等。总之,101教育PPT课件制作工具延续了传统PPT功能,结合101教育云平台K12全学科(小学一年级到高中三年

扫一扫,查看101教育PPT
相关图文介绍

级)教学资源,让教师的备课和授课一体化。其中丰富的教学资源和强大的教学工具极大地减轻了教师的备课任务,也使课堂教学更加生动、高效,关键这款软件完全免费。

【信息技术小百科15:Focusky炫酷的动画演示大师】

Focusky是一款新型多媒体幻灯片制作软件,操作便捷性以及演示效果超越PPT,主要通过缩放、旋转、移动动作使演示变得生动有趣。传统PPT单线条时序,只是一张接一张切换播放,而Focusky打破常规,采用整体到局部的演示方式,以路线的呈现方式,模仿视频的转场特效,加入生动的3D镜头缩放、旋转和平移特效,像一部3D动画电影,给听众视觉带来强烈冲击力。因此,教师可以利用其制作出炫酷的演示幻灯片,还可以制作简短的微视频,以辅助教学的开展。

安装指南

第一步:下载与安装。在浏览器中输入Focusky的官方网站http://www.focusky.com.cn,在首页中下载软件,并进行安装。

第二步:注册与登录。首次打开,单击右上角的"免费注册"进行注册,如果已有账号即可登录。

使用说明

1.新建项目。打开软件,开始制作演示动画。新建项目有两种形式:一种

是单击"新建空白项目",直接从空白项目开始编辑;另一种是在软件中下载在线模板,在线模板中背景动画效果等都是现成的,只需把内容换成用户自己的就可以。笔者比较倾向于使用模板,因为Focusky所提供的这些模板还是非常精美而实用的。这里主要讲解新建空白项目的制作方法。

单击"新建空白项目"后,可根据需要选择演示幻灯片的模板路径模式,这个路径模式就是演示文稿最终播放时的演示路径。

2.背景设置。单击"背景",即可为幻灯片设置背景。其中"3D背景""图片背景"和"视频背景"都是有大小限制的,只会充满画布的一小部分。所以在此基础上,一般还会设置"背景颜色",即整张画布都采用这种颜色。

3.添加路径。选择要添加的幻灯片在路径中的呈现形式,包括"矩形窗口""圆形窗口"等。选择好后,将鼠标放在左上角的窗口处,直接将其拖到画布上,即可将一个对象添加到整个幻灯片演示的路径中。添加的对象会出现在页面左侧,类似于PPT中的幻灯片。

当然,亦可直接从右侧"图形"窗口中挑选喜欢的形状,直接在界面中拖动,随后选择"直接放大"进行编辑,"添加到路径"成为其中的一张PPT。

4.添加内容。在左侧幻灯片中,单击想要编辑的幻灯片,此张幻灯片会布满画布。单击"插入",可在此张幻灯片中添加内容,包括图形、文字、图片等。Focusky还提供了特有的角色、动画等素材,可供用户使用。

5.修改幻灯片播放顺序。可以通过直接拖动左侧栏中的幻灯片来调整顺序,也可以单击左下角方框内的小按钮,调出"自定义路径"窗口,对幻灯片进行顺序调整。

6.为幻灯片中的内容添加动画。单击左下角按钮,为幻灯片内容(路径内容)添加动画。选择想要添加动画效果的内容,单击右上角的"添加动画"按钮,为内容添加进入、强调、退出等效果,只能说这里的效果比PPT更加丰富。

7.输出。单击"输出",即可输出各种格式。作为教学之用,个人推荐使用 Windows 应用程序

扫一扫,查看 Focusky
相关图文介绍

（.exe），直接生成，方便播放。

Focusky作为一款3D动态PPT幻灯片制作软件，利用它能轻松实现传统PPT达不到的效果。Focusky操作简单，界面类似PPT。其思维导图式的幻灯片显示方式能够实现从整体到局部的演示效果。Focusky还支持多种幻灯片输出格式，使用户无须安装软件就能播放。如果想拥有更多权限，例如模板更多、动画效果更全，则需注册为VIP会员，才可享受全部福利。当然不付费，也足够用户使用。

【信息技术小百科16：万彩动画大师】

万彩动画大师是一款十分好用的动画视频制作工具。软件所制作的虚拟场景动画视频被称为Motion Graphics（动态图形动画），简称MG，而万彩动画大师就是一款易入门的MG动画软件。

安装指南

万彩动画是一款国产的免费软件，可直接到官网http://www. animiz.cn/下载安装包。该软件的安装非常简单，根据提示操作即可，兼容Windows各个版本的操作系统。

使用说明

1.借用模板创建

对于初学者来说，在现成的模板上进行编辑、填充内容，是一种简单快捷的入门方法。打开万彩动画后，其主界面上有上百个免费模板可供选择，包括教育、科技、生活、创意等诸多类别，使用者可根据自己所讲的主题进行选择。

2.认识场景

左侧箭头所指区域为"场景缩略图"，这与PPT的版面类似，在PPT中，这里显示的是PPT"页面缩略图"。

事实上，PPT的内容组织是以"页"为单位的，文字、图片及相应的动画效果等，均需在"页"中添加和设置。与PPT类似，万彩动画的内容组织是以"场景"为单位，在"场景页面"中可以添加文字、图片等各种素材，并且能够设置各

种动画效果等。当若干个"场景页面"组合在一起,就构成了一个完整的动画视频。

3.新建场景

万彩动画的编辑界面主要分为功能菜单、场景菜单、动画效果面板和工具栏四个主要模块。其中,场景菜单主要用于界面中各个场景页面的制作以及各个模板的添加,动画效果面板主要应用于各个场景中的动画制作,工具栏则用于插入图片、音效、视频等多媒体元素。

新建场景只需单击左上角"+新建场景"按钮,就会弹出菜单,制作者可根据实际情况选择"空白场景"或内置模板。

4.场景切换

正如PPT中可在页面之间设置"切换效果"一样,万彩动画也可以在多个场景页面之间设置"过渡动画效果"。设置过程中,单击场景页面下方的加号,选择合适的过渡动画,并可对其进行"高级选项"的设置,如调整转场持续时间、进入方向等;单击"确定"后,该场景页面下方就会出现过渡动画名称。

5.在场景中添加内容

与PPT类似,设置完新建场景页面后,就可以在页面中添加各种内容了,常见的内容类型有文字、图片、各种形状、音视频素材等。在Animiz中,制作者可以利用窗口最右侧的元素工具栏来实现这一需求。

除了上述常规类型外,万彩动画还特别面向视频制作的需求,提供了"动画人物"这一类别的内容。常使用PPT制作动画的教师都会因PPT画面不够吸引学生而感到烦恼。如果能在呈现知识内容的同时,还可以用"动画人物"进行辅助,就能够有效地增强微课画面的"吸睛力"。原因是与文字、图片等内容相比,人的表情、动作总是能够吸引观看者的关注。

6.时间轴相关功能

万彩动画能够制作专业的MG动画,关键在于万彩动画提供了视频编辑功能中必备的"时间轴"功能,并围绕时间轴提供了更多的专业视觉效果。万彩动画的时间轴同样包含了多个轨道,可以任意组合视频、声音、图像、文字等多种元素,能够控制每个场景中元素的播放顺序与时长,创造生动有趣的视觉特效，并随时预览效果。制作者只要用好时间轴以及镜头设置、设置编排动画特效、特色功能，再配合好的创意，就能轻松制作出精彩流畅的动画。

与PPT类似，万彩动画也可为图片、文字等对象设置动画。这项操作也是在时间轴中完成的。首先单击元素对应通道内的"+"，弹出对话框，选择动画特效，确认后通道内即出现蓝色进度条；然后再点击"+"，重复上述步骤，就可以做出酷炫的连串特效。每一项特效的持续时长都可以通过拉伸进度条两端的黄色菱形来调整，全部完成后，可单击时间轴左侧播放键预览特效。

7.音效设置

万彩动画中可设置三种音效：录音、动画特效音和背景乐。下面仅就"录音"功能做简单说明。微课中往往需要配合教师的讲解，这就可以利用Animiz的录音功能来实现。方法如下：单击时间轴上方"录音"按钮便可开始录音。录音结束后，在时间轴通道内即出现"音乐"一栏。

扫一扫，查看万彩动画大师
相关图文介绍

8.保存及发布

编辑完成后，单击编辑页面上方的"保存"图标，即可生成后缀为".am"的Animiz工程文件。单击"发布"图标，即可输出视频，在对应菜单中还可设置视频大小、格式、帧速等参数，非常方便。

万彩动画大师虽然功能比PPT繁复一些，但是易用、丰富的模板让动画制作非常简便，值得一用。

【信息技术小百科17：PP匠】

PP匠支持在线将做好的幻灯片演示转换为HTML5动画并保留原有的演示格式，包括动画、渐变、超链接、嵌入的音视频及样式等。让用户不必借助复杂的软件即可轻松完成HTML5移动端的展示。

操作指南

1.在浏览器的地址栏中输入http://ppj.io/，进入"PP匠"首页后，单击网页

右上方的"注册/登录"按钮,进行注册及登录。

2.单击"新建",在"新建项目"界面单击"上传PPT",然后选择要转换的文件。

3.可以进行封面、主题设置,可以选择无密码、访问密码和公众号推广三种访问限制形式,最后单击"生成"按钮。生成时间需要1~5分钟,此时注意不要关闭页面。

4.转换完成的课件不仅可以通过复制网址到浏览器中进行观看,也可以通过手机扫描二维码进行观看。

其实只要了解以上四步,就可以快速地在线将PPT转成H5网页视频并分享。上面的示例中并没有旁白的加入,PP匠转视频的时候,还可以添加旁白。单击"语音录制",手机扫码之后,在手机上录制即可。

扫一扫,查看PP匠
相关图文介绍

如果你也想把自己的PPT转换成微课视频,不妨去找PP匠。

【信息技术小百科18:易企秀】

易企秀是一款针对移动互联网营销的手机幻灯片、H5场景应用制作工具,将原来只能在电脑端制作和展示的各类复杂营销方案转移到更为便携和方便展示的手机上,用户可以随时随地根据自己的需要在电脑端、手机端进行制作和展示,随时随地营销。当然,老师不需要营销,但老师需要"宣传",各种校园活动的邀请宣传时,这是一款不可多得的数字工具。

H5界面应该属于"互联网+PPT"融合,主要用于解决传统媒体文字图片声音的单调性宣传效果。H5界面之所以受欢迎,除了具有一般文字、宣传等功能外,其收集数据、互动、链接等功能强大不说,关键是画面生动、有声有色的同时,主要利于移动端传播与分享。

"易企秀"制作难吗?老师PPT都能做得好,H5也不在话下,毕竟换汤不换药，本质一样。作为初学者，入门级简单快捷的方法就是借用模板，把内容修改为个人所需的，多次练习，便能熟能生巧。

易企秀的操作十分简单，极易上手，下面就简单介绍一下。

1.安装和注册

进入App Store，下载易企秀。安装成功后，进入首页，输入个人信息进行注册。

2.操作指南

易企秀的操作界面主要分为创意模板、会员服务、我的作品、用户中心及创建五大块。

单击中间的"+"号可开始创建，在跳出的对话框中选择"H5、表单、视频"，这里我们选择H5的创建。

软件提供了诸多的模板，这里选择个人需要的主题，例如，邀请函—活动邀请—校园活动，随后跳转的页面选择"免费"进行筛选。当然，若是付费充"秀豆"，那选择的余地更大。

选定喜欢的模板，单击"使用"，即可进入编辑状态。在页面管理的下方，可进行文字、图片、组件、特效、背景的设置。在"预览"模式中，可对音乐、翻页进行具体的设置。在"预览"中单击"下一步"，可对标题、描述和封面进行相应的设置，最后单击"完成"。

在"我的作品"页面可将H5进行分享和管理操作。"分享"主要是将内容信息发布到各大社交平台。"管理"主要是可查看作品的访问数据等信息。

易企秀是一款简单、强大的H5数字化创作工具，它的特点是操作简单、具有海量模板、支持多终端操作、便捷分享、能够查看详细访问数据、能让用户快速创建具有交互性的H5页面。教师也可用它制作简单的学前调查以及PPT手机课件等，能够极大地便利学生的学习和教师的教学。

当然，HTML5的制作软件还有很多，这里再推荐"做课宝""兔展""听堂""MAKA"等软件，有兴趣的朋友可尝试使用。

扫一扫，查看易企秀
相关图文介绍

第三节

语文学习专属工具

随着移动互联网技术的发展,移动互联学习正逐步渗透到传统的课堂教学管理和课外学习之中,并与传统语文学习形成良好的互动与协作。教师利用移动互联技术组织课堂教学,学生与家长利用移动终端技术开展学习与交流,同时各款语文学习工具更为课后持续学习提供动力。这类工具能根据学生特点提供相应的教学辅导资料,让学生在完成教师布置作业之余得到更好的锻炼,有些工具则直接发布作业,在互动学习中提升学业成绩。

【信息技术小百科19:"悟空识字"】

"悟空识字"是一款针对3~8岁学龄前及一年级儿童打造的识字软件。让小朋友在快乐中学习汉字。悟空识字包括1200个最常用汉字、1200个句子和5000个词语,结合儿童熟悉的《西游记》经典场景,让儿童在游戏中快乐地认识汉字。"悟空识字"会根据孩子对汉字的掌握程度,实时调整孩子的学习计划,从而提高教学的效率和有效性。"每天十分钟,快乐学习"或许是该学习平台最凝练的介绍。

操作指南

1.下载安装

该软件在悟空识字官方网站http://www.gongfubb.com/上可直接在线使

用,也可以根据需要下载相匹配的版本。单击"立即下载"后,选择相应的存储文件夹,即可下载安装。

2.功能介绍

登录软件:该软件需要登录使用,可自行设置昵称来注册,也可直接用QQ账号登录。登录后即可使用"悟空识字"。登录后可设置用户个人信息,系统会根据用户的信息,为用户提供相应阶段的学习内容。

开始学习:设置好个人信息后,即可选择"悟空识字"开始学习。进入软件,学习向导会提示学习流程并帮助用户开始正式学习。

3.汉字学习

汉字学习分为五个阶段。初识汉字,会将每个汉字巧妙地转化为一个具体的图像,利于学生识记;快速巩固,软件会给出字形及对应的图片,让学生找出正确的汉字;听音辨字,由计算机读出汉字的读音,孩子在四个选项中选出正确的汉字,通过这样有趣的西游故事情境,让学生在情境动画里趣味识字;认字辨音,由计算机给出汉字,孩子选出或读出正确的读音;组词填空,计算机给出词语的读音,孩子选择正确的答案。

每一次学习后,软件都会给出该次学习的统计情况,帮助家长和孩子对学习进行评估,并给出其他该阶段孩子的学习情况作为参考。

除了悟空识字,软件还推出"悟空拼音""悟空数学""英语""自然拼读"等其他服务,用户可选择感兴趣的内容学习。

扫一扫,查看悟空识字
相关图文介绍

此外,类似的学习平台,还有魔力小孩识字(iPhone、iPad适用,免费),少儿学习助手(电脑软件,免费),网易识字(iPhone、iPad适用,免费),麦田象形识字(形象、科学、简单)等。总之,这样的网络学习平台是开发者的用心之作,好的学习资源,如若有时间,不妨去亲自体验学习一番,定会有别样的收获。

【信息技术小百科20:作文App】

随着网络和智能手机的普及,学习越来越方便,当年写作文挤牙膏式的场景,或许会因为各款App而使作文也"智能化"。这里笔者推荐几款好用的作文App,希望在阅读和赏析他人作文的过程中,能有效提高或帮扶学生提升写作水平。

推荐一:乐乐作文(安卓版和网页版使用)

乐乐作文是一款作文学习阅读软件,乐乐作文专为广大中小学教育服务,名师点评、满分作文赏析、实时更新作文资源。软件提供的作文均由名师专业评定,等级评分、好句标红并给出专业评语;文章涵盖从小学到高中所有年级;能为用户智能推荐相关优秀作文。

乐乐作文功能特色

1.权威点评:作文均由写作名师专业评定,等级评分、好句标红,并给出专业评语。

2.丰富的资源库:涵盖从小学到高中所有年级,包括单元同步作文、满分作文等优秀范文;查询作文也极为方便,可直接检索,亦可分类查找。

3.精准化推荐:为用户智能推荐相关优秀作文。

4.网页版"乐乐作文"还会提供成语大全、童话故事、乐学堂、天天练等其他学科类学习服务。例如天天练中,会提供《西游记》《三国演义》故事讲说;语文学科中,还会提供唐诗宋词、儿童文学等资讯。

推荐二:作文网(安卓版和网页版使用)

文学教育工作者张智华老师担任总督导的中国第一作文网,是最早创办的作文教育网站之一,影响颇大。真正解决作文教学问题,让学生"有效提分,健康成长"是"作文网"探索的课题。作文网App是一款学习软件,通过作文网App方便学习作文,阅读优秀作文,提高作文水平。

作文网功能特色

1.中小学作文素材、思路:作文一搜,秒得作文素材和思路。

2.千万中小学范文：范文即搜即得，支持收藏，像小猿搜题一样好用，作文作业不愁。

3.中考满分作文大全：5000篇真题范文，离线存储，不花流量。

4.好玩的交流圈：随时与伙伴交流，切磋作文，快乐作文不担忧。

类似的作文App还有"我爱作文大全""作文宝""好学生作文""无忧作文""满分作文网"等，功能类似，效果相当。

推荐三：作文纸条（苹果App使用）

作文纸条App是一款针对语文作文设计的手机软件，致力于用简单、轻松的方式，帮助用户记忆作文素材，高效提高作文成绩。

作文纸条功能特色

1.素材太长记不住？从一句话开始，以点带面轻松记忆作文素材。

2.信息太多被干扰？最简洁的界面，让用户更专注于素材本身。

扫一扫，查看作文App
相关图文介绍

3.每天3条推送，每日精选素材，把握节奏学起来。

4.社交账号登录，自动同步收藏和阅读记录，还可打卡记录。

类似苹果作文App的还有"壹笔·作文""好作文""笔神作文"等，功能与作文网类似。

【信息技术小百科21：纳米盒】

纳米盒是一款专为中国学前幼儿及小学生和家长提供学习辅导与成长教育的App。纳米盒提供以"课本点读机"为主要功能，包含汉语词典、听力教辅等众多的学科学习工具，还有国学、绘本、科普、艺术等课外兴趣内容，覆盖语、数、英全学科微课教辅和纳米盒网校课程。

操作指南

1. 下载安装

该软件可登录官方网站http://www.namibox.com/v直接在线使用,亦可通过App下载至手机使用。

2. 功能介绍

打开"纳米盒"App首页,选择教材版本和年级之后,便可进入主界面。主界面最上方为"课本点读""纳米盒网校""微课教辅"三大选项。课本点读,主要是教材文章的朗读,对于语文学科而言,这方面的听读比较适合初入小学的孩子。"课本点读"最有发挥空间的是英语学科。"纳米盒网校""微课教辅"是软件平台有偿提供的专项学习微课,需要支付一定的费用,才可学习使用。例如微课教程,由全职教师真人出镜授课,每节课时长控制在5~15钟,重在梳理单个知识点,用一节课把一个知识点讲透彻、讲清楚,充分利用孩子的课余时间,巩固薄弱环节,打牢基础。

主界面下方分别设有"学习""兴趣""我的""世界"和"账户"。个人比较推荐"兴趣"栏目中相关学习内容,免费专区的"故事、国学、绘本、科普、艺术"栏目,还是值得去听读学习的。特色工具"超级汉语大辞典"可查汉字单字、词语、成语、歇后语等,还可以学习汉字笔画;"经典绘本赏析"提供多部经典中文、英文的绘本赏析;"经典配音绘本"可为中英文绘本配音、讲故事,激发孩子朗读兴趣,锻炼朗读能力,从而提升语言表达能力。

在"世界"栏目中,主要会创设"盒粉秀",开展中文配音秀、英文配音秀、故事秀、创作专区等活动栏目,下方的活动圈也会及时发布一些活动预告等其他资讯。

纳米盒的长项在于手机上的智能点读,点读内容覆盖全国小学教材,点读课本随教材同步更新。支持语文、英语课本在线、离线点读,同时还支持复读、连读、单句循环、语速调节和专业英语翻译功能。

扫一扫,查看纳米盒
相关图文介绍

【信息技术小百科22:作业盒子】

作业盒子是一款专注于K12互联教育领域的软件。该软件分为教师端和学生端，为教师提供的主要功能包括海量题库、智能统计以及学情分析，为学生提供的主要功能包括智能统计和学情分析。通过接管学生的作业场景，作业盒子可以连接学生和老师，为学生生成学习记录和知识图谱，并通过各类学习和辅导资源来实现学生的个性化学习。

操作指南

1.下载安装

该软件可在网页上登录http://www.knowbox.cn/，打开网页之后，单击右上角有"登录网页版"和"手机App下载"。在手机App下载的下拉菜单中，根据用户手机系统选择相应的版本，跳转至扫码页面，使用手机扫码后即可下载。教师和学生分别下载不同的手机App，登录后即可操作。

2.教师端功能介绍

打开手机客户端，使用验证码登录。然后选择年级和科目，进入客户端主页。在主页中，教师可新建班级。单击"建班"，输入年级和班级名称即可。

建立好班级后，主页会建立班级，进入班级页面就可查看班上同学的作业情况、学生的知识图谱以及参与班级群聊。"班号"是学生加入班级的重要信息，教师将班号告诉学生，学生才能使用学生端加入班级。最后教师坚持使用作业盒子一段时间，就会生成班级学生学习情况的分析。

主界面下方分为"练习、通知、发布、班群、我的"五项功能。"通知"栏目类似于"家校通"，具体可发布通知，布置口头练习以及发布调查。例如要发布口头作业，可点击进入之后，填写练习内容，可添加图片、语音，同时设置好发布及结束时间等操作。

在"发布"栏目中，教师可选择所要布置的内容。例如语文学科，软件提供趣味比拼、课前预习、日常练习、复习巩固、听写、精选古诗、班级阅读、个性阅读、练习册等内容。例如选择其中的"课前预习"，教师选择好班级、册别、课题之后，系统会提供认读生字、全文朗读、课前小题、文学常识等内容，供教师选

择添加。题目选择好之后,再设置结束时间,随后便可发布练习。

在"听写"栏目,可选择课文,而后选择"听写速度、听写词汇、播放次数"设置完之后,发布作业,学生即可听写。

"日常练习"中,软件会提供基础训练、阅读练习、朗读背诵、生字等板块的练习内容供教师选择。教师可勾选合适的题型,最终系统会后台生成专属本班的练习作业。

在"班群"中,教师可创建类似于班级QQ群,方便家校间的沟通。

3.学生端功能介绍

依照与教师端相同的方法下载学生端App后,注册并填写个人信息,进入主页。在主页中设置了许多学科类的闯关游戏,可根据自身兴趣和时间来挑战。

进入作业页面时,第一次进入的学生需加入班群,需要填写一个班群号,即前面介绍的"班号",输入完成后单击"加入"按钮加入教师所建立的班群。

学生进入班群后,在"作业本"中可完成老师布置的作业,还可建立自己的"错题本"。这样既减轻学生书包的重量,杜绝忘记带作业本的现象,也减轻教师布置和批改作业的工作量。

学生还可以使用"消息"与教师和同学交流学习中的困惑与心得,教师在教师端能及时收到学生的问题并解答。

作业盒子改变了学生提交作业的方式,也改善了教师的工作体验,让教师实现了移动办公。最重要的是,在提供布置作业和提交作业功能的同时,软件还可对学生的学习情况进行智能测评,这不仅能为教师了解学生学习状况提供依据,还能后续跟进教学提供条件。

扫一扫,查看作业盒子
相关图文介绍

【信息技术小百科23：Zoom多人云视频会议软件】

Zoom是一款多人云视频会议软件，为用户提供兼具高清视频会议与移动网络会议功能的免费云视频通话服务。用户可通过手机、平板电脑、电脑与工作伙伴进行多人视频及语音通话、屏幕分享等商务活动。Zoom支持25人免费高清视频通话，是目前领先的移动视频会议工具。在语文学科中，教师可进行跨地域的视频辅导，尤其是班中病假学生较多等需要小群体辅导时，可采用多人视频教学。

操作指南

1.注册

国内的Zoom网站试用账户需要提交申请，且试用期有限。国外Zoom网站可以注册免费的Zoom账户。进入Zoom主页https://www.zoom.us/，填写个人邮箱，选择sign up后，Zoom官网会发送邮件到个人邮箱中确认账户激活，激活后用户就注册成功。Zoom支持多人视频会议，25人以下免费，25~100人需付费。

2.软件安装

注册账户后，用户可以使用该账户直接下载电脑端软件，在电脑端使用Zoom，也可以在iOS、Android的软件商店中下载Zoom并登录账户。

选择Start Meeting Now，下载Zoom的软件安装包，安装后即可开始使用该视频会议软件。

3.界面介绍

Zoom软件的界面较为简单，主要可以召开视频、语音会议以及加入会议等。用户还可以在设置中对一些音视频初始信息、视频录制的信息进行设置。可以直接输入会议邀请ID加入会议。

在"会议"模块中，用户可以查看录像文件，也可以编辑、安排个人的开会信息等。

用户可以在"联系人"模块中为常用联系人组建群组，在"聊天"模块中给联系人发送文件或其他信息等。

4.视频辅导召开

单击主界面上的"视频会议",系统会自动开启摄像头和麦克风,用户可以在最下方修改设置。

除了能直观地看到各个分享者的视频之外,管理者(视频会议主持人)还可以设定共享屏幕的相关信息。

单击"共享屏幕",选择共享桌面或电子白板即可。

Zoom不仅支持25人的免费视频会议,还能支持iPhone/iPad及电子白板的屏幕共享。在开展视

扫一扫,查看Zoom多人视频
相关图文介绍

频会议时,实时录像的功能更加便于用户使用。对于教师而言,利用它做小范围的培训、微课教学与录制、在线讲解等十分有效。对于管理者而言,利用它实时开展视频会议,能节省大量时间和精力。

【信息技术小百科24:班级优化大师】

班级优化大师是一款专为每位学生设定专属卡通角色的软件,通过加减分、随机抽选进行角色升级,配合游戏化的规则、界面及音效,激发学生的好胜心与创造力。数据可自动记录、归档和计算,亦可一键发送至家长端。

操作指南

1.下载安装

在浏览器登录网站https://care.seewo.com/,打开"班级优化大师"主页,点击上方的"客户下载端",选择电脑端或手机端下载。该软件可在电脑、平板电脑和手机等智能设备上使用,用户可根据个人的使用习惯选择下载项。

2.班级管理与学生行为点评

打开手机客户端,新用户需要注册后才可以登录。注册时,用户根据个人情况进行相应选项的勾选。登录后直接进入班级优化大师App的主页。

单击右上方的"+",创建一个新班级。输入班级的情况,班级优化大师就会建立并要求用户添加学生、家长。如果班级已经存在,用户也可凭借验证码

直接加入班级。

添加学生之后，就可在班级管理的界面中看到学生，每位学生都有专属的卡通头像。单击学生头像，如"张三"，就可以在"表扬"中对其进行表扬，在"待改进"中对其提出改进要求。

在班级界面，还可对学生的考勤进行记录。考勤情况包括"出勤、迟到、缺勤、请假"等，然后单击"保存本次考勤记录"即可。

3. 消息功能

返回主页，进入"广播站"界面，用户可以使用"通知、作业、光荣榜、成绩报告"等功能，并将相关信息发送给家长。

"班级优化大师"在学生的学习活动管理和鼓励上别具创意，让学生的每一次积极参与都能获得教师的鼓励，而"扣分"则让学生意识到个人行为的不足之处，并且给学生留有改进的余地。

扫一扫，查看班级优化大师
相关图文介绍

【信息技术小百科25：微助教】

微助教是一款课堂互动轻应用工具，它强调的是操作简便、方便实用、有趣味性的过程性评价和教学。该应用提供课堂签到、课堂测试、课堂讨论等多种互动功能，以游戏化思维鼓励学生积极参与课堂互动，以便捷操作鼓励教师积极开展教学实践与创新，化繁为简，对症下药，提高教学效率。

通过微助教，学生可以用手机在课堂中签到、答题和讨论。当然，对于小学语文教学而言，这款软件在课堂实际运用中不切实际，但可在教师培训、讲座等场合使用，因其出勤签到、互动研讨、虚拟论坛发言和小测验等都可以记录下来，便于对培训等活动做全过程观察，并做出最后发展性的评价。

操作指南

1. 下载安装

在浏览器的地址栏中输入"微助教"的网址 https://www.teachermate.com.

cn/，进入"微助教"主页，完成注册后登录微助教即可。

单击"+"，添加课堂，然后输入课堂相关信息。教师可添加多个课堂，同时管理。

课程内容的实现还需要借助微信平台的功能，通过微信扫描二维码，教师可以进行教师认证（可省略），学生必须扫描二维码，关注微助教，方能加入课堂。

2.功能介绍

在微助教平台进行题目管理。单击页面左上角的"添加题目"，随后进入编辑题目的页面。

在编辑题目的界面中，从左侧拖动元素到右侧空白处可组成题目，单击"图片"可在题目中插入图片，单击"选项"单选按钮可使选项从单选切换到多选，单击"去编辑答案"按钮进入题目预览和题目答案编辑。

学生使用微信客户端即可进行答题、查题的操作。在网页平台单击题目卡片页面，微信端则同步到题目卡片页面。左边的微信客户端状态是学生的答题状态，中间则是题目还未开通的微信客户端状态，右边则是教师查看学生答题状况的状态。

微助教实现了学生数据的可视化，可轻松查看学生的答题情况和签到情况。

使用微助教管理课堂，可以减轻教师使用传统管理课堂的工作量。当然该软件在小学语文课堂教学中用处并不是很大，学生也不便使用移动端，那为何还做推荐呢？笔者觉得在教师培训、家长会等活动中，可采用微助教来进行相应的培训和讲座。

扫一扫，查看微助教
相关图文介绍

【信息技术小百科26：UMU互动学习平台】

UMU是一个人人可教、人人可学的互动学习平台。在知识共享的时代，每个人的知识和经验都可以经过萃取与提炼分享给他人。使用UMU提供的丰富互动与移动学习方式，人们可以在现场活动中发起调研、提问，相互分享，也可以在微课、直播等移动学习中促进彼此交流和互动——互动参与结果还可以实时呈现给现场参与者。在课堂教学方面，UMU可以通过多种形式邀请学生加入课堂，连接人与知识，加速知识的流动，让每个学生都能融入、分享、收获。

操作指南

1.下载安装

UMU使用较为简单，只需下载手机App，按要求操作即可。进入手机助手或App Store，搜索UMU互动学习平台，下载安装即可。官方网站是https://www.umu.cn/model/home，可在官网上直接注册登录。手机安装好之后，根据提示填写相关的注册信息。

2.创建课程

注册成功后，单击下方的"课程"，课程是UMU互动平台最有特色的地方。创建一门课程后，该门课程的专属空间就随之开启。用户可以在课程内任意添加微课、视频、文档、直播、图文等教学资源，也可添加各种互动练习，如讨论、考试、作业、签到等。单击右上角的"+"可随时创建一门新课程。

课程创建页面中，可设置课程封面、课程类型、内容分类、课程说明、课程标签等相关信息。创建好之后，该课程就是用户专属开发的课程。

3.创建微课

在创设的课程界面，单击下方的"添加课程小节"，选择添加内容"微课"便可创建微课。制作语音微课，以知识点为内容最小形态，每个微课小节时长在10分钟以内，并配以讲稿图片。可以使用个人准备的讲稿模板制作讲稿，也可使用已有图片。制作微课时，可一边录音一边切换讲稿，学员学习时会还原用户录制的过程，图片跟随语音的播放自动切换。

扫一扫，查看微助教相关图文介绍

微课小节创建完成后，教师可直接将微课分享至朋友圈或者QQ等社交媒体，供学生学习。

教师可以在微课中添加其他微课、视频、直播、图文等内容，还可以添加问

卷、提问、考试、作业、签到等互动内容,也可以使用UMU中自带的模板添加互动。

4.活动、课程的分享学习

在微课或活动创建完成后,单击右上角的"分享"按钮,即可将其分享到社交媒体。学生打开链接即可参与课程。

对于创建的活动,也可以登录UMU网页端,选择扫一扫将活动二维码呈现在大屏幕上,让学生迅速参与活动或课程。单击"大屏幕",即可进行共享大屏幕二维码等操作。学生即可通过扫描二维码加入现场互动。除此之外,平台还提供了不少优质的学习微课,可慕课学习。

UMU是一款功能强大的互动学习App,它能帮助教师轻松制作各种类型的微课,进而支持教师实施翻转课堂、混合学习等创新的教学方式。在UMU互动学习平台中,所有的投票、考试结果都可以在大屏幕上实时显示,所有的互动参与结果都可以下载与导出。教师可以运用这些学习行为检测数据实时掌握学生的学习效果,并提出相应的改进措施,方便快捷。

第四节

工作生活实用工具

　　人类之所以可以和动物区别开来,其重要的因素就是人类可以使用工具。人类使用的工具从开始的石头、木棍发展到今天的电脑、手机。在日常工作中,教师更要与时俱进,不可小觑那些让工作事半功倍的信息工具,也许有了它的加入,会让你的工作更加高效。这里的工具与学科类工具不同,着重介绍的工具聚焦于教师的时间管理、数据调研、语音辅助、图片搜索等方面,能够辅助教师进行自我管理、教学管理、便捷工作。

【信息技术小百科27:语音输入功能】

　　语音技术包括语音识别和语音合成两个方面。语音识别就是让计算机能听懂我们的口语,它是语音输入的基础;语音合成就是让计算机能自动朗读文本,也就是将文本转化为语音。

　　语音识别在手机中已经比较成熟,使用iPhone的教师可能比较熟悉Siri。通过Siri可直接命令iPhone进行拨打电话、发送短信、查找通讯录内的好友等多种操作。Siri的使用侧重于语音控制手机,而要用语音输入,最直接和最简单的方法是使用百度输入法。百度输入法支持安卓和iOS系统,通过调用话筒,可以轻松地进行语音输入。

　　当然,支持语音输入的还有搜狗输入法、讯飞输入法、云知声语音输入法等。除此之外,还有一些应用也支持语音输入,尤其是记事类的应用,如讯飞

语记、有道云笔记等。

语音输入在语文教学中的优势,便是让学生在写作之初,将口头语言立即转化为文字,避免学生思维跳跃,书写跟不上口头表达。这样操作有利于学生提升写作信心,同时也有利于提高写作质量。

操作指南

1.使用输入法的语音识别输入

语音识别输入功能可以在输入任何文字时调出。这里以搜狗输入法为例进行介绍。

打开需要录入文字的应用(如WPS、Office),建立一个新的文档,进入输入文字状态。此时会出现搜狗输入法,默认一般是拼音或五笔输入方式。在输入方式选择处用手指向左滑动,会出现麦克风图标。

单击麦克风图标,出现"请说话"字样,此时可以切换普通话、粤语、英语等,然后朗读要输入的内容。当一句话完毕后,系统会自动识别朗读的内容,并显示"已完成"。

2.微信中的语音识别

微信是我们平日使用最多的App之一,它也支持语音输入和语音识别。

在微信中点击"+"按钮,选择"语音输入",按住小圆圈说话,语音会自动识别为文字,识别的准确率非常高。

微信还支持将对方发过来的语音信息转化为文字。只要在接收到的语音上长按一段时间,在出现的菜单中,选择"转化为文字(仅普通话)"即可。

扫一扫,查看语音输入
相关图文介绍

【信息技术小百科28:以图搜图】

移动终端,无论是手机、平板电脑还是笔记本电脑,一般都集成了照相和摄像的功能。因此,移动终端相较传统电脑,在图片资源的获取与处理上有着天然的优势。

拍照搜索的工具当下很多，每个工具都有不同的应用范围。例如，作业帮、小猿搜题可以通过拍照来搜索题目，能立马搜出答案并提供多种思路；涂书笔记、Google 翻译、OneNote、文字识别等应用都可以通过拍照进行文字的识别，将纸上的文字转化为可编辑的电子文档；有道词典、有道翻译官、金山词霸、百度翻译等可以实现拍照取词、自动翻译；微软识花、发现·识花、形色等就是专业的拍照识别花朵植物的应用。当然，百度、Google 等搜索引擎也都提供通用的、强大的拍照搜索功能。

由此可见，有了摄像头，我们的搜索范围变宽了，搜索操作也变简单了。这里就以百度的"以图搜图"为例，讲解在移动终端支持下的图片资源搜索方式的变革。

软件操作

在手机上直接搜索"手机百度"，下载并安装 App 即可，当然也可以在浏览器中进入百度首页，在搜索框中调用照相机。

操作指南

打开手机百度，点击搜索框中的拍照图标。此时，手机百度会自动调用照相机。目前，百度提供了"扫一扫""通用""题目""翻译""AR""识花"等内容的拍摄搜索。选择"通用"搜索，对准需要搜索的对象拍一张照片，拍摄完毕后，百度就会自动搜索到相应的内容。

扫一扫，查看以图搜图
相关图文介绍

拍照搜索中的"扫一扫"，就是通过扫二维码或扫条形码进行搜索，对准二维码或条形码扫描即可。

百度还可以拍照搜索题目、拍照搜索翻译，非常方便，值得尝试。

【信息技术小百科29：小熊备忘录】

小熊备忘录是一款美观、实用的小工具，配备手写、录音功能，可手写记事，亦可语音记事。记事完成后，日记上会出现提示点，点击便可查看详情。创建活动时可设置提醒时间，还可选择个性铃声。这款应用的手写反应很灵敏、识别度很高，还具有密码保护功能，可保护个人隐私安全。

小熊备忘录不仅拥有跟一般记事本应用相同的功能，还能满足大部分人对记事本应用的需求，具体有如下特色功能。

语音记事：支持语音记事是这款应用最大的特色，用户可快速地在日历当中记录语音资料，不仅丰富了记事形式，而且极大地提高了记事效率。

原笔迹保存：在手写输入方面，这款应用做得相当出色，手写识别度高，并且支持原笔迹保存。用户不仅可以手写文字保存，还可绘制保存草图。

云端同步：这款应用还支持云端保存，用户只要用同一账户登录，即使在不同的设备上也可同步信息。它还支持数据导出，便于用户在电脑上对资料进行整理。

具体在使用上，先在App Store中检索"小熊备忘录"，点击下载安装即可。

1. 选择日历时间

进入小熊备忘录之后，首先要选择需添加信息的日期。小熊备忘录采用了经典的日历记事模式，左右滑动屏幕选择月份，点击选择相应日期。选择好日期，再点击界面底部的"+"图标，增加信息。

2. 编辑信息

进入信息编辑界面之后，用户可根据提示输入标题、文字信息、语音记录等，还可根据自己的需求设置选项。

输入文字信息：小熊备忘录支持手写输入，不仅识别度高，而且支持原笔迹输入，可将绘制的草图完整地记录下来。

输入语音信息：点击话筒图标，就可以录制语音备忘录。

设置选项：小熊备忘录提供了丰富的设置选项，可满足用户的多种需求，如提醒、重复、铃声等。

3.调整信息

删除信息:在信息条的最右边,可以查看信息详情。长按需要删除的信息,点击红色图标,就可删除当前信息。

信息检索:点击界面右上角的"放大镜"图标,输入关键字,搜索信息。

App设置:小熊备忘录提供了丰富的个性化设置选项,用户可以为记事本设置密码、提醒好友、设置农历时间等。最为实用的是,用户可用同一个账号在不同的终端登录,实现云端同步,还可将记录信息导出,便于在电脑上编辑。

扫一扫,查看小熊备忘录相关图文介绍

此外,类似的App还有锤子便签、Notability、OneNote、印象笔记等,对于老师而言,平日的工作千头万绪,需要一款合适的软件来将工作整理与提醒,让工作开展得有条不紊。

【信息技术小百科30:问卷星】

问卷星是一个专业的在线问卷调查、测评、投票平台,专注于为用户提供功能强大、人性化的在线设计问卷、采集数据、自定义报表、调查结果分析系列服务。与传统调查方式和其他调查网站或调查系统相比,问卷星具有快捷、易用、低成本的明显优势,已经被大量企业和个人广泛使用。在语文学科上,问卷星可用于导学单、班级读书会、语文趣味知识竞赛等学习活动中。

问卷星支持电脑和手机直接访问,也可在微信中直接创建和管理问卷。此外,还可在手机上下载问卷星App。使用前,需用微信或QQ进行绑定用户,而后才能创建问卷。

具体操作如下。

第一步:注册账号,创建问卷,录入题目。这一步骤,注册可直接绑定微信或QQ账户。进入创建页面后,可依据需求,在调查、考试、投票、表单四个选项中选择其一。在语文学科中,导学单、班级读书会可采用"调查模式"进行设计;评选语文学科之星,甄选优秀习作,可采用"投票模式";语文综合活动报名表、活动签到打卡则可选择"表单模式"。

选定模式之后,进入设计页面。依据提示信息,逐一填写信息。例如"调查名称、调查说明"等。随后添加题目,素材库中有基础题型,可选择单选题、多选题、填空题、排序题、打分题等选项,依据个人需求而定。下方还有题目模板,例如姓名、性别、手机等相关信息。只需根据个人问卷设计的样式,逐一添加即可。此外,软件还提供了数十种专业问卷模板供选择。

第二步:发布问卷,设置属性。问卷设计好之后,单击"发布此问卷"按钮。此时进入发布状态,系统会生成网址,可复制粘贴到所需发布的媒体,也可下载二维码来作答。至于设置属性,如问卷分类、说明、访问密码、访问时间等相关要求,则可根据个人需求再做进一步的调整。

第三步:下载结果,分析数据。问卷调查结束之后,查看调查结果:可以通过柱状图和饼状图查看统计图表,卡片式查看答卷详情,分析答卷来源的时间段、地区和网站等信息。问卷星还提供了比较详细的数据分析报告。除了在线查看外,用户还可以将报告以 Word 文档的形式导出。当然,用户还可以把所有的原始答卷数据下载下来,进行人工查看与分析。

扫一扫,查看问卷星
相关图文介绍

【信息技术小百科31:App 扫描全能王】

这是一款不可多得的手机扫描仪,可随时记录、轻松分享;可随手拍摄工作文件,智能管理图像文档;可高清扫描,支持图像处理;可手写批注,添加自定义水印。

第一步:在苹果手机 App Store 或安卓系统中,直接下载"CS 扫描全能王"。第二步:拍照或从相册中选择图片,软件会自动去除杂乱背景,你只需对图片进行切边,随后点击便可生成高清 JPEG 图片或 PDF 文件,真正告别扫描仪烦琐的操作，随时随地，一个手机就搞定一切。该软件在语文教学中，主要是可将学生的练习、错题进行拍摄，迅捷地扫描之后，方便学生阅览。因为拍摄之后可选择"增亮""增强并锐化""黑白"等效果，尤其是把学生的铅笔字进行了对比增亮，便于师生阅览。该功能还可以直接保存至相册，或直接通过"分享"将图片发送至不同的传输端。

此外，该功能意外惊喜的便是可将图片的长篇文字瞬间变成文本，它可识别中、英、日、韩等16种语言。具体操作就是图片扫描好之后，下方的"OCR"字样的图标一点，就会弹出"查看识别结果、整页识别、局部识别"，只要图片清晰，就能转化成电子文档，方便教师直接复制粘贴，为其所用。当然，直接扫描识别，生成的电子文档中错漏还是不可避免的，仍需检查、校对才行。

扫一扫，查看CS扫描全能王
相关图文介绍

【信息技术小百科32:XMind思维导图】

思维导图叫作MindMap，也叫脑图，作为一个头脑风暴的工具，灵活运用"思维导图"可以在语文教学以及文章撰写方面发挥意想不到的效果。

XMind是一款非常实用的商业思维导图软件，不仅可以绘制思维导图，还能绘制鱼骨图、二维图、树形图、逻辑图、组织结构图(Org, Tree, Logic Chart, Fishbone)。并且，可方便地从这些展示形式之间进行转换。可以导入Mind-Manager、FreeMind数据文件。灵活地定制节点外观、插入图标。丰富的样式和主题，输出格式有HTML、图片，总之，该软件很实用。

软件下载

在手机上直接搜索"XMind"，下载并安装App即可，也可在浏览器中输入https://www.xmind.cn/，进入XMind中文官方网站。

操作指南

第一步:打开XMind App，进入主页面。进入主界面后，可点击顶端右边

的"+"，创建新的思维导图。进入模板页面时，可选择"+空白思维导图"，亦可选择软件所提供的导图范例结构图、逻辑图、树状图、鱼骨图、时间轴、二维图等图形类别。

第二步：如果选择模板的样式，点击之后直接生成，用户只需在原先的基础上做修改即可。

如果是新建空白思维导图，则会出现一个中心有"中心主题"的空白图纸。接着修改中心主题名称。点击中心主题，然后输入要修改成的名称。插入第二层级主题。选中下方的"分支主题"或"子主题"进行插入，这里根据个人需求插入多个二层或多层级主题，并点击进行重命名。

第三步：美化图形。方法一：点击上端的"油漆刷"，会弹出"主题、分支、文本"三类的格式修改。具体可对"主题结构、填充颜色、主题形状、描边颜色、描边粗细"进行相应参数的设置。方法二：点击上端的"+"按键，可进行"联系、外框、概要"的操作，同时还可在导图中添加"图标、照片、贴纸、标签、备注、超链接、语音备注、附件"等操作。

如果是套用模板进行设计的，这时只需点击导图，就会弹出"风格、画布"菜单，用户可根据个人喜好，对主题风格做更换，并可在"画布"中，对"填充颜色、主题层叠、主题结构"等方面做进一步设置。

第四步：存储图形。思维导图绘制完成后，点击位于右上方的导出图形，然后选择导出的格式和位置，就能实现思维导图的存储了。

扫一扫，查看 XMind
相关图文介绍

思维导图的相关软件诸多，这里再推荐思维可视化导图工具(Inspiration)、超轻量思维导图工具(思维简图)、轻量思维导图工具(SimpleMind)及脑图制作与管理工具(FreeMind)。

【信息技术小百科33：有道云笔记】

有道云笔记以云存储技术帮助用户建立一个可以轻松访问、安全存储的云笔记空间,解决了个人资料和信息跨平台、跨地点的记录、编辑、共享等管理问题。有道云笔记具有创意随手记录、笔记轻松管理、文件自动同步、增量式同步技术等功能,能够随时随地记录一切趣事和想法,轻松与电脑双向同步,免去文件传输烦恼。它还能分类整理笔记,高效管理个人资料,一键保存网页中的精彩图文。同时,它在移动终端也具备丰富的文本编辑功能,可以直接编辑多种格式的笔记,提供一体化的跨终端编辑体验。

软件下载

在手机上直接搜索"有道云笔记",下载并安装 App 即可,也可在浏览器中输入http://note.youdao.com/,进入有道云官网下载。

操作指南

1.登录云笔记

软件安装完毕后,点击进入软件界面。登录账号,可以微信、QQ、手机号、网易邮箱等方式注册登录。

2.创建云笔记

新建云笔记:单击屏幕右下角的"+"新建笔记,在弹出的"笔记类型"界面中选择需要的笔记类型。有道云提供了普通笔记、文档扫描、语音速记、Markdown、链接收藏、手写笔记等多种类型。

编辑云笔记:新建云笔记之后,可对云笔记进行编辑。直接在"图文插入点"输入文字。单击文字按钮,可设置文字的格式,如字号、颜色等参数。单击"插入图片"按钮,可插入图片。有道云提供三种图片插入方式,分别是来自相册、相机拍照、文档扫描。

编辑完成后,单击右上角的"完成"按钮,就可以保存云笔记。保存的同时,有道云笔记会将笔记同步到云空间,在电脑端或其他移动终端,只要用同一个账号登录,就能同步并编辑笔记。

分享云笔记:有道云笔记的特色功能在于能够将自己的笔记分享给好友。打开需要分享的笔记,单击屏幕右上角的分享按钮,在弹出的界面中选择分享的方式,就可分享云笔记。

3.管理云笔记

随着有道云笔记的深入运用,云空间中的笔记越来越多,这时就需要对云笔记进行管理,将资料进行分门别类的存放。单击有道云笔记右上方的"+",单击"新建文件夹",创建好多个文件夹之后,单击有道云笔记中的笔记,在弹出的对话框中选择"移动"操作。这样就可实现对云笔记的管理、分类和查找。

当然,类似的移动笔记软件还有很多,印象笔记、石墨文档、讯飞语记、晒书房等。总之,这些移动笔记操作方式大致相同,值得尝试使用。

扫一扫,查看有道云笔记
相关图文介绍

第六章 教师技术素养：信息技术与小学语文教学深度融合之关键

信息技术环境下的语文教学，可以大大提高学生学习的兴趣以及积极性、主动性和创造性，增强课堂教学的容量，突出教学的重点，突破教学的难点，增强教学的感染力和表现力，优化教学过程，对提高学生综合素质和课堂教学质量具有重要的现实意义。同时由于信息技术在不断发展，如何将信息技术更好地与语文课堂教学整合，还需要大家积极地探索、努力地实践，工作中出现诸多问题在所难免，静下心来，发现误区，就是为了让教师在今后的教学实践中避开误区，以免重蹈覆辙。同时，信息技术要更好地为语文服务，在运用中更要彰显语文元素，让学生在信息技术优化语文课堂教学环境中感知浓浓的语文味；学校也要加大培养和提升教师信息技术的运用能力，让语文课堂既充满信息技术的气息、体现时代特色，变得丰富有趣而高效，又能体味到原汁原味的语文课堂。

第 一 节

信息技术与小学语文教学融合的观念转向与原则把握

一、从单一工具论转向"共生共融"的小学语文教学观

思想决定行为，教育思想决定教育行为。提高认识，更新观念，是避免走入误区的关键。

（一）辅助工具，不为所动

以计算机为核心的信息技术是学科的辅助工具吗？回答是肯定的，但绝不仅仅是辅助工具。我们眼下看到的或正在使用的，确实是信息技术辅助教学的一面。教师所采用的课件多为演播式，仍以讲授型为主，这种方式并没有突破教师讲、学生听的传递式教学，所以只会成为传统教学的一种补充、完善和发展。正因为教师关注的是信息技术辅助、演示的一面，对于信息时代对教育的冲击、信息文化给教育带来的变化视而不见，从而使信息技术与课堂教学出现"两张皮"，陷入简单操作的技术层面，使信息技术与课程整合的推进出现瓶颈，不能深入。

信息技术除了是学科教学的辅助工具外，笔者认为还有如下作用。

首先，信息技术是学习的认知工具和情感的激励工具。无论信息技术以何种原因引入课堂，它都应该服务于教与学两个方面。除了演示工具以外，更应成为师生之间交互的工具，成为学生获取信息、分析处理信息、探索问题、协作讨论、解决问题和建构知识的高级认知工具。同时，它所产生的人机、师生、

生生交互方式,能够有效激发学生的学习兴趣,使学生产生强烈的学习欲望,从而形成学习动机。

其次,信息技术改变了教学模式。建构主义学习理论和学习环境强调以学生为中心的教学模式,要求学生由外部刺激的被动接受者和知识的灌输对象转变为信息加工的主体、知识意义的主动建构者,这就要求教师彻底摒弃以教师为中心、强调知识传授、把学生当成知识灌输对象的传统教学思想与教学模式。信息技术能够使学习者超越只是信息的接收器与处理器的处境,从而成为学习过程中的参与者。这是由于信息技术的交互性,教学过程由原先的单向传输变成双向互动,教师和学生之间改变了原本的控制与被控制、传授与被传授的关系,取而代之的是师生之间平等、民主的关系。

再次,信息技术改变了学生的学习方式。信息技术提供的自主探索、多重交互、合作学习、资源共享等学习环境,打破了教师对知识的垄断格局。教师的主要任务也不再是把自己所掌握的知识面对面地传授给学生,而是运用现代信息技术为学生营造一个适宜的环境,并组织、引导、帮助、督促学生在其中学习。教育的时空已被极大地拓展,学生多层次的学习需求得到满足,自主学习成为一种必然。

最后,信息技术已然成为信息社会的一种背景文化。信息技术成为我们这个时代公民赖以生存的环境文化。在学科教学中,我们必然要对学生进行获取、鉴别、处理和应用信息能力的培养,渗透信息文化教育,提升学生的信息文化修养。

诚然,信息技术虽能优化解决一些问题,但并不能优化解决所有问题。不管它的作用如何,都不能完全取代学生对周围世界的观察、自己动手实际操作和教师情感因素、个人魅力等在教学过程中所起的巨大作用。

(二)绝对工具,有所不为

哈佛大学法学院伯克曼互联网和社会中心的约翰·帕尔弗里等人认为,20世纪80年代以后的年轻人一出生就面临着一个无所不在的网络世界,数字化生存是他们与生俱来的生存方式,由此他们提出"数字原住民"这一概念。就此而言,那些年龄较大的教师无疑是数字时代的"移民"。对于具有前者背景的教师而言,易于接受信息技术,并将其运用于课堂教学中。对于后者而言,粉笔、黑板、纸质教材等传统的教学媒体对他们有着深入血脉的亲切感。

当他们带着自己的经验和背景走入数字时代时,多媒体、互联网、电子互动白板等现代教育媒体给予他们的就不仅仅是技术的新奇,更有文化的断裂。这种断裂如果得不到及时的弥合,就可能越陷越深,最终使他们对信息工具和数字生活产生抵触与反感。如果前者在思想上偏左,那么后者则在思想上偏右,这之间的症结在于是否具有信息技术运用于教学文化心理上的认同。

笔者认为信息技术在教学中并不是"绝对工具",多媒体和网络给学生积累文化带来了极大便利,但要将文化内化为学生的一种人文素养,那必须是一个循序渐进、熏陶渐染的"悟"的过程,而这当中只能由教师——有生命、有思想的人来完成,这种精神的成长和丰盈是现代信息技术无法替代的。从这个角度而言,信息技术在语文教学中终究是一种工具、一种手段。当然,我们也无法忽视它对语文教学所起的极大的积极意义。

信息技术环境下强调充分发挥学生的主体作用,就是改变传统教学中的教师全权控制,尽可能实现学生的主体地位的回归。倘若教师在实际教学中把主体回归的课堂变成放任自流的课堂,过度弱化教师的作用,那么这样的信息技术环境下的课堂是不可取的,甚至连传统教学下能达成的任务也无法落实。

学生是学习的主体,但这并不等于放弃教师的主导作用,在学习过程中,学生是主体,教师是主导。在信息技术环境下,教师要定位为教学情境的创设者、学生运用信息技术进行学习的指导者、学习工具运用的帮助者、协作学习的组织者、意义建构的促进者。由于小学生的认知水平较低、自制力有限,在以多媒体和网络资源为主的信息技术学习环境下,教师的主导地位就显得尤为重要。

总之,不要过于迷信技术,也不要过于敏感技术,打破思维壁垒,思考现代信息技术对于语文教学的可为与不可为的方面,因为信息技术与语文学科教学整合是有极大意义的。

(三)融合工具,大有所为

信息技术与课堂教学不是把信息技术仅仅作为辅助教或辅助学的工具,而是强调要把信息技术作为促进学生自主学习的认知工具和情感激励工具,利用信息技术所提供的自主探索、多重交互、合作学习、资源共享等学习环境,把学生的主动性、积极性充分调动起来,使学生的创新思维与实践能力在整合过程中得到有效的锻炼,这正是创新人才培养所需要的。由此可见,信息技术是改变传统教学结构、实施创新人才培养的一条有效途径,也是目前基础教育改革的趋势与潮流。

历史的车轮已驶入了一个全新的信息时代,网络已经成为人类最重要的工具,它对学校教育的影响是巨大且深远的,有人在对教育发展史进行了深入分析后,得出一个结论:教育技术的每一次进步,都会带来教育方法和学习方式的革命性变革。应用现代教育技术是现代科学技术和社会发展对教育的要求,是教育改革的需要,线上教学与线下教学的混合,更是体现了教育改革的必然趋势。我们在使用信息技术来教学的时候,眼中仍然要保有学生,要有教师专业成长,这背后的理念支撑应该是:"为不同的生命,个体美好的成长赋能,让师生生命各美其美。"如何让信息技术更好地优化语文教学?这里将其定义为融合工具。什么叫融合工具?教师的教学备课、线上线下等系列教学行为都与信息技术工具紧密相连,相互依赖、相互依存,而且不可分离。因为"融合",所以"共生"。

二、从判断缺失转向学习为本的教学资源选择

一上网便可获取各种知识和信息,只要留心就可以学到许多学校里学不到的知识,扩大知识面。鼠标一点,大千世界便尽收眼底。也许正因为如此,现实教学中,很多教师为了扩大教学的容量,拓展学生的眼界,或根据学生的实际学习水平等,或多或少增加教学内容,但由于认识上的偏差,在信息技术环境下,教师在教学素材的选择方面存在着一些偏执。

(一)舍本逐末,疏忽教学本真

信息技术环境下的课堂教学,由于方便快捷、容量大,一些教师为了标新

立异、独树一帜，往往舍弃教材，过于追求相关的未经提炼和加工的课外资料。我们知道教材作为学生认识世界的媒体，是经过科学的选择，依据知识构成的逻辑顺序和学生获得知识的认知规律编排而成，这比起教师依据个人主观判断随意选择相关资料而言，无论在目标、内容、时间、效果上都要精当得多。在信息技术环境下，教师更需要吃透教材、把握教材，紧扣教学目标来组织教学内容、补充资料、选择素材，处理好课本资料与课外资料的关系，以确保教学目标的达成。

正因为相关资料获取的便捷，教师又希冀学生能够多学点，于是课堂就成了"满堂灌"。如此丰富的教学内容，教师只能通过灌输的方式，才能将其全部输出。这种"一言堂"的教学方式，教师虽苦口婆心，滔滔不绝，可学生却收效甚微，毕竟这样的课堂没有学生独立思考的时间，更没有时间去消化、去吸收。正因为如此，教师在选择教学相关资料时，要精简，要适恰，要留给学生足够的时间、空间，让其思考、消化。

（二）拿来主义，缺失教学统整

网络环境下，教师对教学资料的获取，可谓唾手可得。也许正因为太过方便，许多老师仅通过搜索引擎找到相关资料，采用复制粘贴方式，把大量未经提炼和加工的素材资料合盘使用。这样的学习材料显然是无层次、无系统、针对性不强的资源，有时还存在错别字等错漏信息，反而造成负面影响。

"拿来"固然比一个人闭门造车来得高效，但"拿来"的前提，应该是教师有了独立思考之后，知晓什么资料才是本课教学中真正需要的资源，唯有如此，才不会被"拿来"的各色资料迷失教学方向，才不会被"拿来"的大量资料所绑架。

此外，让学生通过网络平台去查询资料时，笔者建议这样的教学行为须慎重。毕竟网络信息包罗万象，学生还没有很好的检索、甄别信息的能力。倘若真需要让学生利用网络平台来学习，教师应在事先做好相应的筛选、过滤工作，最好是能够自行搭建一个接近真实网络环境的网站，让学生学习收集、处理信息，然后再进一步扩大到互联网上收集信息、处理信息，使教学活动免除随意性和零散性。

三、从拿来主义转向遵循"有度"的课件使用原则

信息技术环境下的语文教学,要达到特定的教学目的,经常要利用多媒体工具软件,将各种素材组织并制作成课件运用于教学中去。但目前一些课件在多媒体工具软件的选择、内容制作、画面合成以及使用过程中不能做到有机的综合和统一,更没有拿捏好信息技术的度,从而未能优化教育教学。

(一)课件制作的标尺

爱美之心人皆有之,课件赏心悦目,固然能够吸引观者,但课件毕竟不是艺术品,而是面向学生群体的教学工具。过于重视课件的观赏性,使用大量的动画和音效,几乎在每一页面的边缘都镶嵌各色图案,导致课件颜色繁杂,色彩艳丽,音乐浮夸,画面背景过于复杂。总之,"好看好玩""动态十足"的课件,无疑是喧宾夺主、画蛇添足的,违背了学生在认识事物时在一定时间内只能接受其主要信息的认知规律,其结果极易使学生的注意力放在对画面的观赏上,从而忽视知识和能力的接受与提升,不利于看清问题的本质,缺乏教学的实效。

一个好的课件,在具有针对性和实效性的前提下,应该文字取舍精当、界面简洁、动画流畅、色调和谐、音乐增色,兼具科学性和艺术性。语文课件的基本功能是为语文教学服务,一切与教学无关的设计和素材都应该摒弃。老子说:"五色令人目盲,五音令人耳聋。"过多的感官刺激,过多的动态呈现,使语文失去其丰富的形象性、抽象性,断送学生的想象能力。

语文课件在制作上,除了不要过于花哨,也不要过于线性。由于语文学科的人文内涵和工具特点,语文教学过程中较之其他学科更具多样性和不确定性。作为教师,对教材的把握和设计应该做到全面而深入,还要预测学生的思维走势,对课堂中有可能生成的问题做好多种预设,相机设计教学步骤,只有这样,才可能应对教学中出现的种种多变的情况。因此在课件制作上,尤其是牵涉问题答案时,应该秉持一种开放的、弹性的态度,不要非黑即白。在设计上更不要线性,因为教学进程中总会生发出新的内容,教学是一个动态生成的过程,具有极强的现场性,再好的预设也无法预知课堂教学的全部细节。有时

教师即使在课前做了精心的预设,但总会出现许多问题,那课件的使用就要视教学情况而定,要看是否有助于学生情感激发,认知提升,疑难化解,倘若刻意而为,被课件所牵绊,则会将课堂引入死板、僵硬的境地。

此外,目前市场上不少教育软件的教学实用性较差,无法满足大多数教师个性化教学的需求。在这种情况下,教师只得自己制作相关课件,而这当中的投入与产出的比例是不相协调的。有时一堂公开课的课件制作,教师会花费几天的时间,这样的投入过于繁重。笔者既不同意"拿来主义"——采用网络下载、朋友拷贝等方式拿来就用,又不提倡"个人主义"——一个人整册教材的课件制作,毕竟一个人的精力是有限的,要把每堂课、每篇文章都精心设计制作,着实辛劳。笔者提倡集体备课,同年级组进行分工合作,期末统一打包,交由下一年级教师,他们再次跟进修改,使教学课件更贴合本校学生,也使教学更富成效。

(二)课件运用的标尺

好的课件并不意味着一定能上好语文课。语文课件从本质上来说是一种资源、工具。语文教师是人,是有自己的价值判断、思想、个性的人。课件用与不用、用多用少、怎么用,都得依从教学实际的需求。不同的语文课件,使用方式可能不同;即使是同一个课件,不同的人也可能会有不同的用法;即使是同一个人,在不同的时间、地点、面对不同学生群体时,其用法也会不同。课件使用优劣的关键,在于是否恰如其分地展示了文本,是否让学生身临其境地产生丰富的联想,产生强烈的共鸣。倘若只求一种简单的直观性、可视性和廉价的活跃气氛,只会糟蹋文质兼美的具有人文内涵的文本,只会禁锢学生思维,只会使语文学习陷入感官化、低俗化的境地。

信息技术日新月异,从理论上来说,最好的教学课件可能只属于未来,属于那些既有洞悉语文头脑又有敏锐科学眼光的教师。一个对语文教育本质缺乏深刻理解的语文教师,一个对信息技术发展缺乏关注热情的语文教师,不可能设计出优质的语文教学课件。优质的语文课件是人文与科学的完美结晶。

第 二 节

追寻信息技术与小学语文教学融合的"四种味道"

　　随着信息技术在教育领域的不断渗透，我们的教学模式和环境已然发生了翻天覆地的变化。由于语文学科的特殊性，在谈信息技术与小学语文教学融合时，首先应更加明确什么是语文。语文是听、说、读、写、译、编等语言文字的能力和语言知识及文化知识的统称，故而语文教学的内容是言语文化，其运行的形式也是言语文化，教师只有将信息技术与语文学科特点相融合，开展优化整合与渗透，语文教学才会越来越有味。

　　要提升信息技术与小学语文教学融合的能力水平，笔者觉得最关键的衡量指标就是将信息技术运用下的语文课堂依旧保持浓浓的语文味。自从华南师范大学文学院教育硕士导师程少堂提出语文教学的语文味后，语文味成了语文学科的代名词。程少堂自定义语文味为："所谓语文味，是指在语文教学中，以共生互学（互享）的师生关系为前提，通过情感激发、语言品味、意理阐发与幽默点染等手段，让人体验到一种令人陶醉的文化氛围和审美快感。"

　　与之相照，当下网络环境下，不少教师对教材钻研不深，出示多媒体资源时机不当，过分依赖预设好的课件，组织调控乏力，缺乏细致明确的要求，往往导致语文味流失，把可以多元解读的文本变成了只有唯一答案的训练课，把原本以自读自悟为目的的自主浏览变成了自主观看影片或图片的影音课，学生被图片与动画所吸引，被媒体文本的趣闻闲聊所吸引，课堂上缺失了琅琅书声，剩下的只是点击鼠标和观看后的声声惊叹。这样的课堂教学，无疑导致语文味的缺失，是信息技术与语文教学的低效整合，要使其高效融合，就应把学生的注意力锁定在语文文字本身，让信息技术更好地优化语文课堂教学。

一、关注语文课堂教学中的人文味

信息技术在语文课堂上的运用，其出发点是从学生角度考虑，尊重学生的学习需要，关注学生的发展，选择有效的信息为语文课服务。这不但体现信息技术的服务性，而且符合以人为本的课程标准。同时让我们真切地嗅到信息技术优化语文课堂有效教学所透出的人文气息。从语文课程目标看，语文展现着巨大的人文魅力。语文课本的每篇文章都蕴含着丰富多彩的文化内容，无不富于人文精神。从"五育并举"学生发展目标看，语文又肩负着育人的培育责任，这又一次凸显了语文工具性与人文性的属性特质。

例如教学统编版三年级《手术台就是阵地》，通过补充白求恩大夫的相关资料，同时课末观看电影《白求恩》片段，让学生进一步了解白求恩同志是个医术精湛的医生，他以医疗为职业，对技术精益求精；他毫不利己、专门利人的精神，表现在他对工作的极端的负责任，对同志、对人民的极端的热忱。又如统编版三年级《小虾》，利用课件图片，在文字与画面的有机结合下，让学生更形象地感知到作者笔下的小虾如此有趣、可爱。课的最后拓展阅读《齐白石画虾》，丰盈学生的阅读累积，赏析齐白石的水墨画《虾》，丰富学生的审美情趣。这里特别要补充的是信息技术服务下的语文教学中，教师往往会对文本进行拓展。因有了多媒体，拓展显得方便快捷，于是拓展变得五花八门。有效的拓展实施必须找准与课文本身的一个切合点，最大限度地利用材料中的"语文元素"为学生营造听说读写的语文实践"场"，把拓展融入文本教学的环节。比如提供原文本，和教材文本同题材、同体裁的文本或相关资讯等，让它成为文本教学的有机组成部分，让学生在情趣盎然的言语活动中，催生智慧，培植语感，涵养身心，滋养性灵，建构知识。

例如统编版教材中的口语交际，非常重视与生活的连接，学以致用。四年级上册第一单元《我们与环境》一课中，语文要素是围绕话题发表看法，不跑题。判断别人的发言是否与话题相关，这是交际课中言语实践的目标要求。

与此同时,人文的要义则在于让学生关注到身边的环境,要从身边的小事做起,关心和保护我们的环境。通过这样的口语交际训练,从语言出发,立足于德育的背景下,并以劳动教育为出口,爱护环境就从身边的点滴小事做起。诸如此类的拓展,是真正契合文本,是为语文的人文性助力,让语文课堂闪烁着人文之光。

二、关注语文课堂教学中的人情味

教师在运用信息技术的过程中,应当加强对课件的编排,避免程序化。倘若过分依赖课件,往往会阻碍学生思维的发散,也阻碍师生之间的交流互动。要避免教学的程序化,教师就要对课件有充分的准备,而不是采用一贯的教学课件,要以学生为主体,真正走进学生的思维。

假若课堂上,教师把指令输送到多媒体,而后让学生通过多媒体画面进行思考、学习,随后教师又通过多媒体画面来揭示答案,抑或教师在课堂上动动鼠标、敲敲键盘代替手势,教师成了放映员,甚至连给予学生的评价语都交付给多媒体,音频播放"你真棒""掌声""你再想一想"诸如此类的音效。如此一来,只是把原先低效的"人灌"变成高速的"机灌",造成了"学生瞪着眼睛看,教师围着电脑转"的现象,忽视了师生之间的情感交流,课堂教学的人情味就因此而冲淡了。

这种人机对话,一时能激起学生的兴趣,可这种机械化的操作毕竟是重复、生硬而冰冷的,在很大程度上没有发挥语文的人文特点,淡化了师生之间的合作与交往,忽略了教师生动的演示作用和师生、生生之间交流能力的培养。学生学习离不开思想意识以及情感、兴趣、意志,更离不开教师的感化、陶冶作用,单纯靠没有情感的、机械的多媒体的呈现与告知,必将会淡化师生之间的情感交流、合作意识,使教师独特的教学风格和人格魅力难以发挥、施展,使语文教学失去语文学科的特点。除此之外,师生、生生之间的互动对话以及教师对学生的关怀,学生合作交流、内化习得的过程等,这些都是信息技术无法替代的地方,而这些地方就需要彰显课堂原本的人情味。

例如在教学人教版语文五年级下册《冬阳·童年·骆驼队》一课时,当品读文段"那样丑的脸,那样长的牙,那样安静的态度。它们咀嚼的时候,上牙和下牙交错地磨来磨去,大鼻孔里冒着热气,白沫子沾在胡须上。我看呆了,自己的牙齿也动起来"时,教师没有立即让学生观看多媒体视频,而是让学生先来谈谈你从哪里感受到了那份童趣? 你有过这样的经历吗? 随后在朗读中去感知英子当时的那份新奇与有趣。在基于充分的师生交流与情感铺垫之后,再让学生观看电影《城南旧事》中英子看着自家门口骆驼队咀嚼时的片段。当电影放到英子也在磨牙的镜头时,学生才会有心领神会的那份窃喜。相反,若没有充分的言语品鉴,只是一味追求视觉画面感,那学生很难将视频与文学作品中的文字进行勾连,更难在脑海中事先借助文字创生出自身理解的阅读形象。

多媒体语文课件的画面形象生动、图文并茂,对学生的感官能产生一定的刺激作用,能增强课堂教学的效果。老师千万别忽略了自身还有粉笔和一张嘴,也别小觑了自身的资源,尤其是语言,包括口头语言和肢体语言,而这些往往对学生起到非常重要的作用。总之,信息技术的设计实际上不可能代替语文教学的全部,语文学科的人文色彩注定了师生之间的合作与交往是语文教学的重要部分,也只有基于师生平等、和谐的交往,才能彰显语文教学的人情味。

三、关注语文课堂教学中的阅读味

在运用信息技术来优化语文教学环境时,我们要充分发挥学生的主体地位,同时更要发挥好教师的主导作用。网络信息浩如烟海,其中不乏垃圾信息。教师如果事先不去仔细挑选,不去引导学生对大量的垃圾信息和知识筛选,学生就会如坠云里雾中。信息时代,教师不仅要导引好所学的知识,更要积极倡导自主、合作、探究的学习方式,要根据教学情境、学生实际不断调整预设目标,教师应是利用媒体的主人,而不是被制作好的课件牵着鼻子走的奴隶。教师要随时修改、调整和增删课件内容,使教学顺应学生学习的需求。

语文教学不应过于追求科学化、标准化及正确答案,语文有其丰富的人文性、社会性,这就决定文本有较大的模糊性、主观性、多解性、差异性。文学作品具有无限多义性和丰富性,这才是文学永恒的生命活力,也正因为如此,教

学过程及结果应该体现读者的主观性和个性化表达。语言文字尤其具有含蓄、隐喻、朦胧之美，倘若用具体、生动、简单的画面和视频去代替，会破坏作者给读者创设的美妙意境，反而难以传达文学语言所蕴含的意境。例如统编版三年级下册《童年的水墨画》这首儿童组诗，如若教师没有让学生充分阅读文本，就将文本早早地转化为Flash动画，把学生学习语言的实践活动全部转化为学生观看动画演示的过程。虽然形象生动，可把本应该学生做深刻思考的东西简单化，以画面代替文本，以看画代替阅读会大大地束缚学生思维，断送语言文字丰富的魅力和学生的想象力，不利于学生对文章深层次含义的理解，也不利于学生创造性思维的培养。如"忽然哗啦一声人影碎了，草地上蹦跳着鱼儿和笑声。"这样的语句，的确可以找寻到湖中人的倒影、草地上蹦跳的鱼儿等图片，可用这样固定的画面图示这样的文句，会将语言的形式美、语言的人文性破坏殆尽。很多时候文字所营造的意境，是画面无法代替、更是无法营造的，只有让学生在品读的过程中，渐渐在脑海中勾勒出画面，在读与思的交替中，逐渐感知言语的魅力才是正道。

在信息技术环境下，许多动画、图片的选择，的确让课堂显得生动起来，只可惜很多时候，这种主观代替了学生的思维理解，其实图片在大多数情况下会窄化语言文字的丰厚内涵，不但不能很好地再现意境、情境，反而缩小了语言文字的意蕴空间，从而限制学生的想象和思维。例如冰心的《肥皂泡》一文中，"若是扇得好，一个大球会分裂成两三个玲珑娇软的小球，四散分飞"。这样的语句，教师可在大问题"你从哪些词句中，感触到肥皂泡的有趣"的牵引下，让学生交流评说、朗读感悟，在基于充分的阅读之后，再来实践吹一吹肥皂泡，真切感知这小小肥皂泡的可人之处。然后，生活经验与文本语言再做一次连接，在刚才吹泡泡的过程中，你觉得哪些语句正好表达你吹肥皂泡时的那份愉悦。类似这样的文句感悟，若仅靠一张图片来阐释，未免显得苍白无力，更无法激活学生对文本言语深入的体悟。

在信息技术环境下，语文课的主要媒体还是课本，学生主要的活动方式是读、想、悟、说。其他的一些媒介，如表演、多媒体课件等都应服从文本的需求，服务于或有利于学生语文能力的形成，绝不应以对画面的欣赏代替对语言文字的感悟,媒体呈现的视频、画面无论多精美,也无法代替语言所负载的内涵。总之,不要用单一、固定的画面图示文意,不要让教师个人的主观想象抹杀学生的个性思考,语文课堂应该在互动交流中凸显出文本独有的韵味,因为一千个读者就有一千个哈姆雷特。

四、关注语文课堂教学中的言语味

王尚荣先生说:"语文之外的其他课程诚然不能越过形式而把握内容,但它们往往把形式当作内容的跳板,可以得鱼忘筌,即便关注它的形式,目的也仅仅在于更好地理解它的内容;语文就不同了,虽然在品味形式的同时也在理解内容,但它的目的主要不在把握内容,而是学习特定的形式如何表达特定的内容。"

语文课堂一旦离开语言文字的根基,学生的理解必将浮于表面,学生的思维也必将缺乏深度。当下借助影音化的课堂教学,最多只能帮助学生对课文"写什么"做出理解,而对于"怎么写"少有触及,尤其是对更基本的"用什么写",即对作者借以表情达意的语言材料的探究和把握更是不足。因此,作为语文教师务必要及时凭借画面内容,引导学生进行对比性的语言文字的"还原——回归",探究作者运用哪些语言材料和艺术手法来塑造人物或者描绘景物,这才是我们语文教学的重点和根本任务。

例如在统编版三年级上册《秋天的雨》中,当学生品读完"它把黄色给了银杏树,黄黄的叶子像一把把小扇子,扇哪扇哪,扇走了夏天的炎热"句子后,感知这句话独特的表达方式后,教师呈现蓝天、高粱、田野、橘园等图片,让学生借助画面的延展,激活思维,随后进行分层仿写,"他把蓝色给了天空,湛蓝的天空像(   ),迎来了(   )的大雁"。"它把(   )色给了(   ),(   )的(   )像(   ),(   )。"通过这样的句型仿写,就是教师找到文本语用的切入点,敏锐捕捉有关的语文知识点,精心构想语用知识,巧妙设计相关练习,并把握好循序渐进的梯度。

再如,当下语文课少了朗朗书声,学生少了与文本、与自身对话的时空,取而代之的是师生、生生间频繁而浮于表面的对话以及炫彩的影音化的课件播

放。例如在初读文本时,就应该让学生依靠自读自悟的方式,对文本有一种自我理解,切不可采用图片和视频来解读文本形象,束缚学生对语言文字的理解和个性化的解读。我们常言"读书百遍,其义自见",语文课上的读是通向作者心声、走进文本意境的必经之路。

语文课涉及的许多内容是学生未见的,教学媒体中的视频资料和图像的出现能够填补学生的阅历缺陷,拓宽和优化学生的想象。但若操之过急,出示过早,就会削弱原有的启迪思维、拓展信息的功能,堵塞学生的思维通道,使想象的翅膀折损。长此以往,学生的思维便会对媒体产生依赖,使想象力萎缩。因此,媒体的点击应在学生"书到用时方恨少"之时,真实的画面应产生在学生竭尽想象之时,这时媒体教学便起到雪中送炭、开渠引流的作用。例如教学《剃头大师》时,学生找寻"'我'真的是'剃头大师'吗?"在画找、朗读的基础之上,再做进一步的边读边说。学生读到"一眼望去,整个头上坑坑洼洼,耳朵边剪得小心,却像层层梯田",谈谈句中感触到"我"不像剃头大师的地方,而后通过朗读来读出句中所透露出来的那份幽默。随后教师再呈现"梯田"和头发被剪成"层层梯田"的效果图。有了先前充分的读,这里的"看"便是锦上添花。

多媒体信息的出现给人们的阅读带来了一场划时代的变革,新课程标准也一再强调:重视运用现代信息技术开发课程资源,拓宽学习空间,自主选择阅读材料,拓展阅读面,增加阅读量,有目的地收集和整理信息。但是,要使学生的语文能力得到提升,是不能放弃对语言文字回归的引导。

通过采用现代信息技术,优化语文课堂教学,找寻好切入点,充分发挥新型技术的优点,为语文教学添色增味,让语文学习愈加有滋有味。

第 三 节

未来之路:提升小学语文教师的信息技术素养培训

教师信息化教学能力是指教师在利用信息与传播技术并通过教学设计、教学实施和教学评价等方式促进学生学习方式转变与学生信息素养提高的过程中,对学生的学习资源和学习环境的综合利用水平,包括信息化教学意识、基本信息技术技能、信息化教学设计及实施能力三个方面。教师的信息化教学能力是教师现代教育技术能力的集中体现,是教师素养中体现教师专业地位的信息素养,是教师信息化教学有效性的基础,既是信息化社会教师专业发展中教师教学能力的核心,也是通用教师教育技术能力标准研究中能力发展的核心。

教育部2000年就启动中小学教师信息化技术培训,2002年又发布《教育部关于推进教师教育信息化建设的意见》,要求教师在教育与教学领域的各个方面,在先进的教育思想指导下,积极应用信息技术,广泛利用信息资源,培养适应信息社会要求的创新人才,以加速实现教育现代化。可以说教育部力推教育信息化是大势所趋,信息素养更是教师必备的专业素养。与此同时,信息技术在小学语文教学中发挥着事半功倍的作用,可优化语文课堂教学、优化语文教学过程、增强学生学习自主性、提高学生阅读能力等。可现实情况却是部分教师教育观念落后,不愿意主动接受新事物,缺乏对信息素养的深刻认识。正因为其教育观念不能与时俱进,故而认为信息技术对改进教学过程、提高教学质量起不到作用,不愿意用技术改进自身的教学手段,或者教师虽然也在利

用信息技术教学,但仅停留在浅层次,且存在不思进取、套用滥用课件、操作技术差、课件质量糟等问题。因此,学校等教育部门需要通过培训来提升教师信息化能力。部分教师所参加过的培训,以集中面授、大班上课为主,这种培训模式突出了培训者的中心地位,忽略了受训教师的主体地位,缺乏培训者和受训者之间的互动,这样就降低了教师学习的积极性和思考的主动性。在培训过程中,由于是接受式的学习方式,缺乏将理论应用于实践的机会,培训结束后仍然无法将所学运用于教学实际。

笔者认为,运用有效的培训策略在最短的时间内达到预期效果,既有利于教学改革和发展,又使教师受益。提升语文教师信息化教学能力,同样需要讲究培训策略,因为培训是为了优化教学内容和教学流程,是让培训者和受训者之间能够展开有效的互动,是让受训教师经历各种教学环节的系统计划,以便帮助教师获得口头信息、建立认知策略、提高智力技能或动手技能以及改变他们的态度。

一、集体培训,"面"的普及推广

集体培训有其独有的优势,便于提高讲授的效率,可以发挥培训教师的主导作用,便于有计划、循序渐进地开展培训以及发挥受训教师之间的相互影响作用,便于相互交流和启发等。但同时,这样的集体培训也有其难以避免的缺陷,包括不利于照顾学员的个别差异及发挥受训教师的主体性,为受训教师提供的实践性学习、探索性学习的机会较少,以至于不利于受训教师的探索精神、创造能力和实际操作能力的发展等,不能很好地适应培训内容和培训方法等方面的多样化,形式比较固定化,缺少灵活性,不利于受训教师之间的互相交流、共同进步。

集体培训是以培训教师系统讲授为主,同时面向全体受训教师施教,因此,只有每个受训教师都有学习需求时,集体培训才能取得好的效果。教师信息化技术培训采用集体授课,往往起到普及与认知的效果。例如,学校想借助微课教学来促进学教方式的变革,这时学校可邀请相关领域的教育专家,举办一些相关知识与技能方面的讲座或培训。这样的集体培训是在培训者的直接指导下全体教师一同进行的学习，针对具体问题，不同的受训教师自然会有不同的见解。因此培训者或组织者要不断去引导，并让教师将各自的不同观点予以展示，在交流互动中，促进受训教师之间共同学习、共同进步。笔者原先所在的学校，凡是教师集体培训，均会采用"微上墙"的培训方式，教师将培训感受或疑问直接通过手机发送到校园智慧平台，随后培训组织者将教师的即时言论通过大屏幕即刻呈现给培训教师。这样的现场互动交流能更好地朝着既定的培训目标前行。从时间和教师付出的精力来看，这样的集体培训可以说是最为经济的一种组织方式。但从受训教师自我活动这一点来看，它不能说是最有效的。每个受训教师都处于各自的水平上，学习起点和学习速度方面均有较大的差异，集体培训难以兼顾教师复杂的个别差异，只能是面的普及与推广。这里笔者推荐线上集体培训，通过网络信息技术课程来学习，通过积累学习时长来证实学习成效。这类网络培训形式高效、内容清晰，关键在于老师是否主动参与，毕竟培训的质量很难监管。总之，培训有成效的前提还在于老师的内驱力。

二、分组培训，"线"的连锁推进

"术业有专攻"，不同学科间的信息化技术培训，自然有不同的侧重点，同时一个学校的教师年龄层也是多样化的，倘若一味追求"一刀切"的集体培训，往往事倍功半，因为其培训不能有足够的针对性和持续性。信息技术日新月异，对教师进行新技术或新的工作方法培训，常常选用分组培训形式。因为所学知识相对于教师来说是未见过、未尝试过的，存在一定难度，采用分组的培训形式，便于培训教师更好地进行指导，也方便受训教师之间的合作交流、相互帮助。

采用分组进行培训主要是考虑到在培训过程中受训教师之间具体的差异，需要灵活掌握培训要求与培训进度，调整培训组织结构，改进培训方案。如果分组培训有充分的准备，有小组领衔人或负责人，甚至成立项目组进行培训学习，并结合学校实际发展的需求，往往会产生良好的培训成效。尤其是各小组基于各自的课题项目，使受训教师交替发挥各自的作用，可以发现教师的

才华,发展他们的能力。此外,分组培训还可以大大促进受训教师的自我活动,有助于形成自我教育的要求与能力,并且受训教师可以在发挥各自主动性的过程中训练合作活动的习惯。当然,这样的组织培训方式要以合理的、自愿的分组为前提,同时要配备足够的培训教师,这里也需要有一位负责任的组长或领衔人负责该小组的培训项目。例如学校成立移动教学项目组,由学校科研主任担任项目负责人,由信息教师作为技术顾问,招募感兴趣的教师加盟该项目组,同时该项目组申报学校绩效考核中"校长统筹奖"的特色课程开发,有了资金保障,项目组工作的展开更能有一定的持续性。项目负责人定期召开相关技术培训,项目组成员轮流利用新技术运用于平日教学之中,通过开展公开教学展示、专家会诊教学、经验分享交流等不同形式的培训,使分组培训从一组教师的培训由线及面地铺展开来,从而整体提升学校教师的信息技术素养。

三、个别培训,"点"的精准推行

个别培训中最常见的方式是"师带徒"。通常称为"以老带新"或"一对一结伴指导",是指受训教师在工作地点与一名具有指导能力的优秀教师结伴工作。首先,学校要确认受训教师具备关于某一信息技术的基本知识;其次,指导教师让受训教师演示这一过程的每一步骤,并强调注意事项和关键步骤;最后,指导教师给受训教师提供执行这一过程的机会,直至大家都感到满意,认为这名受训教师已经能完整而准确地完成这一过程。"师带徒"培训能充分利用学校内部的师资力量和环境,能密切结合工作实际,满足工作需求。在教师专业成长依赖于个体经验积累和获取实践性知识的情况下,"师带徒"培训是培养新教师的一条重要渠道。例如学校在推广交互式电子白板技术时,前期请对这方面感兴趣的教师先去参加相关技术培训班,然后在本校进行公开的教学展示与交流。这几位先期成为交互式电子白板技术的行家之后,由他们分头入驻不同学科组,成为该学科组的技术师傅。同时确定好该学科组应该掌握哪些特有的技术。比如语文组要学会利用交互式电子白板中的拍照、聚光灯、拉幕、计时器、隐藏这几项功能。随后逐一培训教师,并在某个时间进行过关测试。这样由点及面的培训实施能够很好地将个别教师的优质资源辐射到全体教师,从而整体提升教师的信息素养。

"师带徒"的个别培训中,最让受训教师得益的是教学案例研讨和互助备课。学校要求"师带徒"定期开展公开的教育教学活动,由授课教师提供自己的教学设计,而后培训师傅和其他语文教师对授课教师的教学设计进行讨论修改,充分发挥互助力量。互助合作关系的建立,不仅有利于增强教师之间的联系和交流,方便教师之间相互切磋、取长补短,更有利于教师设计出更合理的教学方案,也使教师在参与教学设计的过程中发展教育技术应用的能力。抑或由培训师傅提供教学案例,通过彼此间的案例讨论,可评论案例中教学设计及课件的优劣,可评说案例中信息技术对教学目标所达成的作用,可探讨案例中信息技术使用最有价值的地方,可探寻教学案例仍需改进的地方等。通过这样鲜活的教学案例的学习与实践,是一线教师最能直观体悟,也是一线教师收获最大的一种培训形式。

个别培训除了"师带徒"之外,更多的还是自我研学,毕竟"师父领进门,修行在个人"。个人研学指受训教师自己全权负责的学习,包括什么时候学习及谁将参与到学习过程中来。受训教师不要任何指导,只需按照自己的进度学习预定的培训内容。培训教师只是作为一名辅助者而已,即他们只负责评估受训教师的学习情况并回答所提出的问题。培训教师不对学习过程进行控制或指导,学习过程完全由受训教师自己掌握。在学校的实际现状中,学校会为有需求的教师牵线搭桥,与学科教研员、特级教师、大学教授等做一些项目合作。同时也有类似于"师带徒"的形式,只是与学校层面紧密型的师带徒相比,这种形式更属松散型,更取决于受训教师的主观能动性。这类自我研学的优点是能让受训教师自行制定学习进度并接受有关学习绩效的反馈。对学校而言,这种形式只需要少量培训教师,减少了与交通、培训场所安排有关的成本,而且使得多个地点进行的培训更可行。自我研学最重要的因素在于,受训教师必须自愿学习,要有学习动机和动力。

参考文献

[1]赵波,等.信息技术与课程教学融合[M].北京:科学出版社,2015.

[2]顾小清.信息技术与课程整合教程[M].上海:华东师范大学出版社,2008.

[3]赵勇.传统与创新——教育与技术关系漫谈[M].北京:北京师范大学出版社,2006.

[4]何克抗.信息技术与课程深层次整合理论[M].北京:北京师范大学出版社,2008.

[5]肖笛.信息技术环境下小学语文阅读教学的实践与探索[M].桂林:广西师范大学出版社,2012.

[6]远新蕾,赵杰,陈敏.信息技术支持下的课堂教学[M].北京:冶金工业出版社,2017.

[7]李云生.信息技术条件下教育教学方式优化研究与实践[D].济南:山东大学,2016.

[8]孙传远.新课程背景下有效的课堂教学研究[D].上海:上海师范大学,2002.

[9]张建伟.从传统教学观到建构性教学观——兼论现代教育技术的使命[J].教育理论与实践,2001(9):32-36.

[10]李尚明.PPT在大学课堂教学中的使用[J].电脑知识与技术,2013,9(19):4463-4464.

[11]李治.别告诉我你懂PPT[M].长沙:湖南文艺出版社,2017.

[12]蒋丽清.巧用白板教语文——信息技术与语文教学操作指南[M].南京:江苏凤凰教育出版社,2015.

[13]李瑞萍,王小梅,李名.交互式电子白板在课堂教学中的应用[J].软件导刊(教育技术),2008(12).

[14]李晓,孙晓阳.交互式电子白板课堂在应用中存在的问题及对策[J].信息技术与教学,2016,10(10):182-183.

[15]刘繁华,于会娟,谭芳.电子书包及其教育应用研究[J].电化教育研究,2013(1):73-76.

[16]凌霄.电子书包的现状与未来[D].成都:四川师范大学,2012.

[17]范云芝."互联网"时代的教学新技术慕课与微课研究[J].产业与科技论坛,2017,16(6):167-168.

[18]郝志勇.微课到底是什么[J].科技视界,2015(4):303-304.

[19]张金磊,王颖,张宝辉.翻转课堂教学模式研究[J].远程教育杂志,2012(4):46-51.

[20]张跃国,张渝江.透视"翻转课堂"[J].中小学信息技术教育,2012(3):8-10.

[21]张建琼.课堂教学行为优化研究[D].兰州:西北师范大学,2005.

[22]李睿.信息技术与课程整合新趋势[D].上海:华东师范大学,2013.

[23]桑新民.区域教育信息化的战略思考[J].电化教育研究,2005(3):8-11.

[24]单文孝.信息技术与课程整合之我见[J].教书育人,2005(z2):51-52.

[25]马宁,余胜泉.信息技术与课程整合的层次[J].湖北教育,2002(16):51-56.

[26]彭丽娟.论信息技术与"传授—接受"教育模式改革——以信息技术与课程整合理论为视角[J].2016,34(3):159-162.

[27]樊文芳.教育信息化环境下的教师专业发展与培训[M].北京:科学出版社,2015.

[28]邻云江,孟旭东,沈国荣.移动互联网下的教学工具[M].杭州:浙江教育出版社,2017.

[29]钱冬明.数字学习实用利器TOP100+工具[M].北京:清华大学出版社,2019.

[30]唐克详.基于微课的小学语文"翻转课堂"初探[J].中国电化教育,2015(12):188-189.

[31]舒畅,闵兰,万会芳.基于翻转课堂教学模式下的大学数学微课教学[J].西南师范大学学报(自然科学版),2017(9):196-200.

[32]王同聚."微课导学"教学模式构建与实践[J].中国电化教育,2015(2):112-117.

[33]张萍,DING Lin,张文硕.翻转课堂的理念、演变与有效性研究[J].教育学报,2017(2):46-55.

[34]赵改霞.应用微信辅助小学语文日记教学的效果分析[J].中国教育技术装备,2016(4):4-5.

[35]徐丽丽.小学语文日记教学中微信的合理应用[J].中国教育技术装备,2017(4):39-40.

[36]崔建红.巧借微信平台培养学生语文能力探究[J].语文教学与研究,2017(5).

[37]江兰珠.微信群在小学低年级语文教学中的应用刍议[J].福建教育学院学报,2016(8).

[38]董红.基于微信公众平台的小学语文口头作业设计[J].中国教育技术装备,2017(9):43-44.

[39]毛伟珠.刍议班级微信群在小学语文课外阅读中的运用[J].语文教学与研究,2016(10).

[40]罗淑妤.例谈微课在语文教学中的应用策略[J].教学月刊,2016(7/8):68-71.

[41]韦德华,罗刚.基于"互联网+"思维的微课教学设计与制作策略[J].黑龙江科学,2016(11):71-73.

[42]白桂芳."精彩课堂不曾预约"——小学语文微课教学设计浅析[J].中国校外教育,2017(8):90-91.

[43]张婷.谈电子书包在小学语文阅读教学中应用的优势[J].基础教育论坛,2017(4):26-28.

[44]聂明富.一对一数字化小学语文课堂教学模式初探[J].中国教育技术装备,2014(10):8-9.

[45]张萍.移动数字教学在开放教育教学中的应用[J].信息技术教育,2017(1):200.

[46]贾春英.巧用电子书包优化小学语文教学[J].中国教育技术装备,2017(5):12-13.

[47]胡洁玲.建构网络学习平台　拓宽自主学习空间——"基于电子书包的自主性学习模式应用研究"初步研究成果[J].语文教学与研究,2018(12):92-94.

[48]张民,王利军.基于电子书包的语文高效课堂研究与实践——浅谈华西小学电子书包的构建与应用[J].基础教育论坛,2016(32):23-26.

[49]马春梅.运用信息技术酝酿"语文味"课堂教学策略[J].教师博览,2014(3):41.

[50]陈菁.信息技术让语文课更有"味"[J].读与写,2012(12):111.

[51]林英良.留住语文课的语文味——信息技术与语文课程整合的探索与思考[J].江百教育,2009(12).

[52]陈光荣.信息时代怎样教语文[M].北京:首都师范大学出版社,2014.